Dieses Buch wurde von den Unternehmerinnen und Unternehmern der Mittelstands-Akademie Made in Germany bereitgestellt.

Mittelstands-Akademie
Made in Germany
Lauwetter 25
98527 Suhl
Tel.: 0 3681 / 351294-2
Fax: 0 3681 / 300209

Praxisbezogene Weiterbildung
aus
- Wirtschaft
- Politik und Geschichte
für
Eltern, Politiker, Lehrer, Unternehmer, Jugendliche, Studenten

info@mittelstands-akademie.com **www.mittelstands-akademie.com**

Frank Fabian

Was wir aus 10.000 JAHREN GESCHICHTE lernen können

Wirtschafts Verlag W. V. GmbH / Mittelstands-Akademie
Lauwetter 25, 98527 Suhl
Tel. 0 36 81 / 3 53 58 49
Fax 0 36 81 / 30 02 09

Autor: Frank Fabian / Historiker

www.wirtschaftsverlag-suhl.de
www.mittelstands-akademie.com

ISBN: 3-936652-21-5

Made in Germany

LEHREN DER GESCHICHTE (1) 7

I AUFSTIEG UND FALL DER GROSSEN MÄCHTE 15
1. Geheimnisvolles Indien oder was über Indien unbekannt ist 16
2. Ägyptens Größe und Versagen 31
3. Was uns das alte Mexiko, die Maya und die Azteken lehren 44
4. Der Untergang Griechenlands und Roms 75
5. Ergebnisse, die die Welt verändern könnten 84

II. DIE ANWENDUNG DER AXIOME 96
1. Wo Deutschland nachbessern muss 98
2. Ägypten heute oder wie Ägypten die Zukunft gewinnen kann 105
3. Indien in Geschichte und Gegenwart 116

III. HOCHSPEZIALISIERTE HISTORISCHE RECHERCHEN 128
1. Unbekanntes China 129
2. Deutschland und die axiomatische Geschichtswissenschaft 163
3. Steuern: die verschwiegene Wahrheit 190
4. Krieg und Frieden 198

IV. VOR-LOGIKEN UND AXIOME 229

LEHREN DER GESCHICHTE (2) 298

LITERATURVERZEICHNIS 303

ZUM AUTOR 306

LEHREN DER GESCHICHTE (1)

Der ebenso aufregende wie unbescheidene Titel des vorliegenden Buches lautet: „Was wir aus 10.000 Jahren Geschichte lernen können“.

Aufregend: Man stelle sich nur einmal vor, einen einzigen winzigen Augenblick lang, wir könnten die gesamte Vergangenheit, Jahrhunderte und Jahrtausende also, von zahlreichen Ländern, Nationen und Weltreichen überblicken, sie klug auswerten und dazu benutzen, unumstößliche Lehren daraus zu ziehen! Es wäre mithin möglich, folgerichtige und logische Schlüsse aus allen historischen Ereignissen herauszufiltern.

Wir könnten in diesem Fall glasklar etablieren welches die Fehler sind, die wir im historischen Raum nicht wiederholen dürfen und umgekehrt was die höchst erfolgreichen Aktionen der Geschichte waren, die wir wiederholen müssen!

Wäre es in diesem Fall nicht möglich, ein blühendes Stadt- oder Staatswesen mit glücklichen oder zumindest zufriedenen Bürgern und Menschen willkürlich aus der Taufe zu heben?

Eine atemnehmende Perspektive! Unsere Einsichten und Kenntnisse würden sich in schwindelerregende Höhen erheben. Ein Wissensschatz ohnegleichen stünde uns plötzlich zur Verfügung, der pures Gold wert wäre und der uns tatsächlich hinausheben würde über ein einziges, armseliges, kleines Menschenleben, innerhalb dessen man allenfalls ansatzweise die Möglichkeit besitzt, einige magere Erkenntnisse aufzuschnappen, denn ein einzelnes Menschenleben ist einfach beschämend kurz.

Könnten wir jedoch nicht nur Hunderte, sondern sogar Tausende von Jahren überblicken, und mit ihnen zahlreiche Nationen auf verschiedenen Kontinenten, und könnten wir auf diese Weise wichtige Einsichten in Lehren, Lehrsätzen oder *historischen Gesetzen* zusammenballen, könnten sie in Stein und Eisen hauen oder in einem einzigen, kleinen, schmalen Bändchen zusammenfassen, so würden wir gewissermaßen über den Wassern schweben, wie das Thomas Mann einmal ausdrückte. Sprich wir könnten von der Vogelperspektive aus, von einer göttergleichen Perspektive, die Schicksale der Nationen überblicken – und aus ihnen lernen! Wir könnten richtige Vorgehensweisen abkupfern, sie wiederholen und im politischen Raum, in der Gegenwart also, sehr viel intelligentere Entscheidungen treffen als zuvor; denn würden diese Lehren oder „historischen Gesetze“ wirklich etwas taugen, würden sie wirklich ihre Feuerprobe bestanden haben, dann würden sie auch in der Gegenwart von Nutzen zu sein.

Ja wir könnten die Gegenwart sogar ganz anders beurteilen, wir könnten bestimmte (positive oder negative) Entwicklungen voraussagen und Prophet spielen, wenn uns daran gelegen wäre, denn mit handfesten historischen Gesetzen könnte man zumindest zu einem gewissen Grad auch die Zukunft hochrechnen.
Gäbe es diese *geschichtlichen Gesetze*, würden also solche *historischen Lehrsätze* existieren, so würde uns das plötzlich meilenweit über jede Tagespolitik hinausheben, die wir ebenfalls plötzlich gänzlich anders beurteilen könnten, nämlich richtiger, genauer und treffsicherer; denn Politik von heute ist ja ebenfalls morgen schon wieder nichts anderes als eben wieder – Geschichte.
Der Leser, der sich im Besitz der unumstößlichen „Gesetze der Geschichte“ befinden würde, könnte, pathetisch und ein wenig überrissen formuliert, in gewisser Hinsicht Gott selbst auf die Spur kommen oder zumindest einigen seiner Pläne. Er würde dem Schöpfer (oder den Göttern oder dem Schicksal, welche Vokabel man auch immer bevorzugt) in die Karten schauen können und einen Teil seiner Absichten erraten. Wir würden mit hieb- und stichfesten *historischen Gesetzen* jedenfalls über einen Gesichtspunkt verfügen, der gewissermaßen außerhalb von Zeit und Raum angesiedelt ist, oder genauer gesagt nicht durch bestimmte Zeiten und Räume eingeengt wird.
Das Unternehmen, solche „Gesetze der Geschichte“ festzuhalten, festzuklopfen und herauszudestillieren, wäre nicht nur hoch spannend, sondern wirklich lohnend, denn die Anwendungsmöglichkeiten würden fantastische Perspektiven eröffnen.

PROBLEME UND LÖSUNGEN

Aber ach!, wird der Pessimist sofort einwenden, haben sich an diesem Unterfangen nicht schon zu viele Philosophen, Theologen, Schriftsteller und Historiker die Zähne ausgebissen? Und sind sie nicht ausnahmslos gescheitert?
Beweisen die Anstrengungen von Platon, Aristoteles, Thukydides, Augustinus, Aquino, Voltaire, Hegel, Kant, Marx, Droysen, Spengler, Toynbee, Horkheimer, Adorno, Bloch und wie sie alle heißen, nicht, dass jeder auf diesem gefährlich glatt gebohnerten Parkett ausgerutscht ist?
Und weiß nicht jeder schriftstellernde Historiker, dass er nie wirkliche Objektivität erreichen kann, ganz einfach weil zu viele Fakten und zu

viele Gesichtspunkte existieren? Dabei ist ein Großteil der Fakten längst verloren gegangen, wieder andere Fakten wurden absichtlich vernichtet.
Gibt es überhaupt so etwas wie Objektivität in der Geschichtsschreibung? Und ist nicht jeder Historiker vorgeprägt – durch Erziehung, Lehrer, Bücher, Stadt, Land und Nation? Besitzt er nicht seine Neigungen, Abneigungen, Lieblingstheorien und Wertsysteme, die religiöser, weltanschaulicher oder politischer Natur sein können – und ist also kläglich befangen in seinen eigenen Vor-Urteilen? Wie kann es ein Historiker wagen, „Gesetzen der Geschichte“ auf die Spur kommen zu wollen! Sind selbst in den hervorragendsten wissenschaftlichsten Arbeiten nicht schon die gestellten Fragen subjektiv, geschweige denn die Anordnung der Fakten oder gar die Auswertungen? Und ist es nicht beobachtbar, dass jeder Historiker recht willkürlich selektiert, thematisiert und interpretiert?
Zugegeben: Jeder Geschichtsschreiber neigt wissentlich oder unwissentlich einer bestimmten Geschichts-Philosophie zu – sprich einer bestimmten Vorstellung, auf welche Weise Geschichte angeblich voranschreitet und verläuft und welchen Zweck/welches Ziel (oder Nichtzweck/Nichtziel) Historie vorgeblich besitzt.
Und also könnte man 101 Einwände erheben, die scheinbar alle beweisen, warum das Unterfangen, „Gesetzen der Geschichte“ auf die Spur zu kommen, eigentlich nicht möglich ist.
Der Katalog der Einwände ließe sich leicht erweitern: Selten überblickt heute selbst ein ausgezeichneter Historiker mehr als 200 – 500 Jahre innerhalb einer einzigen bestimmten Kultur, denn das Datenmaterial ist einfach zu umfangreich. Längst unterscheidet man deshalb etwa zwischen „Technikgeschichte“, „Militärgeschichte“, „Kulturgeschichte“, der Geschichte der Frauen, der „Alltagsgeschichte“, der „Landesgeschichte“, der lokalen Geschichte und noch vielen Geschichts-Arten mehr.
Geschichte ist ein Ozean von Daten, in dem man ertrinken kann.
Deshalb konzentriert man sich innerhalb von deutschen Universitäten auch vornehmlich nur auf die Geschichte Deutschlands, die jedoch zumeist überstrapaziert wird. Je und je wird in unseren Schulen und Hochschulen auch die europäische Geschichte gestreift, aber sie wird nicht intensiv genug behandelt. Auch die Geschichte Afrikas, Australiens und Amerikas etwa wird im Allgemeinen ignoriert oder fristet ein stiefmütterliches Dasein. Asien wird allenfalls am Rande wahrgenommen. Die Geschichte Persiens, Indiens und Russlands steht selten auf dem Stun-

denplan. Die Historie Griechenlands und Roms ist dagegen überrepräsentiert. Das alles führt jedoch zu einem zu engen Blickwinkel, weshalb das Unterfangen, *Gesetze der Geschichte* etablieren zu wollen, scheinbar erneut von vorneherein zum Scheitern verurteilt ist.

Und schließlich: In den Naturwissenschaften ist es notwendig, wenn etwas als „Wahrheit" akzeptiert werden soll, als „Gesetz", dass ein Experiment, das eben dieses Gesetz beweist, beliebig oft wiederholbar ist und unter den gleichen Bedingungen immer wieder die gleichen Resultate zeitigt.

Ein Stein, der auf Planet Erde in die Luft geworfen wird, gleichgültig von wem, wird notwendigerweise wieder auf den Boden zurückfallen, aufgrund der Anziehungskraft. Die Beschleunigung beim freien Fall ohne Luftwiderstand in der Nähe der Erdoberfläche beträgt 9,81 m/s^2.

Kann man so viel „Wahrheit" von geschichtlichen Lehrsätzen überhaupt erwarten?

Damit eine Lehre der Geschichte wirklich als „Gesetz" akzeptiert werden kann, müssten zahlreiche Historiker und Forscher für eine einziges historisches Gesetz buchstäblich zehn, zwanzig und mehr Beispiele aus der Mottenkiste der Vergangenheit hervorkramen, so dass ein Gesetz oder eine Lehre der Geschichte durch die Historie selbst wirklich festgeklopft werden kann.

Probleme, Probleme, Probleme!

Noch einmal: Es gibt 101 Einwände gegen ein solches Experiment, „Gesetze der Geschichte" oder „Lehren" aufzustellen.

Wie sollten wir über all diese Einwände urteilen? Und was sollten wir tun?

Nun, nachdem wir festgestellt haben, warum unser Experiment „eigentlich" nicht unternommen werden und warum das vorliegende Buch im Grunde genommen nicht geschrieben werden kann, sollten wir einfach anfangen!

Beginnen wir mit einigen *Vor-Logiken*, wie wir das genannt haben. Darunter verstehen wir einige Erkenntnisse, die *vor* der Logik liegen, *vor* der eigentlichen Geschichtsschreibung und *vor* den Lehrsätzen.

Diese *Vor-Logiken* geben uns bereits einen guten Vorgeschmack auf die eigentlichen Lehrsätze, weiter enthalten sie bereits in sich selbst nicht eben wenig Sprengstoff.

Und: sie tragen den Einwänden Rechnung, die gegen das Unternehmen, Gesetze der Geschichte aufzustellen, vorgebracht werden können.

DIE VOR-LOGIKEN

Vor-Logik 1

„Geschichte“ wird immer von unterschiedlichen Gesichtspunkten aus geschrieben – zum Beispiel von dem Gesichtspunkt einer bestimmten Führungspersönlichkeit aus oder einer bestimmten Klasse, Rasse, Partei, Nation oder Religion. Diese unterschiedlichen Gesichtspunkte sind selten oder nie auf einen gemeinsamen Nenner zu bringen.

Insofern gibt es keine objektive Wahrheit in der Geschichtsschreibung.

Es gibt bestenfalls eine Annäherung an die Wahrheit.

Folgesatz

„Geschichte“ ist das, worauf sich die Gelehrten schließlich einigen.

Vor-Logik 2

Sieger schreiben Geschichte.

Folgesatz

Viele Historiker sind gekaufte Griffel und dienen sich nur einem bestimmten (machtpolitischen) Gesichtspunkt an.

Folgesatz

Etwa 70% der gesamten Geschichtsschreibung wurde durch eine politisch/parteiliche und/oder religiös/weltanschauliche Sicht verfälscht.

Vor-Logik 3

Es existiert ein präzises Know-how und eine hohe Schule der Lüge und der Fälschung, was die Geschichtsschreibung angeht.

Erläuterung: Dazu gehören die falsche Zeit, der falsche Ort, die falschen (oder unsichtbaren) Drahtzieher/Verursacher eines Ereignisses, die falsche Reihenfolge, die reine Erfindung, die Viertel-, Halb- und Dreiviertel-Lüge, gefälschte Dokumente, gefälschte archäologische Funde, unkorrekte mündliche Überlieferungen, geschönte Darstellungen, Auslassungen, Hinzufügungen, „Erscheinungen“, die nicht beweisbar sind, falsch aussagende oder frei erfundene Zeugen, „Geschichts-Philosophien“ und einiges mehr.

Vor-Logik 4

„Geschichts-Philosophien“ wurden meist nur deshalb formuliert, um mental zu herrschen.

Erläuterung: Unter einer „Geschichts-Philosophie“ versteht man die angeblich „einzig richtige Art und Weise, wie man Geschichte darzustellen hat.“

Eine „Geschichts-Philosophie“ sucht von vorneherein festzuklopfen: 1. wie Geschichte vorgeblich voranschreitet und 2. was das angebliche Ziel der Geschichte ist.

Beispiele: der Marxismus, der Nationalsozialismus oder die jüdisch, christlich oder islamisch motivierte Geschichtsschreibung

Folgesatz

Die meisten „Geschichts-Philosophien“ werden dazu benutzt, um der eigenen Weltanschauung, Ideologie oder Theologie als Magd zu dienen.

Vor-Logik 5

Wenn man „Geschichte“ nur oberflächlich betrachtet und sich die gerade genehmen Daten und Informationen herauspickt, kann man alles und nichts beweisen, denn das Meer der Daten ist unendlich.

Vor-Logik 6

Eine Geschichtsschreibung, die nur das Datenmaterial einiger weniger Länder und Kulturen ins Visier nimmt und auswertet, begrenzt sich selbst und verzichtet darauf, wertvollste Erkenntnisse festzuschreiben und *Gesetze der Geschichte* zu etablieren.

Vor-Logik 7

Ein „Gesetz der Geschichte“ verdient erst dann diesen Namen, wenn es mit zahlreichen Beispielen aus der Historie selbst untermauert werden kann.

Vor-Logik 8

Nichts geschieht „zufällig“ in der Geschichte.

Folgesatz

Wenn ein Historiker ein Geschehnis auf einen „Zufall“ zurückführt, hat er gewöhnlich nicht intensiv genug recherchiert.

Folgesatz

Je genauer man den oder die Verursacher eines Ereignisses ausmachen kann, umso höher steht die Geschichtsschreibung in qualitativer Hinsicht.

Folgesatz

Die „Geographie“ oder andere äußere Umstände für geschichtliche Ereignisse verantwortlich zu machen, ist eine Fehlanalyse und heißt nur, dass man den oder die Verursacher nicht kennt.

Vor-Logik 9

Jede „Geschichtswissenschaft“, die Informationen und Gesetze/Lehren zur Verfügung stellt, welche künftige destruktive Entwicklungen vermeiden hilft und umgekehrt konstruktive Entwicklungen fördert, ist meilenweit über jeder „Geschichtswissenschaft“ angesiedelt, die nur Daten sammelt, Daten nicht auswertet und in keine Gesetze/Lehren einmünden lässt und keine Schlüsse zieht.

Folgesatz

Wenn „Geschichte“ zu einer Anwendungs-Wissenschaft aufsteigt, wird sie einen enormen Einfluss auf die Zukunft nehmen und Zukunft stärker in positiver Weise verändern können als viele andere Wissenschaften.

Eine Anmerkung in eigener Sache: In unserem Zusammenhang verstehen wir unter einem *Folgesatz* keine Schlussfolgerung, die sich mit zwingender Logik aus einer Vor-Logik oder einem „Gesetz der Geschichte“ in der Folge ergibt. Es handelt sich vielmehr um eine *Ergänzung*, eine *Erweiterung* oder eine *Zusatz-Beobachtung*, die nur manchmal den Pfaden der strengen Logik folgt.

Ein *Folgesatz* bezeichnet in unserem Zusammenhang also lediglich eine Einsicht, die zum *gleichen Fachgebiet* oder zum *gleichen Thema* gehört. Unser „Folgesatz“ ist also keinesfalls der mathematischen Logik zuzuordnen.

Soviel also zu unseren Vor-Logiken!
Wie man schnell erkennt, haben wir es hier mit sehr geballten, komprimierten Informationen zu tun.
Dennoch sollten wir nicht darauf verzichten, Historie je und je auch „spannend“ und „unterhaltsam“ darzustellen, bevor wir konkrete Lehren/Gesetze formulieren. Wenn man Lehren aus der Geschichte mit tatsächlichen Ereignissen unterfüttert, kann man darüber hinaus auch demonstrieren, wie und auf welche Art und Weise man zu einigen Gesetzen überhaupt gelangen kann.
Machen wir die Probe aufs Exempel.

I. AUFSTIEG UND FALL DER GROSSEN MÄCHTE

Kaum etwas ist faszinierender innerhalb der Geschichte, als den Aufstieg und Fall der großen Mächte zu verfolgen, denn nichts ist begeisternder, als Erfolg, ja Spitzenerfolg, nachzuvollziehen, im Rahmen ganzer Staaten, Kulturen und Weltreiche, und nichts ist belehrender, als den Niedergang und Untergang einer „Superpower" zu analysieren, denn auch dies versorgt uns mit Informationen, die hoch brisant sind.
Wenn wir uns an das Unterfangen wagen, den Aufstieg und Fall großer Mächte unter dem Vergrößerungsglas zu betrachten, so sollten wir jedoch weit über den Tellerrand hinausblicken; denn wie lautet noch einmal unsere Vor-Logik 6?

Vor-Logik 6
Eine Geschichtsschreibung, die nur das Datenmaterial einiger weniger Länder und Kulturen ins Visier nimmt und auswertet, begrenzt sich selbst und verzichtet darauf, wertvollste Erkenntnisse festzuschreiben und *Gesetze der Geschichte* zu etablieren.

Beobachten wir also den Aufstieg und Verfall verschiedener Reiche in unterschiedlichen Erdteilen aus mehreren Epochen, zumindest ansatzweise. Untersuchen wir in diesem Sinn in gebotener Kürze das alte Indien, das alte Ägypten, das Reich der Maya, das alte Griechenland, das alte Rom, das Spanische Weltreich im 16. und 17. Jahrhundert und streifen wir zudem wenigstens weiter punktuell die ehemalige UdSSR, Japan, das Osmanische Weltreich und einige Länder mehr, um möglichst auf internationalem Niveau zu operieren.
Halten wir dabei stets Ausschau nach „Gesetzen" oder „Lehrsätzen" der Geschichte, denn das ist das Gold, nach dem wir graben.
Nehmen wir als erstes Land das alte Indien aufs Korn, aber untersuchen wir zunächst nur ein Teilgebiet, nämlich die *religiöse* Geschichte Indiens! Was können wir in diesem Fall lernen?

1. GEHEIMNISVOLLES INDIEN oder WAS ÜBER INDIEN NICHT BEKANNT IST

Indien, Indien, Indien! Kein Land der Erde existiert, in dem so inbrünstig über Gott nachgedacht wurde und das so tiefe Weisheiten für uns bereithält. In Indien wurde geradezu die Religion erfunden, hier dachte man philosophische Probleme an, die in unseren Breiten erst Jahrtausende später durchreflektiert wurden, und hier gehörte das Wissen um die *Reinkarnation*, die Wiedergeburt, zum selbstverständlichen Bestandteil der Erfahrung selbst des einfachsten Mannes, während in Europa das Wissen um die Seelenwanderung nur in den höchsten Kreisen und Geheimzirkeln hinter vorgehaltener Hand weitergegeben wurde.
Wahrscheinlich war die frühe indische Kultur den meisten anderen Kulturen ihrer Zeit weit überlegen!
Einige Historiker gehen davon aus, dass Indien bereits vor 10.000 Jahren ein hochkultiviertes Volk bewohnte, denn die *Veden*, die heiligen Schriften der Inder, sind viele Tausend Jahre alt. Die Veden wurden über zahllose Generationen hinweg zunächst mündlich weitergegeben, sie wurden penibel auswendig gelernt, was ein sagenhaftes Gedächtnis voraussetzt. *Veda* bedeutet *Wissen*. Der Begriff *Wissen* aber allein verrät uns, dass es schon früh hoch intelligente Zeitgenossen gab, die „wussten", dass nur Informationen, „Wissen" oder Know-how einen Quantensprung der Zivilisation einleiten können …
Die Vorgeschichte Indiens ist im Dunkel der Zeit verschwunden. Ausgrabungen heute beweisen uns immerhin, dass alte und älteste Kulturen existierten, die (zumindest!) 6.000 Jahre alt sind. Am bekanntesten ist *Mohenjo-Daro*, womit die Reste einer Hochkultur vor rund 4.500 Jahren bezeichnet werden, die am westlichen Ufer des unteren Indus gelegen war, im heutigen Pakistan also.
Der Fluss *Indus*, das war der Name, von dem Indien seinen Namen erhielt, und auch das Wort *Hindu* ist auf ihn zurückzuführen, was wörtlich so viel bedeutet wie *Bewohner an den Rändern des Flusses Indus*. Heute weist man mit dem Begriff *Hindu* auf eine religiöse Weltanschauung.
Die indische Frühkultur *Mohenjo-Daro* (der Begriff bedeutet wörtlich: *Hügel der Toten*) kannte bereits Haushaltsgegenstände und Toiletten, Würfel und Schachfiguren, Münzen, zweirädrige Wagen, feinpolierten Schmuck, Ziegel, Abwasserkanäle, die Schrift (!) und eine erstaunlich

hoch entwickelte Kunst. Die Schrift, immer herausragendes Zeichen einer Hochkultur, ist bis heute nicht entziffert.
Weiter wissen wir mit unumstößlicher Gewissheit, dass bereits vor 5.000 Jahren zwischen Ägypten und Indien ein reger Warenaustausch herrschte, wie Funde in Ägypten ohne Wenn und Aber belegen.
Und schließlich wurden in der Nähe der Stadt *Maisur*, (= eine Stadt mit rund 900.000 Einwohnern, in Südindien gelegen, der Name bedeutet wörtlich „Stadt des Büffels") sechs Schichten verschiedener Kulturen entdeckt, mit Geräten, Figuren und Tonwaren, die mit Sicherheit 6000 Jahre alt sind ...
Erneut erkennen wir, dass wir wahrscheinlich umdenken müssen, was frühe Hochkulturen angeht, sprich die Geschichte unserer Zivilisation reicht wahrscheinlich sehr viel weiter zurück, als es sich unsere Schulweisheit manchmal träumen lässt.
Fest steht, von frühesten Zeiten an war Indien führend in Sachen Religion und *Geheimwissen*, was uns veranlasst, in dieser Richtung etwas tiefer zu graben; machen wir uns jedoch auf einige Überraschungen gefasst.

RELIGIÖSE GEHEIMLEHREN

Die *Veden* begleiten die Inder bis heute! Es handelt sich um heilige Bücher, in denen die unterschiedlichsten Lehren und Ratschläge zu finden sind. Wahrscheinlich umfassten sie ehemals zahlreiche Bücher. Wir finden in den *Veden* bereits ausgefeilte Ernährungslehren und Methoden der Langlebigkeit beschrieben, was uns beweist, dass die modernen Probleme der Menschheit so neu eben doch nicht sind.
Wir finden weiter Fragen der Gesundheit behandelt, aber auch ein erstaunliches Wissen rund um die Phonetik, die Metrik, die Grammatik und die Astronomie.
Brahma gilt als Schöpfergott, *Vishnu* als der Gott, der für die Erhaltung der Dinge zuständig ist und *Shiva* als der Zerstörergott; mit dieser Trinität ist der Zyklus alles Seienden beschrieben, und wenn wir die Augen aufmachen und die Arroganz des Späterlebenden ablegen, müssen wir tatsächlich zugeben, dass nichts existiert, was sich nicht im Stadium der Erschaffung, der Erhaltung oder Zerstörung befindet. Diese drei Hauptgötter sind fähig, sich in verschiedenen menschlichen Inkarnationen („Fleischwerdungen") zu offenbaren. Vishnu, dem Erhalter, werden etwa zehn Inkarnationen zugeschrieben.

Besonders brisant wird es, wenn wir uns den Avanyakas (= wörtl. „Waldtexte“ oder Geheimberichte, die in völliger Abgeschiedenheit gelehrt wurden) zuwenden oder den „Upanischaden“ (= Geheimlehren, wörtl. „sich um den Lehrer herumsetzen“). Hierin finden wir die Lehre von der Seelenwanderung sowie die Aussage, dass der Mensch aus einem Körper *und* einer Seele besteht, die sich nach dem Tode einen neuen Leib sucht.

„Wie Korn vergeht der Sterbliche, wie Korn wird er wiedergeboren“, lehren die Upanischaden. Die Schlange, die sich regelmäßig neu häutet, war das Symbol der Wiedergeburt.

Wir finden weiter den Hinweis darauf, dass gute Taten im jetzigen Leben in einem späteren Leben belohnt werden, schlechte Taten dagegen ein weniger gutes *Karma* nach sich ziehen können und anderes „Geheimwissen“ mehr. Aus der Lehre des Karma folgt in letzter Konsequenz, dass wir Gutes tun und anderen Lebewesen helfen sollten.

Wir begegnen schließlich der Vorstellung, dass *alles* Leben höchst wertvoll ist, auch Leben, das Tieren und Pflanzen innewohnt, weiter der Idee, dass die Seele sich nicht der Materie (und mithin dem Vergänglichen) unterordnen sollte und dass es höhere Werte gibt als den Besitz, ja dass der Mensch in seiner höchsten Ausformung selbst eine Art Gott werden oder jedenfalls zu höheren spirituellen Ebenen hinanschreiten kann.

Wer könnte sich dem Charme und der Überzeugungskraft, der Liebe und Verlockung einer solchen Lehre entziehen?

Viel wurde spekuliert, woher dieses *Wissen* ursprünglich kam. Von Außerirdischen, die als Götter betrachtet wurden? Von besonderes erleuchteten, hochethischen, weisen Männern? Von einer früheren Zivilisation? Wer will sich anmaßen, hierauf eine Antwort zu liefern, wer will vorgeben, im Dunkel der Zeit sehen zu können?

Hüter dieses Wissens und Geheimwissens waren jedenfalls die *Brahmanen*, die Diener das Gottes Brahma, des Erschaffers, die Priester. Sie waren die Erzieher der Kinder, die Schriftgelehrten, die Autoritäten hinsichtlich der für unfehlbar gehaltenen Veden, die Führer des Volkes, die Kenner der Gesetze, die reichste, einflussreichste und mächtigste Kaste.

Vielleicht war das frühe und früheste Indien glücklich, weise und vollkommen, wir wissen es nicht. Wir wissen nur, dass es sich um eine erstaunlich hohe Kultur handelte, die höchste seiner Zeit wahrscheinlich, … als es passierte.

DER GRIFF NACH DER MACHT oder DIE DUNKLE ROLLE DER BRAHMANEN

Es passierte nicht auf einen Schlag, es geschah langsam und heimlich, dabei zielgerichtet und mit der schleichenden Killerlust einer Kobra. Es geschah während eines Zeitraums von mehreren Tausend Jahren:
Die Brahmanen, die Diener der Götter, schwangen sich selbst zu Göttern auf. Die *Veden* wurden in der Folge ergänzt, erweitert, uminterpretiert, „verbessert" und fast bis zur Unkenntlichkeit verändert. Kurz gesagt ging es um die brutale Macht, die bislang von der Kriegerkaste (den *Kschatriyas*, wörtlich: „Kämpfern") ausgeübt worden war. Die Brahmanen reservierten sich auf einmal den ersten, den höchsten Platz in der indischen Gesellschaft. Sie belehrten das Volk, das jetzt die *Kschatriyas* unter ihnen, den Brahmanen, angesiedelt seien, unter ihnen aber auch die Kaufleute (die *Vaischyas*), unter ihnen schließlich die Arbeiter (*Schudras*), ganz zu schweigen von den Ausgestoßenen (den *Parias*, den „Unberührbaren"). Das Kastensystem entstand. Die Priester thronten über allen, sie schienen das Wissen für sich gepachtet zu haben, denn sie waren angeblich die Einzigen, die korrekt die Veden auslegen und interpretieren konnten. Das Kastensystem wurde ausdifferenziert und ausgefeilt wie ein kompliziertes mathematisches System. Schließlich gab es, man höre und staune, 3.000 Kasten, aus denen niemand ausbrechen konnte. Jeder durfte nur innerhalb seiner Kaste heiraten, ein Aufstieg war undenkbar. Noch heute leidet Indien unter diesem Kastensystem, nichts hat die indische Gesellschaft mehr zerstört.

Am wichtigsten in dieser neuen Religion war natürlich das Honorar, das den Priestern entrichtet werden musste. Das *Opfer* wurde zur alles beherrschenden Lehre, mit einem Opfer konnten die Götter selbst bestochen werden! Aber das Opfer floss natürlich in die weiten Taschen dieser nimmersatten Priester oder Brahmanen, die ihre eigene Lehre (von der Vergänglichkeit der Materie) flugs vergaßen, wenn es darum ging, sich selbst den Beutel zu füllen. Der höchste Gipfel der Frömmigkeit war Freigiebigkeit gegenüber den Brahmanen. Schon bald blühte der wüsteste Aberglaube: Die Priester konnten vorgeblich unfruchtbare Frauen fruchtbar machen, Sünden vergeben, die Zukunft vorhersagen und mit den Göttern sprechen. Sie beherrschten alle Arten von Taschenspielertricks, alles war darauf ausgerichtet, das Volk unendlich staunen zu lassen. „Männer wurden in Dienst genommen, um Wahnsinn zu simulieren und zu `geste-

hen`, ihr Schicksal sei die Strafe für ihren Geiz gegenüber den Priestern", belehrt uns der Historiker Will Durant.[1] Jede Krankheit, jeder Traum, jeder juristische Sachverhalt – wurde von diesen verdammten Priestern und Brahmanen in klingende Münze verwandelt und ausgebeutet.
Dabei konnte niemand an den Brahmanen herumdeuteln, sie standen mit den Göttern gewissermaßen auf du und du, nur sie allein konnten den Willen der Götter richtig interpretieren. Einige Brahmanen genossen sogar sexuelle Vorrechte über alle Bräute ihres Territoriums: die erste Nacht gehörte ihnen. Anderen Frauen wurden weiß gemacht, wenn sie eine Nacht in einem heiligen Brahmanen-Tempel verbringen würden, könnten sie von ihrer Unfruchtbarkeit geheilt werden. Wer einen Brahmanen jedoch tötete, musste sterben, wer einen Krieger tötete, musste einem Brahmanen tausend Kühe zur Sühne geben. Nirgendwo blühte die Habgier so sehr wie in dieser Priesterkaste. Das geistige Leben erstickte unter dieser macht- und sexbesessenen Kaste, die den Aberglauben an allen Ecken und Enden schürte, denn das war einträglich, das versprach gutes Geschäft!
Alles, alles, wurde mit der Kenntnis der Veden gerechtfertigt. Sie dienten dazu,
dieses prächtige Geschäft fest zu zementieren.
Aber wie wurden die Veden eigentlich uminterpretiert und in den Dienst dieser geldgierigen Kaste gestellt?

DER PRIESTERTRICK

Da nur der Brahmane angeblich über Wissen und Weisheit verfügte, war es ein Leichtes, die ursprünglichen Lehren zum Vorteil dieser Priesterkaste umzudeuten:
Die hehre Idee der Reinkarnation wurde degradiert und rasch dazu benutzt, den Leuten weiß zumachen, dass man aufgrund seiner Missetaten (in einem früheren Leben) automatisch in einer bestimmten Kaste wiedergeboren werden würde. Das war höchst praktisch. Das verpflichtete zu guten Taten … gegenüber den Brahmanen. Das hielt die Einzelpersönlichkeit klein und demütig. Das verhinderte Revolten. Genaueste „Strafen" wurden ersonnen und in dem sogenannten „Gesetzbuch des Manu", ein übles religiöses Machwerk, niedergelegt. Die Menschen wurden in ein barbarisches System von „Strafen" gezwängt, das ihnen so viel Bewegungsfreiheit ließ wie einer Fliege, die sich im Spinnennetz verfan-

gen hat. Mit „Sünden" ließ sich fabelhaft Geld verdienen, ließ sich Macht zementieren und Einfluss! Mit anderen Worten: die Idee der Wiedergeburt, die eigentlich Ethik promoten sollte (generell Gutes zu tun und eine höhere Verantwortung an den Tag zu legen), wurde uminterpretiert zu einer Idee der vollständigen Knechtschaft und spirituellen Sklaverei – immer zum Vorteil der Brahmanen versteht sich.

Die Idee des *Karma* (sanskrit, wörtl: *Tat*) degenerierte zu einer Idee des Kismet (= „Ergebung in den Willen Gottes") und schaffte Raum für eine fatalistische Einstellung. Während ursprünglich die Karma-Idee zu guten Taten Anlass geben sollte – wer könnte etwas dagegen einwenden? – wurde nun die Karma-Idee dazu verwendete, eine apathische Einstellung zu fördern; das kam den Brahmanen gerade recht, denn erneut füllte das ihr Geldsäckchen! Die Vergangenheit mutierte zu einem drohenden Monster, das die Gegenwart und Zukunft vollständig auffraß.

Was konnte so ein armes, elendes Menschlein denn schon tun, angesichts einer überwältigenden Summe von bösen Taten in früheren Existenzen? Eine weitere wirklich intelligente, ursprünglich konstruktive Idee wurde mithin pervertiert.

Der schlimmste Auswuchs der Karma-Idee war wie gesagt das Kastensystem.

Da alles ohnehin vorherbestimmt war, konnte man jetzt getrost die Hände in den Schoß legen. Offenbar musste man büßen, büßen und nochmals büßen – für seine vergangenen Taten und Sünden.

Die Liebe zu Pflanzen und Tieren (im Kern fabelhaft und begrüßenswert!) wurde pervertiert zu der Vorstellung, keine Kühe zu verspeisen, Tiere höher als Menschen zu schätzen, Tiere wie Götter zu verehren und ihnen alles zu erlauben, einschließlich Diebstahl. Selbst die Verschmutzung und die Zerstörung der Umwelt wurde in Kauf genommen. Tiere in Indien dürfen noch heute menschliche Nahrung räubern, ihren Kot überall liegen lassen und Schäden allenthalben anrichten.

Die Wiedergeburtsidee wurde erneut entstellt und missbraucht – denn Seelen konnten offenbar auch in Tieren inkarnieren. Sie hielt plötzlich dazu her, Tiere über Menschen zu stellen, etwas, was die alten Weisen nie gelehrt hatten.

Krokodile, Affen, Hunden, Katzen, Kühe, Tiger, Pfauen, Papageien und sogar Ratten – alles, alles wurde „heilig". Besonders anbetungswürdig war die Kuh, die nicht getötet werden durfte und heute rund ein Fünftel

der „Gesamtbevölkerung“ Indiens ausmacht! Stirbt eine Kuh, muss sie mit allen Ehren und Pomp zeremoniell bestattet werden!
Wie sehr kann man von ursprünglichen Erkenntnissen abweichen, wie sehr kann man erstaunliche Einsichten zu unterdrückerischen, irrwitzigen „moralischen“ Gesetzen umbiegen?
Die Erkenntnis, dass der Geist grundsätzlich der Materie überlegen ist, was selbst im Alltagsleben so viele positive Konsequenzen nach sich ziehen kann, (denn man erhebt den Menschen damit über unbelebte Dinge, die er daraufhin unter seinen Befehl zu stellen vermag), wurde ebenfalls pervertiert – und zwar in Richtung Armut.
Materie und Besitz waren plötzlich „böse“ und mussten mit Misstrauen betrachtet werden. Und so sah Indien auf einmal Heerscharen von Bettlern, Yogis, Fakiren, Einsiedlern, Asketen und Arhats („Heiligen“), sprich Heerscharen von Faulpelzen, Dummköpfen, Schmarotzern und unnützen Tagedieben im Gewande des Mönchs oder „Erleuchteten“, die bis heute ihr Wesen oder Unwesen treiben. Materie wurde verteufelt, Besitz als nichtig angesehen (freilich nicht für die Brahmanen!).
Dass man schließlich selbst ein Gott werden (oder besser gesagt: in einen höheren spirituellen Zustand gelangen) könne, wurde ebenfalls flugs uminterpretiert.
Atman (= das Selbst) war vormals eins mit *Brahman* (= ursprünglich der Erschaffer-Gott, später eine Art höchstes göttliches Prinzip) gewesen. Diese Vorstellung führte jetzt zu phantastischen destruktiven Konsequenzen, die ursprünglich sicherlich so nicht beabsichtig waren. Positiv war am Anfang das Streben nach höheren spirituellen Zuständen gewesen, was jedoch auch eine höhere Verantwortung miteinschloss.
Jetzt wurde dieses Streben uminterpretiert in eine Verachtung des Selbst und der eigenen Person, nur Brahman war von Bedeutung. Atman, das Selbst, war unwichtig, es war ohnehin nur Schein und Trug. Und also war es unwichtig, ob man in Lumpen spazieren ging oder in einem sauberen Gewand, wer scherte sich schon um solch dumme Äußerlichkeiten!
Warum sich um das Jetzt und die eigene Person kümmern, wenn die Ewigkeit und die Göttlichkeit, Brahman, zum Greifen nahe lagen?
Der Brahmane nickte ernsthaft ob dieser edlen Ansicht und hielt gierig die Hand auf.
In der Folge fand eine Pseudo-Vergöttlichung alles Existierenden statt: Selbst die Liebe, Sex, Kinder, Ehe, alles, alles wurde als ein Ausfluss des

Göttlichen gesehen. Alles wurde „religionisiert“, die eigene Person, die Liebe, die Natur, Tiere, Pflanzen, das Land, das Wetter, die Nation – zum Vorteil der Brahmanen natürlich, die erneut kräftig kassierten, denn nur sie konnten den korrekten Weg aufzeigen. Selbst die Kunst wurde degradiert zur Magd der Theologie, sowohl die Musik als auch die Literatur und die Malerei, die Skulptur und Architektur ohnehin. Und so versank ein Land, das einst vielleicht die höchste Kultur auf dem Erdenrund besessen hatte, in finsterstem Aberglauben, in Elend, Armut und spiritueller Sklaverei.

Aber halt! Wandelte auf Indiens heiligem Boden nicht auch vormals Buddha?

Ja, welche Rolle spielte eigentlich Buddha?

BUDDHA UND DER BUDDHISMUS

Während Konfuzius Weisheit in China predigte, die jüdischen Propheten Jeremia und Jesaja im alten Israel, die vorsokratischen Philosophen in Griechenland und Zarathustra in Persien, wandelte auf Indiens religionsdurchtränktem Boden *Buddha Siddharta Gautama Shakyamuni,* etwa von 563 bis 483 vor Christi Geburt.

Buddha bedeutet der *Erwachte* oder *Erleuchtete*,

Siddharta heißt wörtlich übersetzt *der sein Ziel erreicht hat*,

Gautama (oder *Gotama*) ist eine Art Familienname, ein Gautama ist also ein Mann aus der Gautamasippe und ein *Shakyamuni* ist ein *Weiser aus dem Volk der Shakya*, ein Stamm, der am Fuße des Himalayagebirges lokalisiert war.

Es handelte sich bei Buddha, dem Erleuchteten, vielleicht um den größten Weisheitslehrer der Menschheitsgeschichte, wenn man jedenfalls den Völkern Asiens Glauben schenkt.

Sein Leben ist schnell erzählt: Er entstammte einem Adels- oder Königsgeschlecht des nordindischen Volkes der *Shakya*, war mithin ein Prinz und wohl selbst zum Nachfolger und Herrscher vorgesehen. Aber als er eines Tages der Legende nach der Realität des Lebens ins Auge schaute und mit Entsetzen Krankheit, Alter, Schmerz und Tod bei anderen Menschen beobachtete, entschloss er sich, seinem bisherigen Wohlleben den Rücken zu kehren und einen Weg aus dem Leiden zu suchen. Er verließ den Palast seiner Eltern und suchte Erkenntnis durch Yoga, Askese und Meditation – was ihn indes nach seinen eigenen Worten nicht weiterbrachte. Als er jedoch mit 35 Jahren unter einer Pappelfeige saß, so die Überlieferung, fiel die Unwissenheit von ihm ab. Er „erwachte“ und wurde zum *Buddha*, zum Erleuchteten. Er schaute auf seine früheren Leben und erkannte die Wahrheit. In der Folge lehrte er 45 Jahre lang eine neue Religion. Er lehrte, dass Tugend und Weisheit zum Erwachen führen und wandte sich vehement gegen die verschiedenen Kasten, die Indien damals bereits auseinanderzureißen drohten. Er sprach vor Königen, Brahmanen und Fürsten genauso wie vor Parias, Bettlern und Räubern und lehnte es völlig ab, Menschen aufgrund ihrer Kastenzugehörigkeit auszuschließen. Er starb der Überlieferung nach an der Kost einer verdorbenen Pilzsuppe, achtzigjährig.

Nun ist nichts so verräterisch wie die Erzählungen, Märchen, Allegorien, Berichte und wilden Geschichten, die die Priester und Mönche in der Folge um das Leben Buddhas rankten. Einige professionelle Märchenerzähler ließen es sich angelegen sein, alle früheren Leben Buddhas vorzustellen, eingekleidet selbstverständlich in buddhistische Weisheiten und Lehren. Jahrhunderte währende redaktionelle Tätigkeiten schufen alle möglichen heiligen Bücher, die je nach Richtung den Status „kanonischer“ (das heißt „anerkannter“) religiöser buddhistischer Literatur erhielten – oder eben auch nicht. Natürlich wurde sein Leben vollständig verklärt. Angeblich habe es sich bei der Geburt Buddhas um eine Art Jungfrauengeburt gehandelt, erklärten die Priester. Weiter sei seine Geburt vollständig „rein“ gewesen, er „trat aus seiner Mutter wie ein Prediger, der vom Lehrstuhl hinabsteigt“. Schließlich sei bei seiner Geburt ein helles Licht am Himmel erschienen und Götter hätten sich aus den Wolken geneigt. Könige seien aus der Ferne angereist, um ihn zu begrüßen, nicht anders als die heiligen drei Könige im Falle Jesus Christus. Taube hätten plötzlich zu hören begonnen und Stumme zu sprechen. Angeblich hätten ihn in seiner Jugend 40.000 Tänzerinnen ergötzt – was uns für einen Stamm im Himalaya doch etwas hoch gegriffen erscheint. Schließlich habe ihn ein Fürst des Bösen versucht, nicht anders als Jesus im Neuen Testament der Teufel. Wir könnten fröhlich 300 Seiten lang auf diese Art und Weise fortfahren, aber mit all diesen Legenden und religiösen Märchen würden wir doch nur belegen, dass sich erneut die *Priester* dieses Phänomens Buddha bemächtigten und alles in ihn hineingeheimnisten, was ihnen gut und wichtig dünkte, um das Volk zu beeindrucken.

Was aber ist die Wahrheit?

Nun, Buddhas Lehre war im Grunde genommen einfach. Er empfahl

1. nicht zu morden und zu töten,
2. nie zu nehmen, was einem nicht gegeben worden war, sprich nicht zu stehlen,
3. die Wahrheit zu sagen und zur Wahrheit zu stehen
4. keine berauschenden Getränke zu trinken und
5. nicht unkeusch zu sein.

Buddha predigte weiter die Liebe und riet vom Hass ab, er predigte die Weisheit und verachtete Kult und Ritual. Die Wahrheit schien ihm in jedem einzelnen Individuum selbst verborgen zu liegen, er predigte jedenfalls ein völlig subjektives Verständnis von Wahrheit, und versuchte, das Einzelwesen groß zu machen, nicht klein:
„Wer auch immer, … jetzt oder nach meinem Tode sich selbst Richtschnur sein wird, sich selbst Zuflucht sein wird, keine äußere Zuflucht suchen wird, sondern zur Wahrheit stehen wird als zu seiner Richtschnur … und zu niemandem Zuflucht suchen wird außer zu sich selbst – er ist es …, der die allerhöchste Höhe erreichen wird!“[2]
Welch eine erstaunliche, hochintelligente und tolerante Lehre!
Nach den Quellen zu urteilen, die uns heute noch zur Verfügung stehen und die zugegebenermaßen dürftig sind und nicht allzu hoch sprudeln, war Buddha weiter offenbar von Humor durchtränkt und keineswegs einer dieser „ernsthaften“ Philosophen, die an ihrer eigenen Bedeutung schier ersticken. Er lachte die Brahmanen aus und gab oft zu, die Antwort auf viele Fragen nicht zu wissen. Das Kastenwesen verabscheute er und prangerte die Opfer an, die das törichte Volk den Brahmanen oder ihren Göttern darbrachten.
„Er verwarf jeden Kult und jede kultische Verehrung übernatürlicher Wesen, alle … Beschwörungen, jede Askese und alle Gebete. Ruhig und ohne Polemik bot er ein von Dogma und Priesterherrschaft vollkommen freie Religion, …[die] Ungläubigen und Gläubigen in gleichem Maße zugänglich ist.“[3] Sich selbst bezeichnete er nie als Gott oder als Erleuchteten, er hätte sich den Bauch gehalten vor Lachen. Buddha schmunzelte über die Vorstellung, Gebete zu jemandem emporzusenden, den man nicht kannte. Er bot keinen Himmel an, keine Hölle und kein Fegefeuer. Er wusste um die Wiedergeburt und versuchte, das sich ewig drehende

Rad der endlosen Reinkarnationen anzuhalten, ja, mehr aber auch nicht. Aber er wandte sich gegen Pfaffenlogik und verachtete angebliche Wundertaten, die ihm selbst später in so reicher Zahl angedichtet wurden, nicht anders als Mohammed oder anderen Religionsgründern.
Was aber geschah mit seiner Lehre nach seinem Tod?

ABERGLAUBEN
Sie haben es bereits erraten. Buddha wurde vergöttlicht und mit allem Brimborium und Mumpitz umgeben, den man sich nur vorstellen kann. Die buddhistischen Mönche wandelten sich zu Brahmanen und veränderten die Lehre Gautamas so um, dass sie einen gewaltigen Eindruck machte und ihnen selbst ein prächtiges, faules und gutes Leben garantierte.
Zum zweiten Mal also griff diese Sippschaft der Priester ein und veränderte und verdrehte, strich und manipulierte, erfand und vergaß.
Was für eine elende Bagage!
Mönche und Priester änderten Buddhas Lehre ab!
Der Buddhismus spaltete sich in viele Sekten auf. In Ceylon und Südindien hielt man an dem reineren, ursprünglicheren Glauben Buddhas fest, genannt *Hinayana*, das „kleine Fahrzeug“. In Nordindien, Tibet, der Mongolei, China und Japan gewann der *Mahayana* (= „das Große Fahrzeug“) die Oberhand. Eine neue buddhistische Theologie wurde von Priestern aus der Taufe gehoben, die skrupellos vermischt wurde mit brahmanistischen Praktiken.
Noch einmal: Buddha wandelte sich zur Gottheit. Einen fix erfundenen buddhistischen Himmel stopfte man mit allerlei Heiligen voll. Buddhas Philosophie wurde zurechtgestutzt, und obwohl sich der Buddhismus zunächst in alle Himmelsrichtungen hin ausbreitete, sank sein Ansehen in seinem Heimatland Indien mehr und mehr. Die Brahmanen, die alten Priester, halfen kräftig mit, sie bemächtigten sich der neuen Religion und verunstalteten sie weiter bis zur Unkenntlichkeit, bis sich die Lehre des Gautama fast auflöste in diesem Schmelztiegel der Religionen, der Indien bis heute charakterisiert.
Schon bald gab es zahlreiche Buddhas, selbst ein Erlöser-Buddha wurde populär, und mit ihm der Himmel, das Fegefeuer und die Hölle – etwas was Buddha selbst stets belächelt und weit von sich gewiesen hatte. Reliquienverehrung, Weihwasser, der Rosenkranz, Mönche mit Tonsuren, Nonnen, geistliche Gewänder, das Zölibat, die Beichte und Heiligspre-

chungen fanden schließlich im „Großen Fahrzeug“ Platz, ja selbst phallische Gebräuche in dieser einst so edlen Religion. Der Buddhismus in Indien wurde aufgesogen vom Hinduismus, die Brahmanen griffen unverfroren nach dieser neuen Lichtgestalt und nahmen Buddha Gautama in ihren Kreis auf. Der Hinduismus/Brahmanismus verschlang den Buddhismus mit Haut und Haaren, er erdrückte ihn in einer liebevollen, aber tödlichen Umarmung, denn der Buddhismus spielt heute praktisch keine Rolle mehr in seinem Heimatland. Gerade ein einziges mageres Prozent in Indien bezeichnet sich heute noch als „Buddhist“.
Was blieb, war das unterdrückerische Kastensystem, die fette, schmarotzende Oberschicht der Brahmanen, die bis heute das Land fest im Griff hat, der Glaube an die Seelenwanderung, aber in seiner pervertierten Form, buchstäblich Tausende von Göttern und schließlich sieben Himmel und fünfundzwanzig Höllen, die in ihrem Sadismus durchaus mit der christlichen Hölle Dantes wetteifern können.
Was blieb war weiter die hinterhältige Kontrolle durch das *Karma*, die Vergottung der Tiere, vor allem der heiligen Kuh, deren Milch, Quark, Urin und Dung angeblich reinigen konnten und das Land bis heute terrorisiert. Was blieb war ein Land, versunken in Armut, Aberglauben und unvorstellbarem Elend.

DIE ROLLE DER PRIESTER

Es ist mehr als interessant, festzuhalten, dass auch Religionen einem historischen Zyklus unterliegen, der offenbar diese Stadien durchläuft:

1 Beginn und höchste Weisheit,
2 Etablierung und Abänderungen der ursprünglichen Lehren und
3 Kontrolle durch die Priester und finsterster Aberglaube.

Weiter ist es hochinteressant, festzuhalten, dass Priester in allen möglichen Gesellschaften eine äußerst zwielichtige Rolle spielten.
Auch im alten Ägypten, auf das wir noch zu sprechen kommen werden, waren
Priester dafür verantwortlich, dass das Land schließlich förmlich versteinerte und keinen Fortschritt mehr machte, bis es als Weltmacht von der Bildfläche verschwand, nachdem es nacheinander von den Persern, Griechen und Römern besiegt worden war. *Priester* brachten auch Ägypten zu Fall.

In den Ländern, in denen sich der Islam ausbreitete, (Arabien, Iran, Irak und so fort) stellte und stellt die Sippschaft der fanatisierten *Priester* (die sich freilich nicht Priester nennen) ebenfalls eine zweifelhafte Mischpoke dar: Ist sie doch verantwortlich für den „heiligen Krieg" und den unbedingten, orthodoxen Glauben an den Koran.

Und weiter: das gesamte europäische Mittelalter besteht aus schier unzähligen Kriegen zwischen der geistlichen Gewalt und der weltlichen Gewalt.

In Italien, Frankreich, Spanien, England, Deutschland und anderen Ländern wüteten die *Priester*, Bischöfe und Päpste – von ca. 400 nach Chr. bis zum 16. Jahrhundert!

Sie zeichneten für zahlreiche Kriege verantwortlich, für die „heiligen Kriege", die Kriege gegen die „Ungläubigen" und „Ketzer", die vielen Kreuzzüge, die Kriege gegen deutsche Kaiser und Könige, die Inquisition und vor allem für den finstersten Aberglauben.

Die christlichen *Priester* spielten also ebenfalls eine höchst zweifelhafte Rolle.

Priester sind mithin generell mit Vorsicht zu betrachten, speziell wenn sie sich auf allerlei Kunststückchen verlegen, dem Aberglauben Vorschub leisten und das Volk verdummen, um selbst fett und rund zu werden.

Und so haben wir mit einem Schlag den Aufstieg und Fall Indiens verstanden!

Wir haben mit der Perversion, Abänderung und böswilligen Entstellung der alten Weisheiten (der Veden und Buddhas Lehren) den Schlüssel zu dem Verständnis dieses Riesenreiches in der Hand. Die tiefsten Weisheiten wurden benutzt, um dem Aberglauben Vorschub zu leisten und, ja, ihn eigentlich erst aus der Taufe zu heben, zurechtzuzimmern und auf die Menschheit loszulassen.

Das, und nichts anderes, ist die wirkliche Geschichte Indiens!

GESETZE DER GESCHICHTE

Wie also müssten unsere Erkenntnisse lauten, die wir aus dem kurzen Abriss über die religiöse Geschichte Indiens gewonnen haben?

Halten wir sie in einigen *Axiomen* und *Folgesätzen* fest.

Unter einem „Axiom" verstehen wir einen grundlegenden Lehrsatz, in unserem Zusammenhang einen *historischen* Lehrsatz.

Ein *Aktionspostulat* wäre die Forderung nach einer Handlung, die aufgrund eines Axioms logisch erscheint.
Hier also unsere ersten Axiome:

Axiom:
Das ist der Zyklus, dem Zivilisationen, Kulturen, Reiche und Weltreiche ausnahmslos unterliegen:
Sie entstehen, verändern sich und gehen unter.

Axiom:
Auch Religionen unterliegen dem Zyklus von Geburt, Veränderung und Tod.
Das ist der übliche Zyklus von Religionen:

1 Beginn/Aufstieg: Höchste Weisheit, Aufruf zu wahrer Ethik
2 Fortdauer: Abänderung der ursprünglichen Lehren
3 Ende/Verfall: Mangelnde Integrität der Priesterkaste, mentale Kontrolle durch die Priester und finsterster Aberglaube

Folgesatz
Für den Verfall einer Kultur/ Zivilisation sind Priester immer mitverantwortlich.
Kennzeichen des Verfalls sind: Geld- und Besitzgier, Machtgier, Sexgier und die Förderung des Aberglaubens.
Folgesatz
An dem moralisch-ethischen Zustand der Priesterkaste kann man ablesen, in welchem Stadium (des Aufstiegs oder Verfalls) sich eine Kultur/Zivilisation befindet.

Axiom:
Es gibt keine Automatik des Verfalls.
Es ist zu jedem einzelnen Zeitpunkt möglich, den Untergang und Verfall einer Zivilisation oder Kultur aufzuhalten, manchmal Tausende von Jahre.
Beispiele: Die verschiedenen Hochkulturen im alten Indien, das Erscheinen Buddhas und anderer Religions-Stifter, die Geschichte Ägyptens und Frankreichs, das Auftreten von „Reformatoren" zu fast allen Zeiten in fast allen Religionen, sowie weise, ethisch motivierte Herrscher im alten Rom etwa, aber auch in anderen Weltgegenden.

Soweit eine erste kleine Ausbeute!

Aber wir haben in unserem kleinen Abriss völlig darauf verzichtet, auch die *politische* Geschichte Indiens unter die Lupe zu nehmen.

Wir werden dies an späterer Stelle nachholen – und auch die hoch interessante Gegenwart Indiens näher beleuchten.

Aber untersuchen wir zunächst das alte, geheimnisvolle Ägypten, das mit seinen Pyramiden, den Hieroglyphen und der Entwicklung vieler Wissenschaften bis heute zum Staunen Anlass gibt.

2. ÄGYPTENS GRÖSSE UND VERSAGEN

Wenn wir dem Erfolg des alten Ägyptens auf der Spur sind, müssen wir zunächst auf die Erfindung und Entwicklung der Schrift verweisen, die einen unendlich großen Sprung nach vorn bedeutete. Durch die Schrift konnten endlich, endlich Informationen auf eine bequeme, sichere Art weitergegeben werden, konkret durch die Entwicklung der *Hieroglyphen.* In dem Wort „Hieroglyphen" stecken die beiden griechischen Begriffe *hieros = heilig* und *glypho = Stein.* „Heilige Schriftzeichen, in Stein eingraviert" bedeutet also ursprünglich dieser Ausdruck oder auch „heilige Eingrabungen". Die Hieroglyphen galten als die „Worte der Götter", sprich man nahm im alten Ägypten an, dass einst Götter den Menschen die Schrift gebracht hatten. Der Überlieferung gemäß hatte ein Gott namens *Thot* die Hieroglyphen geschaffen – dem ein sagenhaftes Alter und Tausende von Büchern angedichtet wurden, die er vorgeblich verfasst hatte.

Thot galt als der Gott der Weisheit, der Wissenschaft und der Schreiber unter anderem, dargestellt wurde er gern als Pavian oder als Mensch mit einem Ibiskopf.

Thot mit Ibiskopf

Die Hieroglyphen bestanden ursprünglich aus einer unkomplizierten *Bilderschrift* die allein durch ihre optische Aussagekraft bereits eine Kommunikation, eine Botschaft, transportieren konnten.
Zuvor waren die Ohren von erstrangiger Bedeutung gewesen, denn Töne und Geräusche hatten Wörter transportiert. Jetzt transportierte man Wörter auch indem man das Auge benutzte, eben durch Bilder.
Und also entstanden zunächst zahlreiche Bild-Wörter.
Ganze Wörter, leicht zu verstehende Wörter, wurden auf einmal durch gut verständliche, optische Darstellungen vermittelt. Aber schon bald erhob sich die Notwendigkeit, auch abstraktere Begriffe darzustellen. Und so gab es schon bald sowohl *Piktogramme* als auch *Ideogramme*
Der Begriff „Piktogramm" setzt sich zusammen aus dem lateinischen Wort *pictus* = *gemalt* und dem griechischen Wort *graphein* = *schreiben.*
Das Piktogramm gibt ein vereinfachtes Bild einer Sache wieder.
Der Begriff „Ideogramm" setzt sich zusammen aus dem griechischen Wort *idea* = *Gestalt, Form* und erneut dem Wort *graphein* = *schreiben.*
Die alten Ägypter sahen sich also nach einer Weile dem Problem gegenüber, auch nicht so leicht abbildbare Begriffe oder Eigenschaften darzustellen, also etwa Wörter wie *Macht, Luft, Kälte*, *nass* oder *trocken.*
Jetzt musste man sozusagen in die zweite Klasse gehen! Es war ein Leichtes, Wörter darzustellen mittels Piktogrammen. Aber Ideogramme, die eine schwierigere Sache zum Ausdruck bringen sollten, konnte man nicht so einfach wiedergeben, obwohl man auch im Falle von Ideogrammen *Gestalten*, *Formen* oder Bilder benutzte, um eine Kommunikation zu transportieren. Ideogramme waren nicht einfach optisch 1: 1 zu „übersetzen". Man musste relativ willkürlich einem Begriff, einer Sache oder einer Eigenschaft ein Bild zuweisen und sich einfach darauf verständigen, dass eben dieses Bild etwas sehr Präzises symbolisierte.
Wie also sollte man beispielsweise den Begriff „Macht" zum Ausdruck bringen – ein relativ abstrakter Sachverhalt.
Nun, gewählt wurde schließlich dieses Ideogramm:

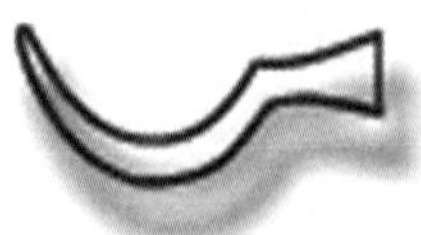

Bei diesem Bild handelt es sich um ein altägyptisches Krummschwert.

Wurde dieses Zeichen eingeritzt, so wusste der „gelehrte“ Ägypter, der „lesen“ und „schreiben“ konnte, dass es sich um das Wort „Macht“ handelte!
Nun wissen wir aber heute, dass es auch *Adjektive* und *Verben* gibt, also „Eigenschaftswörter“ und Wörter, die eine Aktion gewöhnlich anzeigen, eine Tätigkeit oder einen Vorgang.
Selbst hierfür erfanden die alten Ägypter bereits Ideogramme.
Ein vornehmer Mann auf einem Stuhl, mit Perücke bedeutete *edel*, es wurden also nach einiger Zeit auch Adjektive, Eigenschaftswörter, mit Ideogrammen dargestellt, sprich mit Bildern, die zumindest ein wenig verrieten und die Assoziation erleichterten.
Um das Verb „werden“ auszudrücken, wurde ein Mistkäfer benutzt, vielleicht, weil er so rührig war, unaufhörlich herumkrabbelte und ständig etwas unternahm.

Mit der Fähigkeit, mit Adjektiven und Verben umzugehen, befand man sich unversehens auf einem verhältnismäßig hohen Niveau. Nun konnten auf einmal alle möglichen Dinge verknüpft und in Zusammenhang gebracht werden.
Die ägyptische Schriftsprache wurde also immer intelligenter, die alten Ägypter wurden immer fähiger, etwas schriftlich auszudrücken und wiederzugeben.
Außerdem stellte man selbst *Piktogramme* immer einfacher dar. Sprich Bilder wurden immer verkürzter dargestellt, sparsamer, stilisierter, bis sie kaum noch eine Ähnlichkeit mit dem ursprünglichen Objekt aufwiesen.
Nehmen wir an, man zeichnete ursprünglich ausführlich und umständlich zwei Beine, mit Muskeln und Waden und allem, was dazu gehört, um die Vorstellung von eben „zwei Beinen“ zu vermitteln. Später, als man „schneller“ schreiben wollte, genügten jedoch zwei senkrechte Striche, nebeneinander gestellt und von gleicher Länge, um die Vorstellung von „zwei Beinen“ hervorzurufen.

Betrachten wir den Fortgang dieses Sprach-Krimis. Durch Piktogramme und Ideogramme konnte man jetzt schon recht viel darstellen und schreiben.
Unterschlagen haben wir bei unserer Darstellung der ägyptischen Sprache jedoch die Tatsache, dass immer noch das Ohr und damit das Geräusch und der Ton von Bedeutung waren. Und also benutzte man neben der Bildsprache, die nun aus Piktogrammen und Ideogrammen bestand, im alten Ägypten auch noch so genannte *Phonogramme,* sprich auch ein Laut oder Ton wurde nun zeichnerisch wiedergegeben.
Damit nähern wir uns jedoch bereits dem Alphabet, das nur aus Phonemen, aus Lauten, besteht. Die alten Ägypter erkannten offenbar bereits, dass es kleinste Lauteinheiten in einem Wort gibt, die einen Bedeutungsunterschied ausmachen - in der gesprochenen Sprache zunächst.
Und so verfiel ein ägyptisches Geniegehirn vor ein paar Tausend Jahren schließlich auf die Idee, diese kleinsten Bedeutungsunterschiede auch graphisch darzustellen – zumindest einige davon.
Unversehens kündigte sich ein neuer Quantensprung des Wissens an. Laute (oder kleinste Lautwerte, die einen Bedeutungsunterschied anzeigten, eben Phoneme) wurden nun optisch wiedergegeben.
Bedeutungsvoll war beispielsweise damals schon das „r".
Es wurde wiedergegeben durch einen stilisierten Mund.
So nahm sich das altägyptische „r" aus, optisch oder graphisch gesehen:

Die Eule dagegen symbolisierte das „m".

Die Hornviper, eine Schlangenart, das „f":

Plötzlich war ein weit höheres Niveau gegeben, Sprache optisch darzustellen. Mit den kleinsten Lauteinheiten, die einen Bedeutungsunterschied ausmachten, hatte man einen gigantischen Sprung nach vorn gemacht. Seltsamerweise aber verstanden es die alten Ägypter nicht, Vokale (a, e, i, o, u) optisch wiederzugeben, die doch für den Klang (und damit die Bedeutung) eines Wortes so unendlich wichtig sind. Sie konzentrierten sich lediglich auf *Konsonanten.*

Also brauchte man zusätzlich noch *Determinative*, um eine echte schriftliche Kommunikation zu ermöglichen.

Determinative? Determinative (zu lat. determinare = festlegen, bestimmen) bedeuten in unserem Zusammenhang ägyptische Zeichen, um letztlich einen Begriff, ein geschriebenes Wort, genauer zu erläutern. Man muss es sich so vorstellen: Da die alten Ägypten in der Schriftsprache keine Vokale kannten, sondern nur Konsonanten, gab das natürlich leicht zu Verwechslungen Anlass. Geschriebene Wörter waren also nicht leicht lesbar, nicht zu 100 % identifizierbar.

Bemühen wir der Klarheit halber ein deutsches Beispiel. Stellen Sie sich vor, Sie lesen die drei Konsonanten *msn.* Nun fragen wir Sie, was bedeutet *msn*?

Eine Möglichkeit: müssen.

Eine zweite Möglichkeit Massen.

Eine dritte Möglichkeit: missen.

Sie verstehen?

Bloße Konsonanten verraten nicht viel. Ja, aus dem Kontext, aus dem Zusammenhang, konnte man viel erraten, aber oft blieb eine beträchtliche Unsicherheit bestehen.

Sprache wurde vieldeutig, was die Klarheit der Kommunikation behinderte.

Um das zu vermeiden erfanden die alten Ägypter diese sogenannten Determinative!

Determinative waren Deutzeichen. Sie erläuterten die Bedeutung eines Wortes genauer.

Man fügte also beispielsweise ein Beinpaar zu zwei Konsonanten hinzu, wenn man das Verb „eilen“ zum Ausdruck bringen wollte, das nur aus ein paar Konsonanten bestand. Mit einem Beinpaar verbunden war jedoch völlig klar, was zum Ausdruck gebracht werden sollte: Jemand eilte in eine bestimmte Richtung.

Später entstanden *zahlreiche* ägyptische Sprachen und Schriften, die Hieroglyphen änderten sich außerdem im Laufe der Zeit.

So wie wir heute zwischen *Althochdeutsch* (ca. 810 – 1100), *Mittelhochdeutsch* (ca.1100 – 1500 n. Chr.) und *Neuhochdeutsch* unterscheiden (die zahllosen Dialekte lassen wir absichtlich unter den Tisch fallen), so kennt der Ägyptologe ebenfalls *verschiedene* ägyptischen Sprachen, mindestens sechs an der Zahl.
Aber für uns ist in diesem Zusammenhang nur die Tatsache von Bedeutung, dass überhaupt einst eine Schriftsprache entstand.
Ein ungeheuerlicher Triumph!
Ein völlig neues Zeitalter begann.

DIE WISSENSEXPLOSION

Die Entwicklung der Schriftsprache zog eine Wissensexplosion ohnegleichen nach sich. Tatsächlich verursachte sie, dass die alten Ägypter dadurch zur No. 1 unter allen Nationen aufstiegen; denn jetzt konnte man Menschen *ausbilden*. Und so verwundert es nicht, dass plötzlich alle möglichen Wissenschaften scheinbar aus dem Nichts entstanden.
Die Errungenschaften der ägyptischen Kultur, auf der auch unsere heutigen Zivilisationen zu einem großen Grade ruhen, erstaunen uns noch heute. Zahlreiche Disziplinen oder „Fächer“ wurden plötzlich geboren, die noch immer existieren, wie etwa die Architektur oder die Geometrie. Die Architektur erreichte im alten Ägypten eine Höhe, die im Grunde nie wieder übertroffen worden ist, wenn man von der jüngsten Jetztzeit absieht. Gleichzeitig wurde eine unvorstellbare Organisation auf die Beine gestellt, wie sie die Historie vorher nie gesehen hatte. Die Ägypter verfügten unversehens über die reichsten Städte im Reigen der damaligen Zivilisationen, mit Bauten und Tempeln, die uns noch immer sprachlos machen. Es wurde mit weißem Marmor, Granit, Diorit, Alabaster und anderen Materialien gebaut, die bis heute unvergänglich sind. Raffinierte Säulen entstanden in reicher Zahl, weiter Flachreliefs, Sphinxe und Statuen – in dem Dorf Karnak allein gibt es 86.000 Statuen. Feinste Zeichnungen und Bildhauerarbeiten finden man überall, Festhallen und Obeliske in einer überbordenden Fülle.
Neues Know-how entstand.
Die zahlreichen Kanäle und Bewässerungsanlagen sind noch heute ein schieres Wunder der Ingenieurkunst, die es gestattete, dass der Ackerbau auf ein vollständig neues Niveau gehoben wurde. Bereits während der frühesten Dynastien lernten die Ägypter außerdem Kupfer und Zinn zu

schmelzen und Bronze herzustellen. Die Metallurgie erreichte eine neue Höhe. Plötzlich gab es Räder, Walzen, Hebel, Flaschenzüge, Keile, Drehbänke, Schrauben, Bohrer, Sägen und hundert Arten von Handwerkern, wie die Bauhandwerker, die Glasbläser, die Holzschnitzer, die Lackierer, die Emaillierer oder die Weber. Handwebstühle und anderes technisches Inventar entstanden, das bis zur Erfindung der Dampfmaschine in unserer vielgepriesenen Neuzeit nicht übertroffen wurde.

Weiter machte die Wissenschaft Quantensprünge. Die Mathematik wurde geboren, die Astronomie und der Kalender. Anatomie und Physiologie, Medizin und Chirurgie erblickten das Licht der Welt. Die Ägypter waren weit über ihre Grenzen hinaus bekannt für ihre Heilkunst. Es gab bereits Gynäkologen, Augenärzte, Ärzte, die nur auf Darmleiden spezialisiert waren, Schädelbruch-Chirurgen und andere Experten mehr. Siebenhundert Heilmittel zählt ein einziger Papyrus allein auf. Die Segnungen der Hygiene wurden entdeckt, Abführmittel, Magenspülungen und vieles mehr.

Die Uhr und die Geometrie wurden erfunden, und ein neues, weitaus höheres Niveau der Wohnqualität geschaffen.

Was war das Geheimnis hinter all diesen Errungenschaften?

Nun unter anderem ohne Zweifel ein anderen Völkern weit überlegenes *Ausbildungssystem*!

Papier und Tinte standen zur Verfügung, und die Schrift entwickelte sich weiter.

Das ägyptische Erziehungssystem lässt uns noch heute staunen: Es gab bereits zahlreiche Schulen – auf Muscheln, die später gefunden wurden, sind noch heute die Aufgaben der alten Pädagogen sichtbar! „Nichts ist so kostbar wie die Gelehrsamkeit!“, sinnierte der unbekannte Autor eines Papyrus`. Wir besitzen sogar Hefte, die am Rande mit den Korrekturen der Lehrer versehen sind! (Es ist tröstlich zu wissen, dass die jungen Ägypter ebenso viele Fehler machten wie die Schüler heute!) Es wurde auf Scherben, Papyrus oder Kalksteinplatten geschrieben, und wenn die Schüler nicht spurten, half der Rücken mit, dass die Ohren besser zuhörten, sprich man half je und je mit einer Rute nach. Wichtig waren Tugend und Disziplin.

Darüber hinaus gab es tatsächlich sogar schon Hochschulen im alten Ägypten. Verwaltungsunterricht wurde gelehrt, und die Studenten in vielfältigen praktischen Arbeiten unterwiesen. Künstlerakademien, Mu-

sikhochschulen und Technische Hochschulen wuchsen aus dem Boden. Eine eigene Literatur bildete sich heraus, und Schriftsteller tummelten sich in allen möglichen Genres.
Das früheste Schulsystem der gesamten Geschichte stammt aus Ägypten, wenn wir vorgeben, Babylonien nicht zu kennen.

ERFOLGS-FORMELN IM POLITISCHEN RAUM

Aber auch im politischen Raum gaben die alten Ägypter zum Staunen Anlass! An der Spitze stand der Pharao. Einige Ägyptologen bezeichnen die Herrschaft der Pharaonen als die beste Regierungsform, die die Welt bis heute gesehen hat[1].
Und so viel ist richtig: Normalerweise werden Regierungen und sogar Regierungssysteme im Lauf von wenigen Jahrhunderten hinweggespült, was uns beweist, wie zerbrechlich Kulturen und Zivilisationen sind und wie vergänglich die Macht. Aber es existiert tatsächlich kein einziges Beispiel in der Geschichte (weder in China, in Indien, England, Frankreich, Deutschland, Griechenland oder Italien etwa), da ein Regierungssystem so lange funktionierte wie in Ägypten! Das Gottkönigtum der Pharaonen überdauerte wenigstens 5½ Jahrtausende. Im alten Griechenland und Rom etwa wurden Regierungssysteme gewöhnlich innerhalb von ein paar Jahrhunderten über den Haufen geworfen, hier wechselten Monarchie, Diktatur, aristokratische Herrschaftsformen und Demokratie fröhlich miteinander ab – aber in Ägypten herrschte immer der Pharao!
Tausende von Jahren war Ägypten dadurch quasi der Mittelpunkt der Welt! Der Pharao war eine Art Gottkönig, jedoch besaß er umfassende Aufgaben. Er war für die Ernte, die Gesundheit, das Wachstum und das Glück jedes einzelnen Untertanen verantwortlich, weiter für das gesamte Land, die Tierwelt, den Nil, die Pflanzen und die Bäume! Er sorgte für den Gleichklang mit der Natur, die regelmäßigen, fruchtbaren Nil-Überschwemmungen und vieles mehr. Außerdem war er für Frieden und Ordnung zuständig.
Wir wissen, dass schon im sogenannten „Alten Reich" Ägyptens (ca. 3000–2134 v. Chr.) ein phantastisch gut organsierter Verwaltungsapparat existierte. Wir wissen weiter um den gewaltigen kulturellen Aufschwung in diesem Alten Reich unter Pharao Djoser, um immer wieder neue Blüten im sogenannten „Mittleren Reich" (ca. 2040–1660 v. Chr.) und selbst um Blüten im „Neuen Reich" (ca. 1552–1070 v. Chr.). Im

„Mittleren Reich“ ragen besonders die Pharaonen Sesotris I., Sesotrist III., Amenemhet I. Amenemhet III. und Hatschepsut hervor.
Amenemhet I. sorgte für Ordnung, förderte die Künste und kümmerte sich wie kein zweiter um die Wirtschaft.
Die Pharaonin Hatschepsut reorganisierte die gesamte Administration, ließ zahlreiche Bauten erstellen und drang darauf, dass die Straßen ausgebessert wurden. Legendär waren ihre Handelsexpeditionen, die bis nach Phönizien, Israel, Somalia, Libanon, Syrien und Kreta führten. Der Handel nahm eine vollständig neue Dimension an. Hatschepsut sorgte weiter für die innere Ordnung, ohne zu tyrannischen Mitteln Zuflucht zu nehmen und hielt den äußeren Frieden aufrecht, 22 Jahre lang gab es keinen Krieg! Sie verschaffte Kaufleuten neue Absatzmärkte, förderte den Handel, die Handwerker, die Künstler und die Literaten.[2]
Aber eines Tages, am Ende des „Neuen Reiches“, stürzte Ägypten ab, schier in bodenlose Tiefen.
Was war geschehen?

DER UNTERGANG

Trotz dieser erstaunlichen Stabilität ging Ägypten eines Tages unter.
Ein erster Blick verrät uns nur, dass am Schluss erst die Perser, dann die Griechen und endlich die Römer das Weltreich überrannten.
Neue Handelsrouten entstanden, die über Syrien, Babylonien und Persien führten, neue Völker erwachten aus dem Schlaf und drängten vor die Tore Ägyptens, dessen Niedergang und Fall unermessliche Beute versprach. Den Phöniziern und den Griechen gelang es, auf den Meeren leichter Waren zu transportieren als die Ägypter mit ihren mühseligen Karawanen, die durch die Wüste führten.
An allen Küsten gab es plötzlich Völker, die Ägypten den ersten Rang streitig machten. Schon 945 v. Chr. fielen die Lybier vom Westen her in das Land ein, 772 v. Chr. die Äthiopier vom Süden und 674 v. Chr. die Assyrer vom Norden.
Ägypten war von Feinden umzingelt, seine ungehemmte Expansionspolitik unter einigen Pharaonen rächte sich jetzt. Aber immer wieder konnte es seine Feinde besiegen, bis wie gesagt die Perser 525 v. Chr. einfielen und Ägyptens Unabhängigkeit endgültig ein Ende setzten. Alexander der Große besiegte umgekehrt die Perser und kassierte dabei gleich auch Ägypten mit ein. Flugs ließ er sich in Ägypten zum neuen Gottkönig

küren, zum Sohn des Amun Re, des höchsten Gottes der Ägypter, während die Priesterschaft eifrig nickte und Alexander zujubelte, denn er ließ ihnen ihre Pfründe und bestätigte ihre Macht.

Im Jahre 48 v. Chr. erschien endlich Cäsar auf der Bildfläche, denn die neue Weltmacht Rom hatte die alte Weltmacht Griechenland inzwischen abgelöst. Ägypten wurde römische Provinz, und Kleopatra, die schöne Pharaonin, Cäsars Geliebte.

Damit verschwand Ägypten aus der Geschichte, in machtpolitischer und kultureller Hinsicht.

Gräbt man tiefer, so kann man weiter folgende Gründe für den Untergang dieses Weltreichs ausmachen:

Strategische Überdehnung und die Unterjochung vieler umliegender Völker brachten Ägypten militärisch zu Fall – zwar mit einer gewissen Verzögerung, aber dann umso gnadenloser. Die Äthiopier etwa hatten den Ägyptern Jahrhunderte lang Sklavendienste leisten müssen, die Juden ebenfalls. Ägypten wurde immer verhasster. Teilweise beherrschten die Ägypter ein Riesenreich, das sie kaum mehr kontrollieren konnten. Und also drehte sich eines Tages der Spieß um.

Die Methode, andere Völker auszubeuten, in Abhängigkeit zu halten, Tributzahlungen einzufordern und ihre Männer und Frauen als Sklaven zu benutzen, rächte sich.

Eine gewisse Arroganz griff außerdem in Ägypten um sich, die Lernbereitschaft sank. Die Entwicklung neuer Handelsrouten, vor allem über das Mittelmeer, waren in Verbindung mit einer intelligenteren, höheren Schifffahrtstechnik (bei den Phöniziern, Kretern und Griechen etwa) ein weiterer Grund, warum Ägypten ins Hintertreffen geriet.

Im Klartext versäumte es das alte Ägypten, die Führung bei der Entwicklung neuer Technologien (und Handelsrouten) zu übernehmen, die es konkurrenzfähig gehalten hätten.

Der wichtigste Grund für den Niedergang Ägyptens ist indes auf einem ganz anderen Gebiet zu suchen. Tatsache ist, dass am Schluss die *Priester* eine höchst dubiose Rolle spielten. Spätestens seit Pharao Ramses I. ging der größte Anteil jedes Beutezuges (!) an die Tempel. Mit anderen Worten: im Laufe der Jahrtausende wurden die ägyptischen Götter gefräßiger und gefräßiger.

Die eroberten Provinzen wurden gewöhnlich hart besteuert – wovon in erster Linie die Priester profitierten. Unter Ramses III. besaßen die Pries-

ter 107.000 Sklaven (ein ganzes Dreißigstel der Bevölkerung Ägyptens!), sie verfügten über 750.000 Morgen Land (ein Siebtel der fruchtbaren Fläche!), hielten 500.000 Stück Vieh und hatten Einkünfte aus 169 Städten! [3]
All dieser Besitz war (nicht anderes als der Besitz der christlichen Priester bei uns im Mittelalter) außerdem noch steuerfrei.
Hinzu kamen großzügige Geschenke des Pharao, der sich der Gunst der (mächtigen) Priester ständig rückversichern musste, denn sie beherrschten am Schluss das Alltagsleben in Ägypten. Hunderttausend Säcke von Korn und Zehntausende Kilogramm Gold gingen allein unter einem einzigen Pharao an die Priesterclique, als Ägypten seinem Untergang entgegensah. Die Priester selbst förderten zudem den Aberglauben in der Bevölkerung und dienten nur noch ihrer eigenen Raffgier.
Wie in allen sterbenden Religionen wurde mehr und mehr Obacht auf den Kult, die Zeremonie und die beeindruckende Äußerlichkeit gelegt, als auf die tiefen Weisheiten, die in jeder Religion enthalten sind. Unser bereits etabliertes Axiom (der Lehrsatz am Beispiel Indiens) bestätigt sich erneut: Auch Religionen durchlaufen einen Zyklus, der über die drei Phasen Aufstieg, Höhepunkt und Verfall führt.
Religionen sind zu Beginn mit tiefen Weisheiten durchtränkt, am Ende herrschen der Aberglaube und die Gier der Priester.
Das Volk wurde von ganzen Heerscharen von Priestern schlussendlich regelrecht ausgenommen, nach allen Regeln der Kunst, die Priester machten sich den Staat zur Beute.
Es ist deshalb nicht verwunderlich, dass das Leben in Ägypten schließlich gewissermaßen erstarrte und nur noch Wert auf die Vergangenheit gelegt wurde. Die überwältigenden Tempelbauten und die Bauten der Pharaonen, die Pyramiden, die die Ewigkeit zu verkörpern schienen, trugen dazu bei, aber hinter allem standen die Priester. Ägypten versteinerte förmlich, wie das der Historiker Arnold J. Toynbee (1889 – 1975) ausdrückte. Alles, alles war schließlich auf die Bewahrung der Tradition ausgerichtet, neue Ideen und Entwicklungen wurden ausgebremst.
Die Ägypter begannen, sich langsamer und langsamer zu bewegen, bildlich und in der Sprache des Films ausgedrückt, bis sie mitten in ihren Bewegungen förmlich erstarrten.
Lange bevor die Perser, die Griechen oder die Römer das ehemals allmächtige Weltreich unterjochten, hatte Ägypten sich bereits selbst vernichtet.
Jede Kultur und jedes Reich zerstört sich im Grunde selbst.

AXIOME

Wie müssen also die Lehren aus der Geschichte Ägyptens lauten? Im Grunde sind sie sehr offensichtlich:

Axiom

Für den Aufstieg einer Nation sind die Schriftsprache (die Alphabetisierung) und die Ausbildung von entscheidender Bedeutung.

Axiom

Know-how und Wissensvorsprung führen Blüten herbei.
Erklärung: Das gilt für viele Gebiete, so unter anderem für die Mathematik, die Geometrie, die Architektur, die Ingenieurskünste, die Agrarwirtschaft, die, Metallurgie, die verschiedenen Handwerke, die Astronomie, die Medizin, die verschiedenen Künste, die Literatur und so fort.

Axiom

Je stabiler eine Regierung ist, umso stabiler sind die „Eckpfeiler" eines Staates und umso leichter kann eine Blüte herbeigeführt werden.
Eine exzellente Administration und Ordnung sind notwendige Bestandteile dieser Stabilität.

Axiom

Blüten werden herbeigeführt durch die Förderung der Wirtschaft (die Landwirtschaft, die Erhöhung der Produktion auf verschiedenen Gebieten, durch das Handwerk, den Handel, die Bauwirtschaft und so fort) und durch lange Friedensperioden.

Axiom

Zum Niedergang eines Reiches führen zu viele Kriege, strategische Überdehnungen, die Missachtung der Menschenrechte, Hierokratien (= Priesterherrschaften) und das Versäumnis, Innovationen zu fördern.

Wieder ist die Ausbeute nicht gering.
Aber auch im Falle Ägyptens gilt es einiges nachzutragen – nämlich was die unmittelbare Gegenwart angeht. Sparen wir uns diese Auswertungen jedoch ebenfalls für ein späteres Kapitel auf und untersuchen wir zunächst einige alte Kulturen in Mexiko, die uns ebenfalls mit einigen erstaunlichen Erkenntnissen versorgen.

3. WAS UNS DAS ALTE MEXIKO, DIE MAYA UND DIE AZTEKEN LEHREN

Am untersten Zipfel Mexikos sowie in einigen Ländern südlich von Mexiko siedelten einst die *Maya*, ein Wort, dessen Herkunft bis heute im Dunkeln liegt.

Von den zahlreichen Theorien, die im Schwange sind, ist eine Bedeutungsherkunft besonders interessant, die man sehr frei übersetzt mit „wenige, nicht zu viele“ oder „nur die ausgewählt wurden“ oder schlicht die „Auserwählten“ übersetzen könnte. Aber das Wort „Maya“ könnte von seiner Herkunft her auch mit dem *Wasser* im Zusammenhang stehen, das einst in einer bestimmten Region Mexikos gefunden wurde. Doch nichts ist sicher.

Fest steht jedoch, dass die Maya einst eine erstaunliche hohe Kultur aus dem Boden stampften, nicht weniger aufregend als die Kultur der alten Ägypter. Das Maya-Reich nahm etwa 2.000 Jahre vor Christus seinen Anfang und bestand später aus 50 Kleinstaaten, es war etwa so groß wie Deutschland heute. Die meisten Forscher nehmen an, dass die Maya ursprünglich aus Asien stammten und über Sibirien, Alaska und Nordamerika einst in das südliche Mexiko einwanderten. Neueste Funde scheinen zu beweisen, dass sie sogar bis nach Florida und Südamerika gelangten. Zwischen 400 und 900 nach Christus, als wir uns also in unseren Breiten noch im finstersten Mittelalter befanden, bauten die Maya bereits gewaltige, imposante Städte – Berlin war damals noch Kuhdorf in einer Sumpflandschaft, sofern es überhaupt existierte, denn Berlin wurde erst im 13. Jahrhundert n. Chr. erstmals urkundlich erwähnt. Die Maya aber errichteten damals schon himmelsstürzende Pyramiden und verfügten über hoch intelligente Bewässerungssysteme, weiter über ehrfurchtgebietende Tempel, Observatorien und Prachtbauen, die uns noch heute staunen lassen. Einige Gelehrte bezeichnen sie als die ersten Meister der Mathematik.

Die Zahlen 1 bis 19 schrieben sie so:

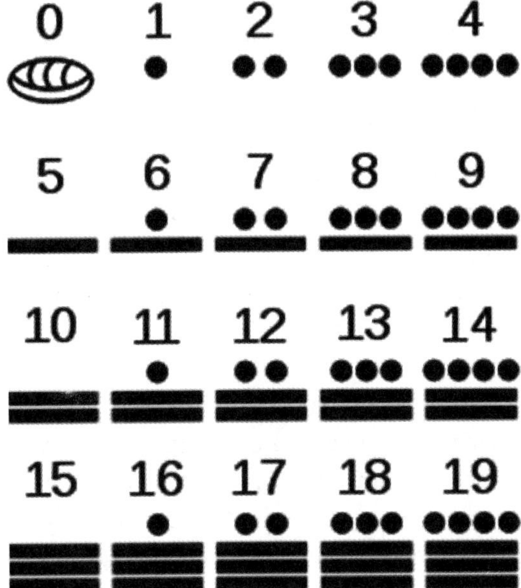

Die Maya kannten sogar bereits die Null, die in unseren Breiten erst sehr viel später entdeckt wurde, weiter basierte ihre Mathematik auf einem Zwanzigersystem, nicht auf einem Zehnersystem wie bei uns. Auch einen hoch entwickelten Kalender besaßen die Maya, systematisch beobachteten sie die Gestirne. Ein „Jahr" besaß bei den Maya 18 Monate, jeder Monat dauerte 20 Tage. Dazu gab es fünf Resttage – was zusammen 365 Tage ergab.

Weiter erfanden die Maya eine Schrift mit rund 800 Zeichen – die Erfindung der Schrift aber ist immer ein Zeichen von hoher Kultur, wie wir bereits wissen! Niemand, wir wiederholen: niemand entwickelte in dieser Region so früh eine vollständige Schrift! Schließlich waren die Maya künstlerisch außerordentlich begabt, vor allem in bildhauerischer und malerischer Hinsicht; sie bearbeiteten Steine, Keramiken, Hölzer, Textilien, Kupfer, Silber und Gold.

Ihre Religion war ebenfalls höchst bemerkenswert und gab später zu wilden Spekulationen Anlass, nicht anders als ihre Pyramiden. Grundsätzlich nahmen sie an, dass der Körper und die Seele völlig unterschiedlicher Natur waren – eine Sichtweise, die man in vielen Religionen rund um den Planeten findet! Aber die Maya kultivierten darüber hinaus ihre höchst eigenen Betrachtungen: Sie stellten sich vor, dass die Seele ihren Sitz im *Blut* habe! Im Blut befand sich ihrer Ansicht nach die Seele oder die Lebensenergie!

Wenn es um die Götter ging, war bei den Maya der so genannte *Chilan* von besonderer Bedeutung – ein Priester mit großer Macht. Dieser Priester konnte angeblich Verstorbenen helfen, wieder zu reinkarnieren, sprich in einem neuen Körper Platz zu nehmen.

Der *Chilan* stand gewissermaßen zwischen den Göttern und den Menschen, er vermittelte. Die Seele, die sich gemäß des Chilans im Blut befand, kehrte jedenfalls nach dem Tod wieder ins Leben zurück, so der Glaube.

Wie bei den Griechen trugen die Götter vielfach menschliche Züge – sie waren den Überlieferungen nach uralt. Die Götter ernährten sich von Gerüchen – Räucherwerk und Blumendüften etwa. Die Mayas glaubten an einen Weltenschöpfer, weiter vier Riesen, die in den vier Weltgegenden den Himmel stützten, einen Erdbeben-Dämon und einen Regen- und Gewittergott. Weiter gab es einen Gott der Kaufleute und einen Gott des Krieges, ja sogar einen Gott des Todes. Darüber hinaus existierten eine Erd- und Mondgöttin, ein Gott der Unterwelt und wahrscheinlich noch ein paar Götter mehr. Die Maya waren nicht geizig mit ihren Göttern, Götter waren wohlfeil zu haben!

Besonders interessant war ein Gott, der „Herr des Wissens" genannt wurde, denn er wies das Volk der Maya der Legende nach auf wichtige Nahrungsquellen hin und lehrte sie das Schreiben und die Heilkunde.

Nach den Vorstellungen der Maya stiegen einst diese Götter oder kosmischen Lehrmeister hinab zur Erde und brachten ihnen Mathematik und Sternenkunde, Kunst und Kultur bei.

Fest steht, dass das Wissen förmlich explodierte: Tausend Jahre vor Pythagoras kannten die Maya bereits die Besonderheiten des rechtwinkligen Dreiecks, sie wussten bereits um Asteroidengürtel und kannten offenbar den fernen Planeten Pluto! Sie kannten jedenfalls unser Sonnensystem, das sie perfekt darstellten. Man fand weiter Darstellungen von steinernen Zahnrädern, zwischen Maya-Ruinen, immer wieder gewaltige Pyramiden in den Dschungeln, mit tonnenschweren Tempelsteinen, sowie Darstellungen, die bis heute Rätsel aufgeben. Unzweifelhaft ist nur, dass das Knowhow, das Wissen und die „Techniken" der Maya höchste Höhen erreichten.

DER UNTERGANG

Zahlreiche Theorien über die Ursachen für den Niedergang der Maya wurden aufgestellt, aber die Indizien, dass in der Zeit des Niedergangs *vermehrt Kriege geführt* wurden, sind zu zahlreich, als dass sie ignoriert werden könnten.

Wir kennen mehr als ein Volk und mehr als ein Reich, dass letztlich *auch* an seinen Kriegen zugrunde ging: Das Römische Weltreich litt zuletzt an strategischer Überdehnung – die Kosten für die Soldaten waren astronomisch. Soldatenkaiser wurden heute auf den Thron gehoben und morgen schon wieder gestürzt. Das Römische Weltreich vernichtete letztlich sich selbst.

In der Neuzeit kollabierte die UdSSR, das Sowjetreich, weil es den Großteil seiner (Öl-)Einnahmen für das Militär ausgab, während das Volk darbte und die Wirtschaft sträflich vernachlässigt wurde.

Selbst das einst übermächtige England, das im 19. Jahrhundert die Meere und einen Großteil der Welt beherrschte, leitete durch übermäßige, unkluge Militärausgaben seinen eigenen Niedergang ein, denn man unterhielt zu lange teure Garnisonen in aller Herren Länder.

Die Beispiele könnte man beliebig fortführen.

Und so darf man annehmen, inspiriert durch eine vergleichende, axiomatische Geschichtswissenschaft, dass die immer zahlreicheren Kriege der Maya letztlich ebenfalls den Untergang dieses Reiches herbeiführten. Die Maya kämpften ständig gegeneinander, die verschiedenen Stadtstaaten suchten sich wechselseitig zu schwächen und zu unterjochen. Sie suchten wirtschaftliche Vorteile durch Kriege herauszuschinden und versklavten sich gegenseitig. Sklaventum lässt jedoch ein Volk insgesamt degenerieren, weiter schwächen speziell ungerechte Kriege ein Volk in ungeahntem Ausmaß. Im Rahmen der Kriege wurden darüber hinaus stets Gefangene für die fragwürdigen religiösen Zeremonien gemacht; dazu gleich noch mehr.

Es sind selten „äußere Einflüsse" oder Naturkatastrophen, die für einen Niedergang eines Volkes verantwortlich gemacht werden können, fast immer vernichtet sich eine Kultur selbst.

Weiter sind in der Mehrzahl der Fälle aller Reiche, die untergingen, „unethische" Verhaltensweisen aufzuspüren. Und so nimmt es nicht Wunder, dass auch im Falle der Maya solche Verhaltensweisen auf einmal zuhauf anzutreffen waren.

DIE BLUTOPFER

Die Maya waren kein friedliches Volk, wie man lange glaubte, sie waren keineswegs „sanfter Natur", sondern höchst kriegerisch – und sie waren nie zimperlich, wenn es darum ging, *Blut* fließen zu lassen!

Offenbar waren ihre Götter eben nicht nur durch gute Gerüche und verführerische Düfte zufriedenzustellen, es verlangte sie auch nach Tier- und sogar Menschenopfern.

Die Maya, nicht anders als die Azteken, auf die wir noch zu sprechen kommen werden, waren tatsächlich regelrecht blutrünstig!

Die Seele selbst befand sich, wie schon ausgeführt, ihrer Meinung nach im Blut. Um die Seele im Blut zu stimulieren, zogen sich die Maya je und je Fäden, die mit Dornen besetzt waren, durch die Lippen oder die Zunge, oder stachen den Penis mit Seeigelstacheln an. Das Blut ließen sie in der Folge auf Papierstreifen tropfen, die man anschließend verbrannte – denn die „Seele" bestand ihrer Vorstellung nach in letzter Konsequenz aus Rauch oder aus Luft.

Blut verlangten die Maya aber auch von ihren Gefangenen.

Bei den verschiedenen Tötungsarten, die die Opfer über sich ergehen lassen mussten, waren die Maya zumindest so erfinderisch wie in der Mathematik. Sie ertränkten, steinigten, vergifteten oder köpften die Opfer oder begruben sie manchmal sogar lebendig, schlitzten ihnen den Bauch auf oder rissen das noch schlagende Herz heraus – und was der appetitlichen Methoden mehr waren!

Mit den Menschenopfern wurden die Götter zufriedengestellt und besänftigt, sie wurden beeinflusst und bestochen.

Jedenfalls neigte sich die Herrschaft der Maya etwa 1.000 nach Christus ihrem Ende entgegen. Es handelte sich dabei immerhin um ein Reich, das 3.000 Jahre lang Bestand hatte – nicht viele Kulturen überdauern einen so langen Zeitraum! Dennoch ging die Maya-Kultur schlussendlich unter.

Wahrscheinlich beinhaltete die ursprüngliche Religion der Maya die größten Weisheiten, die man sich vorstellen kann – jedenfalls stand sie Pate bei der Geburt vieler „Wissenschaften". Aber diese gleiche Religion degenerierte schlussendlich mehr und mehr. Zuletzt hielten blutdurstige Priester das Zepter in der Hand, die unterstützt wurden von machtbesessenen Stadtkönigen, die wie „Gottkönige" regierten und also ebenfalls priesterliche Gewalt ausübten.

In der Anfangsphase waren die „Auserwählten", wie sich die Maya vielleicht selbst nannten, ganz ohne Zweifel spirituell und kulturell hoch begabt. Sie errichteten ein Reich des Wissens, das seinesgleichen sucht und in der Geschichte Nordamerikas unübertroffen ist bis heute!
Aber im Laufe der Geschichte degenerierten die Maya. Ihr „Ethikniveau" sank in tiefste Tiefen, der Krieg wurde immer lauter besungen und immer blutigere Opfer wurden eingefordert und dargebracht.
Spirituelles, hochstehendes Wissen wurde verändert, missbraucht und uminterpretiert, es erhielt neue Ausdeutungen. Eine gierige Priesterschaft, die vorgab, mit den „Göttern" selbst in Kontakt zu stehen, zusammen mit einigen machtlüsternen Stadtkönigen, waren jedenfalls dafür verantwortlich, dass die Kultur der Maya eines Tages vom Erdboden verschwand.
Und so starb das Reich der Maya, die Flamme der Weisheit und des Wissens erlosch, die unversehens so hoch aufgelodert war und so hell geleuchtet hatte.
Eines der interessantesten Menschheits-Experimente scheiterte. Aber es scheiterte nur, um weiteren Experimenten Platz zu machen, denn die Geschichte lässt sich nicht aufhalten.
Geschichte besteht immer aus dem ewigen Kreislauf von Geburt, Aufstieg, Blüte, Niedergang, Tod und Wiedergeburt.

WEITERE UREINWOHNER MEXIKOS: OLMEKEN, ZAPOTEKEN, TOLTEKEN

Natürlich handelte es sich bei den Maya nicht um alle Ureinwohner Mexikos. Neben den Maya gab es etwa auch die *Olmeken.*

Olmeken? Das Wort bedeutet so viel wie *Leute aus dem Kautschukland. Kautschuk* ist der geronnene Milchsaft einiger tropischer Pflanzenfamilien – woraus heute Gummi gewonnen wird. Die *Olmeken* wurden also einfach nach einer Landschaft und den dort vorkommenden Pflanzen benannt.
Die Olmeken siedelten etwa 1500 v. Chr. bis 400 v. Christi Geburt in Mexiko. Sie schufen riesige Großplastiken und Kolossalköpfe, aber auch Steinaltäre und Jade-Plastiken, Beispiele hierfür finden sich noch heute, aber ansonsten ist über sie wenig bekannt.
Bemerkenswert sind weiter die *Zapoteken.*

Die *Zapoteken* nannten sich selbst *Peni zaa* = *Wolkenvolk*, ein poetischer Begriff, unter dem man sich alles Mögliche vorstellen kann. Aber der Begriff kann auch mit *Regenvolk* übersetzt werden. Denkbar ist deshalb, dass die Zapoteken besondere Kenntnisse über die Wolken und den Regen besaßen – oder aber in einer Region zu Hause waren, wo es oft regnete, was wichtig für die Landwirtschaft und das Überleben war.
Die Zapoteken tummelten sich ebenfalls bereits um 1500 v. Christus auf Mexikos Boden. Sie kannten schon einige Schrift- und Zahlzeichen, beherrschten die Reliefkunst, konnten meisterhaft töpfern und verarbeiteten Metalle, Steine und Federn. Noch heute gibt es rund 750.000 Zapoteken in Mexiko – einer ihrer Vertreter wurde im 19. Jahrhundert gar Präsident von Mexiko. Wie die Maya sind sie also ebenfalls nicht gänzlich „ausgestorben“.
Von Bedeutung sind weiter die *Tolteken.*

Die *Tolteken* – das waren ursprünglich die Bewohner von *Tollán* = dem *Ort der Binsen*, wie die wörtliche Übersetzung lautet. Dieser Ort war nicht allzu weit von dem heutigen Mexico City entfernt. Wie die alten Ägypter benutzten sie die Binsen wahrscheinlich für verschiedene Zwecke – für Matten, Körbe und vielleicht sogar als Schreibgerät.
Die *Tolteken* beherrschten um das 11. Jahrhundert herum den größten Teil Zentralmexikos, doch offenbar gab es dieses Volk bereits viele Jahrhunderte früher. Die Tolteken zeichneten sich durch hohe handwerkliche und künstlerische Geschicklichkeit aus. Wie im Falle der Maya rätselt man bis heute, warum dieses Volk unterging, denn das Gebiet, das die Tolteken einst beherrschten, war riesig. Die Legende weiß zu berichten, dass ein degenerierter Führer namens *Quetzalcoatl* (= „leuchtende Schwanzfederschlange“) den Niedergang durch seine ausschweifende Lebensführung herbeiführte.
Nun, wir halten dafür, dass in dieser Legende durchaus ein wahrer Kern steckt, denn es gibt mehr als eine Kultur, die unterging, weil die Moral einen Tiefpunkt erreicht hatte – blicken wir nur in das alte Rom oder ins 15. und 16. Jahrhundert, da das Weltreich der Osmanen/Türken auch deshalb zusammenbrach, weil die Sultane völlig degeneriert waren. Nichts ist spannender, als vergleichende Geschichtswissenschaft, die uns nicht selten hilft, eine These/ eine Vermutung zu erhärten oder zu verwerfen. Erlauben wir uns deshalb einen Schlenker und einen schnellen Blick

zurück nach Europa/Asien, wo Historiker den Untergang der Osmanen/Türken so analysierten:

„Der Harem spielte eine immer größere Rolle. Viele Sultane wurden zum Spielball von Frauen und intriganten Haremsmüttern. Die große Politik wurde plötzlich in Frauengemächern gemacht. Nicht mehr Ratio und Vernunft bestimmte politische Entscheidungen, sondern Seilschaften im Harem ... Nicht die Fähigsten regierten, sondern Eunuchen, unerfahrene Frauen und von blindem Ehrgeiz getriebene Mütter, deren Söhne eine Anwartschaft auf den Thron besaßen. Nicht wenige Sultane verfielen dem Sexus und wurden hörige Liebesdiener ihrer Mätressen. Außerdem nahm die Knabenliebe einen immer größeren Raum ein. Perversion, Sittenlosigkeit und Ausschweifungen waren an der Tagesordnung und wichtiger als das Schicksal der Nationen ...“[1]

Tatsächlich gibt es viele weitere Beispiele für den verderblichen Einfluss der Sittenlosigkeit und des übertriebenen Sexus in der Geschichte. Selbst das alte Griechenland ging *auch* unter, weil längst die Moral verfallen war. Exempel aus dem alten China und aus Japan könnte man ebenfalls anführen.

Das historische Axiom ist also leicht zu etablieren; es lautet:

Perversionen, Sittenlosigkeit und Ausschweifungen sowie eine Überbetonung des Sexus führen zu einem Niedergang von Herrscherfamilien, Völkern und ganzen Kulturen.

Und so glauben wir, dass die Legende um diesen ominösen Quetzalcoatl durchaus einen wahren Kern besitzt. „Dämonen“ verführten diesen legendären Führer der Tolteken, berichtet die Sage, er ließ sich von ihnen zu Ausschweifungen verleiten. Schließlich verbrannte er sich der Legende nach selbst.

Neben den Tolteken gab es noch weitere (Ur-)Völkerschaften, deren Namen auf die Endung –teken endete, die wir aber nicht alle beschreiben müssen, zumal sie der Erkenntnis nicht viel bringen.

Mit einer Ausnahme!

Von höchster Bedeutung waren schließlich die *Azteken*... und jetzt wird es erneut aufregend, denn ihre Kultur wies ebenfalls höchst außergewöhnliche Züge auf.

ERSTAUNLICHE AZTEKEN

Azteken? Der Name bedeutet wörtlich: „Jemand, der aus Aztlán kommt". *Aztlán*? Hierbei handelte es sich der Überlieferung nach um eine „Insel in einem See". Aber der genaue Ort dieser Insel wurde nie exakt lokalisiert. Damit der Leser einmal einen kleinen Eindruck über den Streit der Gelehrten erhält, anbei ein kleines (verkürztes und teilweise erläutertes) Zitat; es ist erlaubt, zu schmunzeln:

„José Fernando Ramírez vermutete *Aztlán* im Hochtal von Mexiko (= grob gesprochen: in der Mitte, im Süden Mexikos] , Paul Kirchhoff am Río Lerma [= etwas nördlicher gelegen], Chavero auf einer Insel ... an der Westküste Mexikos. Manuel Orozco y Berra lokalisierte den Ort im See von Chapala (= etwa in der gleichen Region], Lorenzo Boturini und Hubert Howe Bancroft in Niederkalifornien, [= eine Halbinsel im Nordwesten Mexikos] Mariano Veytia ... nördlich von Sonora [= ein Bundesstaat, ebenfalls im Nordwesten Mexikos gelegen], Francisco Clavijero und Pérez Verdía in Kalifornien, der indianische ...Autor Fernando Alvarado Tezozómoc in New Mexico [= Bundesstaat der USA], Alexander von Humboldt und William Hickling Prescott im Nordwesten der USA, Wickersham am Puget Sound [= ein großer See im Nordwesten der USA] N.F Hyer in Wisconsin [= Bundesstaat in den USA]. Autoren wie Ignatius Donnelly meinten gar, dass es sich bei *Aztlán* um den mythischen Kontinent Atlantis handelt."[2]

Lag *Aztlán* nun im Süden, im Westen oder im Norden Mexikos? Oder lag diese sagenhafte Insel gar in den Vereinigten Staaten?

Theorien über den Ort Aztlán gibt es also zuhauf, sie sind wohlfeil zu haben, und wir können davon ausgehen, dass sich die Herren Wissenschaftler bis ans Ende aller Tage den Kopf über diese Streitfrage einschlagen werden. Selbst das sagenhafte *Atlantis* wurde bemüht, von dem der griechische Philosoph Platon gesprochen hatte, einem untergegangenen Kontinent im Atlantischen Ozean, der bis heute nicht entdeckt wurde.

Sowenig wir jedoch über den genauen Herkunftsort der Azteken wissen, soviel wissen wir über sie selbst. Die Azteken bezeichneten sich selbst nebenbei bemerkt als *Mexica*, was ihre Bedeutung für das heutige Mexiko unterstreicht. Sie wanderten also aus – von einer Insel in einem See – und siedelten in Richtung der Mitte des heutigen Mexikos, wo sie ein gewaltiges Reich errichteten.

Die aztekische Kultur blühte vor allem zwischen dem 14. und 16. Jahrhundert nach Christi Geburt. Die Azteken waren ebenfalls ein kriegerisches Volk, nicht anders als die Maya, denn sie erweiterten ihren ursprünglichen Einflussbereich im Laufe der Zeit, bis sie schier über ganz Zentralmexiko herrschten.

Anfänglich kultivierten die Herrscher der Azteken eine kluge Heiratspolitik: Sie heirateten die Töchter einflussreicher Stadtfürsten und gewannen auf bequeme Art an Macht und Einfluss. Wir fühlen uns an die Intelligenz des erfolgreichsten Adelsgeschlechtes Europas erinnert, an die Habsburger, die sich ehemals ebenfalls allein durch geschickte Heiraten ein halbes Weltreich in die Tasche steckten.

Bekannt sind die Azteken weiter für ihre erstaunliche Kultur. Es gab bereits sorgfältig konstruierte *Äquadukte*, also *Wasserleitungen*, kleine Wunder der Ingenieurskunst, die uns mitteilen, dass es sich bei den Azteken um ein äußerst reinliches Volk handelte.

Die Überlieferung verrät uns, dass sie zweimal am Tag badeten, extravagante botanische Gärten bewässerten, bereits über kleine künstliche Inseln und Pools verfügten, die Geschwindigkeiten des Wassers kontrollieren konnten und Kanäle und Deiche anlegten – einer davon war über 12 Kilometer lang!

Als Europa im 15./16. Jahrhundert noch vor Schmutz und Ungeziefer starrte, als Millionen von Menschen in unseren Breiten aufgrund mangelnder hygienischer Einrichtungen starben, wussten die Azteken bereits um die heilende und segensreiche Wirkung des Wassers sowie um die Bedeutung der Hygiene!

Die Lebensdauer des Azteken betrug im Durchschnitt 37 Jahre – sie lag höher als in Europa zu gleicher Zeit!

Es gab also allenthalben bereits Wasserleitungen, die zumindest in der Hauptstadt Tenochtitlán praktisch in jedes einzelne Haus führten. Wasser wurde zur Reinigung, zum Kochen, zur Heilung und zur Entspannung benutzt. Es existierten „Badewannen", die in Stein geschlagen wurden und Brunnen in dieser Hauptstadt.

Wir fühlen uns an die alten Römer erinnert mit ihren ebenfalls unvergleichlichen Äquadukten und ihrer Wasserkultur, aber auch die Deutschen waren wenig später, im 17. und 18. Jahrhundert, bekannt für ihre besondere Reinlichkeit.

Die Kultur der Azteken erreichte jedoch schon im 15. und 16. Jahrhundert eine Höhe, die uns Bescheidenheit abnötigt.

Höchst bemerkenswert war weiter, dass die Azteken über eine Schrift verfügten und die Landwirtschaft intelligent bewirtschafteten. Es existierten zahlreiche unterschiedliche Gewerbe. Die Azteken beobachteten die Sterne exakt und erfanden ein Zahlen- und Kalendersystem; auch sie kannten bereits die Bedeutung der Zahl 0.

Schließlich besaßen die Azteken regelrechte Ratsgremien, die für die Rechtsprechung, die Musik, die Kunst, die Wissenschaft und den Staatsschatz zuständig waren – sowie für den Krieg. Es gab darüber hinaus Bauern und Handwerker in reicher Zahl, Händler, Krieger, Priester und Sklaven, das Gesellschaftssystem war reich ausdifferenziert, es handelte sich beileibe um keine „primitive" Gesellschaft. Es gab Gold- und Silberschmiede, Maler, Töpfer, Korbmacher, Federschmuck-Spezialisten, Bewässerungs-Experten, „Kanal"-Bauer und Weberinnen unter anderem – die Weberei war jedoch ausschließlich Frauen vorbehalten.

Sogar ein Ausbildungssystem existierte, sprich „Schulen", Tempelschulen, die freilich nur den Söhnen der Adligen offenstanden. Sie wurden im Kriegshandwerk ebenso unterrichtet wie in administrativen Belangen, es gab zuletzt im Aztekenreich 38 Provinzen. Weiter wurden Fragen der „Religion" erörtert, die allerdings einen weiteren Bereich umspannte als es unser heutiger Religionsbegriff suggeriert.

Die Azteken verfügten weiter bereits über mehrstöckige Häuser, teilweise existierte ein ungeheurer Reichtum. „Fernhändler" bedienten sich der uralten Erfolgs-Formel, wohlhabend zu werden, indem sie billig in einem fernen Land *ein*kauften – und die Waren im Folgenden teuer im eigenen Land *ver*kauften – oder umgekehrt.

Mit Goldstaub, der in Federkielen aufbewahrt wurde, bezahlte man, das war die Währung, wenn man von den *Cocao Bohnen* absieht, einer seltenen Bohnenart, mit denen ebenfalls der Wert von Waren bemessen wurde.

Ganz erstaunlich waren auch die Straßen – die verschiedenen Zentren des Imperiums war durch ein ganzes Straßennetz miteinander verknüpft, was uns erneut an die Römer erinnert, die ihre Herrschaft über ihr riesiges Reich nie hätten ausüben können, wenn sie nicht über gute *strata*, Straßen, verfügt hätten. Tatsächlich gab es eigene „Läufer", sprich Boten, die wichtige Nachrichten über diese aztekische Straßen

in ein hundert Kilometer entferntes Gebiet innerhalb von 24 Stunden übermitteln konnten – schneller als unsere Post heute ist!
Vielleicht am spektakulärsten waren die Bauten der Azteken, besonders die Pyramiden erregten immer wieder die Neugierde und die Aufmerksamkeit, bis heute! Die wildesten Gerüchte ranken sich nach wie vor um diese erstaunlichen Bauwerke, die gewisse Ähnlichkeiten mit den ägyptischen Pyramiden besitzen und bemerkenswerterweise auf den gleichen Breitengrad liegen wie die Pyramiden der Nilbewohner! Tatsächlich wurde der Bau himmelsstürzender Pyramiden schon von früheren Völkerschaften favorisiert, die vor den Azteken in Mexiko zu Hause waren, denken wir nur an die Maya, aber es waren die Azteken, die diese Pyramiden höher und höher bauten, um ihre beiden wichtigsten Götter, den Gott des Regens und den Gott des Krieges, zu verehren. 117 Stufen führten zu der größten Pyramide hinan. Tonnenschwere Steine mussten bewegt werden, um diese Bauwerke zu errichten. Die Azteken verfügten bereits über eine Art Beton – und waren in dieser Beziehung ebenfalls Europa weit voraus, wenn man erneut von den Römern absieht, die auch bereits über ein betonähnliches Gemisch verfügt hatten, zu dem unter anderem Lavagestein gehörte.
Immer wieder gab jedenfalls die Existenz dieser prächtigen Pyramiden zu den absonderlichsten Theorien Anlass. Hatten die Azteken einst Kontakt zu Außerirdischen, standen sie mit „Göttern" im Verbund, die weit mächtiger und intelligenter waren als sie selbst? Oder müssen wir nur unsere Vorstellung von den „Alten" verändern, die in vielerlei Hinsicht weitaus fortgeschrittener und klüger waren als wir es uns heute eingestehen?
Aber werfen wir auch noch einmal einen Blick auf die Gesellschaftsordnung.
Natürlich thronten über allen der „König" und der Adel, nicht anders als in Europa.
Aber höchst bemerkenswert war der Umstand, dass ein Adliger für ein Verbrechen, das er beging, strenger bestraft wurde als ein Bauer![3]
In Europa verhielt es sich umgekehrt! Mit anderen Worten, die Azteken waren klug genug, eine höhere Verantwortung und eine höhere Ethik von ihren Führungspersönlichkeiten einzufordern!
Aber eine hohe Ethik spielte auch im einfachen Volk eine Rolle. Eine Frau, die mit zwei Männern schlief, konnte mit dem Tod bestraft werden, die Einehe wurde in hohen Ehren gehalten.

Weiter behandelten die Azteken ihre Sklaven besser als in Europa – wo das System der „Leibeigenschaft" Einzug gehalten hatte! Der Sohn oder die Tochter eines Sklaven wurde bei den Azteken immer in die Freiheit entlassen, das Sklaventum war nicht erblich. Weiter konnte sich ein Sklave bei den Azteken freikaufen. Wurde er von seinem Herrn misshandelt, wurde er ebenfalls in die Freiheit entlassen, wahrscheinlich per Gerichtsbeschluss. Auch wenn der Herr starb, winkte die Freiheit. Ein zum Tode verurteilter Mörder dagegen konnte auf Antrag der Witwe mit dem Leben davonkommen, wenn er künftig eben dieser Witwe als Sklave diente. Die „Rechtsprechung" oder das „Gesetz" war also teilweise weniger barbarisch als in unseren Breiten, sie war sicher besser als im alten Rom und in einigen Belangen intelligenter als die unsere, im 15. Jahrhundert.
Es handelte sich also alles in allem um eine erstaunliche Kultur – die aber trotzdem eines Tages sang- und klanglos von der Bildfläche verschwand. Was also passierte genau?

DER UNTERGANG DES AZTEKENREICHES

Eines Tages besiegten ein paar Tausend Spanier tatsächlich *Hunderttausende* (!) von Azteken, ein Ereignis, das auf den ersten Blick völlig unverständlich erscheint und auch nicht durch die waffentechnische Überlegenheit der Spanier erklärt werden kann.

Selbst die Hauptstadt, die theoretisch so leicht hätte verteidigt werden können, weil sie auf einer Insel lag und praktisch uneinnehmbar war, wurde von den Spaniern zerstört!

Betrachtet man eine Rekonstruktion dieser Hauptstadt, fragt man sich noch heute, wie es möglich war, dass das gesamte Aztekenreich in so kurzer Zeit einfach hinweggefegt werden konnte.

Rekonstruktion der ehemaligen Hauptstadt der Azteken, Tenochtitlán, mit der Tempelanlage im Vordergrund. Die Hauptstadt der Azteken lag auf einer Insel und war mit dem Festland nur durch einige wenige Wege/Dammstraßen verbunden, wodurch sie leicht zu verteidigen war. Ort: *National Museum of Anthropology* of Mexico City,

Berichten wir zunächst, was überhaupt geschah.
Wie gesagt: Hunderttausende von Azteken standen damals ein paar Tausend Spaniern gegenüber, die dieses Riesenreich praktisch auslöschten, im Laufe von wenigen Jahren.
An der Spitze der Azteken stand Moctezuma II. (1471 – 1482), von Haus aus ein Priester und Krieger, der mit harter Hand sein Volk regierte und durch verschiedene militärische Eroberungszüge von sich reden gemacht hatte. Die Azteken herrschten über zahlreiche Indianerstämme und Völkerschaften, die weniger kriegerisch waren als sie selbst, sie waren gefürchtet, einem aztektischen Elite-Krieger zu begegnen, der sich vielleicht als Adler oder Jaguar verkleidet hatte, war lebensbedrohlich. Moctezuma II. hatte den Adel gestärkt sowie die Position seines Herrscherhauses; seine Methode bestand darin, ihm genehme Verwandte auf die Throne verschiedener besiegter Völkerschaften zu hieven.
Moctezuma II. herrschte mit 34 Jahren über ein Gebiet von rund 80.000 Quadratmeilen, über 25 Millionen Untertanen und über 38 Provinzen.

Niemand, niemand kam diesem Herrscher in dieser Zeit und an diesem Ort an Macht gleich!
Der Aztekenfürst verfügte weiter über ein ausgezeichnetes Spionage-System, jeder Schritt seines Gegenspielers, Cortés, wurde ihm im Laufe der Auseinandersetzungen hinterbracht.
Um wen handelte es sich bei seinem Widersacher Cortés?

HERNÁN CORTÉS

Hernán Cortés (1485–1547), ein gebürtiger Spanier, war ein von Ehrgeiz zerfressener Glücksritter, der zunächst ein wenig die Juristerei studiert hatte, wodurch ihm vielleicht beigebracht worden war, wie man auf kluge Art das Recht beugte. Bereits in jungen Jahren kam er in der „Neuen Welt" an. Zunächst diente er dem spanischen Gouverneur auf Kuba als Sekretär. Sein brennendes Interesse galt jedoch dem sagenhaften Gold, das angeblich überall zu finden war, denn Gold versprach Macht. Seine Stunde kam, als der entdeckte Kontinent weiter auskartographiert und erobert werden musste, um dem spanischen Königshaus neue wichtige Einnahmequellen zu sichern. Mit Hilfe des Gouverneurs von Kuba richtete Cortés einige Schiffe aus und stach im Jahre 1519 mit 670 Mann in See, um die neuentdeckte Küste Mexikos sowie das Landinnere genauer zu untersuchen und auf mögliche Beute hin abzuklopfen. Er unternahm zunächst einige Raubzüge, in deren Verlauf er eine indianische Stadt mit Gewalt nahm. Die Unterworfenen übergaben ihm neben anderen reichen Geschenken und Tributen 20 Sklavinnen. Eine dieser Sklavinnen, eine Häuptlingstochter, nahm Cortés zur Geliebten und zur Frau – sie diente ihm in der Folge als Dolmetscherin, Beraterin und Vermittlerin zwischen den Indianern und den Spaniern. Cortés kundschaftete daraufhin das Landinnere weiter aus und hörte schon recht früh von den Azteken und ihrer sagenhaften Hauptstadt Tenochtitlán. Die Berichte überstiegen alles, was sich ein goldgieriger Konquistador vorstellen konnte. Und so nahm sein Entschluss Gestalt an – er musste diese sagenhafte Hauptstadt erobern! Es galt, sich unendlich wertvolle Schätze unter den Nagel zu reißen und vielleicht ein riesiges Reich zu errichten, das nur ihm unterstand. Als Beute winkte ein ganzes Imperium! Aber auf der anderen Seite hatte auch Moctezuma II. durch seine Spione längst von Cortés und den Spaniern gehört. Seine Spitzel hinterbrachten ihm, dass eine riesige Streitmacht heranrückte – die auf „Bergen" gekommen seien.

Bergen? Die großräumigen Schiffe der Spanier dünkten den Azteken so gewaltig, dass sie sie als „Berge“ bezeichneten, die das „Wasser bewegen“ konnten!
Früh schon machte sich also der Aberglaube breit, was die Spanier anging.
Wieder und wieder schickte der Aztekenkönig jedenfalls seine Gesandten aus, die Cortés in der Folge mit Geschenken überschütteten. Mit diesen Geschenken forderte er den spanischen Konquistador unverblümt auf, seinem Reich und der Hauptstadt Tenochtitlán fernzubleiben, er suchte ihn mit anderen Worten zu bestechen und zu überreden, von seinen Eroberungsgelüsten abzulassen.

DIE KONFRONTATION

Aber die Gier Cortés` wird durch diese überreichen Geschenke nur noch mehr entfacht. Und so sehen wir, wie er sich eines Tages aufmacht, um Moctezuma II. persönlich aufzusuchen, in seiner Hauptstadt, auf seiner Insel, scheinbar zunächst in freundlicher Absicht.
Längst hat er in Erfahrung gebracht, dass viele indianische Völkerschaften der Herrschaft der Azteken nicht unbedingt wohlwollend gegenüberstehen. Sie fühlen sich im Gegenteil ausgebeutet und unterjocht. Und so schließen sich dem erfolgreichen Spanier mit der Zeit Tausende und Abertausende von Indianern an, die die Azteken hassen wie die Pest. Alle, alle beeindruckt Cortés mit seinen Pferden – riesige Tiere, die den Spaniern gehorchen und die die Indianer nicht kennen, die sie nur bestaunen können und mit denen man im Kampf Krieger einfach niederzureiten vermag. Weiter verfügen die Spanier über blitzende, metallene Rüstungen, die sie schützen, sie verfügen über Gewehre und Kanonen – wer könnte solchen Kriegern etwas entgegensetzen?
Der Aberglauben greift weiter um sich. Die Spanier sind offenbar „unsterblich“. Und sie scheinen von einer anderen Welt zu kommen, sie sind aller Wahrscheinlichkeit nach die schon lange erwarteten Götter, von deren Rückkunft in alten Prophezeiungen die Rede ist. Und sie sind scheinbar nicht zu besiegen.
Ja, mit ihnen im Verbund kann man dem verhassten Aztekenfürsten Moctezuma das Fürchten lehren!
Die Wahrheit ist also, dass Cortés sich durchaus nicht nur auf ein paar Tausend Spanier stützen kann – je und je stoßen außerdem neue spani-

sche Soldaten und Glücksritter zu ihm –, sondern dass er darüber hinaus geschickt die Indianer untereinander entzweit, nicht anders als Cäsar ehemals die germanischen Stämme gegeneinander ausspielte.
„Divide et impera!“ – „Teile und herrsche!“ lautet auch sein Wahlspruch, seine politische Richtlinie, denn Cortés ist intriganter als eine Schlange. Der „Feind“, sprich Moctezuma, kann unendlich geschwächt werden, wenn verschiedene indianische Völkerschaften in Scharen zu ihm überlaufen. Mehr und mehr Indianer, beseelt von Wut und Hass auf die Azteken, gleichzeitig unendlich beeindruckt von der überlegenen Waffentechnik, schließen sich Cortés an. Alles läuft auf eine Konfrontation zu. Als sich die beiden Führer dieser unterschiedlichen Kulturen schließlich das erste Mal begegnen, treffen zwei Welten aufeinander, wie sie unterschiedlicher nicht sein könnten.
Aber das erste Treffen verläuft friedlich. Man begrüßt sich mit wechselseitigem Respekt in der Hauptstadt, die Cortés endlich aufgespürt hat, aber Moctezuma erlaubt es Cortés nicht, ihn per Handschlag zu begrüßen – man berührt keinen Priesterkönig! Zu diesem Zeitpunkt glaubt Moctezuma noch immer, ungeschoren davonkommen zu können. Er lädt die Gäste aus der fremden Welt, die weißen Götter, sogar in einen seiner Paläste ein. Die Spanier staunen nur, als sie all der Pracht und des unendlichen Reichtums ansichtig werden. Der Aztekenhäuptling ist töricht genug, den Spanier sogar geheime Kammern zu zeigen, in denen Schätze lagern, die jedes Vorstellungsvermögen übersteigen.
Aber auf einmal passiert es.
Unversehens gelangt die Nachricht zu Cortés, dass an einem anderen Ort Spanier von Azteken abgeschlachtet worden sind. Spielt Moctezuma falsch? Der Konquistador weiß auf einmal, er muss handeln, schnell handeln. Noch genießt er den Respekt und die Gastfreundschaft des Königs, aber 600 adlige Azteken in der Hauptstadt warten vielleicht nur darauf, ihm und seinen Spaniern heimlich des Nachts die Kehle durchschneiden zu können.
Cortés entschließt sich, einen unvorstellbaren Coup in Szene zu setzen. Er bemächtigt sich überfallartig der Person Moctezumas, er kidnappt ihn! Damit befindet sich der oberste Führer der Azteken in seiner persönlichen Gewalt. Von einem Augenblick zum anderen wird er degradiert zu einer Marionette, die von Stund` an den Befehlen Cortés Folge leisten muss. Anfänglich ahnt das Volk nichts – und Cortés kann durch

den Mund Moctezumas nun seine Anweisungen erteilen, so wie er es für richtig hält.
Da geschieht erneut etwas Unvorhersehbares: Die Spanier unterbrechen eine blutige, eine heilige, eine religiöse Zeremonie der Azteken, vielleicht angewidert von dem Blut der Opfer, das dabei vergossen wird. Unverzeihbares Sakrileg! Augenblicklich erklären die Einwohner Tenochtitláns den Spaniern den Krieg! Wie kann man ihre religiösen Vorstellungen missachten, wie kann man es wagen, gegen ihre Götter die Stimme zu erheben!
Chaos bricht aus in der Hauptstadt.
Moctezuma II., vielleicht gezwungen von Cortés, tritt vor sein Volk, um es zu beruhigen, aber seine eigenen Untertanen fühlen sich vom ihm längst verraten. Sie bewerfen ihn mit Steinen, beschießen ihn mit Pfeilen und töten ihren Herrscher, der offenbar mit den Fremden gemeinsame Sache macht. Bis heute ist nicht zur Gänze geklärt, ob nicht auch ein spanischer Dolch dabei mithalf, Moctezuma aus dem Leben zu befördern.
Jedenfalls stirbt der schier allmächtige König der Azteken.
Doch die Spanier wissen nun, dass ihr Leben keinen Pfifferling mehr wert ist.
Bei Nacht und Nebel, schwer beladen mit geraubten Schätzen, machen sie sich über einen der Wege, die von der Insel zum Festland führen, auf, um sich davonzuschleichen. Aber ihre Flucht wird entdeckt. Die Azteken verfolgen sie wutentbrannt. Zahlreiche Spanier werden getötet, aber auch Tausende von Indianern, die mittlerweile auf der Seite der Spanier kämpfen. Die Verluste auf beiden Seiten sind fantastisch.
Der Konquistador verliert den Zeigefinger seiner linken Hand, er verliert Gold, Schätze, Waffen und Männer – von 1.200 Soldaten überleben nur 425 Spanier.
Mit Mühe und Not entkommt Cortés mit einigen wenigen Getreuen.
Aber er schwört Rache, bitterliche Rache, furchtbare Rache!
Erneut wiegelt er einige indianische Völkerschaften auf, um gegen die verhassten Azteken mobil zu machen. Dann kehrt er nach Tenochtitlán zurück, um die scheinbar uneinnehmbare Hauptstadt auf der Insel zu zerstören. Er errichtet zunächst eine Blockade rund um die Insel, um die Azteken von der Nahrungszufuhr und vom Süß- und Trinkwasser abzuschneiden. Zahlreiche kleinere Scharmützel folgen, die Azteken sind

nicht bereit, so schnell aufzugeben. Cortés aber hungert die Hauptstadt förmlich aus.
Rund 24.000 Azteken sterben allein während dieser Belagerung.
Mehr und mehr Verbündete stoßen jetzt zu Cortés, weiter werden zahlreiche Kanus zu ihm und seinen Mannen getragen, mit denen man über den See rudern und die Azteken nun von allen Seiten angreifen kann.
600 Spanier und 50.000 indianische Verbündete kämpfen schlussendlich gegen die Azteken.
Schließlich nehmen die Spanier mit ihren Verbündeten die heiß umkämpfte Stadt ein. Block um Block wird erobert, Haus um Haus. Die Rotten des Cortés rasen, er kennt keine Gnade, alle Azteken werden niedergemacht und getötet.
Auf dem höchsten Tempel der Stadt versammeln sich die letzten Azteken, die tapfersten Azteken, um ihre Götter zu verteidigen. Aber Cortés besiegt auch die letzten Elite-Krieger. Der neue Führer der Azteken wird gefangengenommen, und die letzten Azteken hingeschlachtet. Cortés richtet ein Blutbad ohnegleichen an.
Die wichtigste Schlacht der Weltgeschichte in dieser Region ist geschlagen, Mexiko und viele andere südamerikanische Länder fallen in der Folge an Spanien, das kurzzeitig zur Weltmacht No. 1 auf Planet Erde aufsteigt.
Nie, nicht in der gesamten Geschichte der Menschheit, wurde so viel Beute gemacht!

DIE URSACHEN DES UNTERGANGS

Natürlich haben wir verschiedene geschichtliche Details in unserem Bericht unterschlagen. Wir haben „vergessen" zu erwähnen, dass Moctezuma II. seinen „Besuchern", als noch alles nach Frieden roch, auch seine Goldbergwerke zeigte sowie die Häfen. Selbst eine Tochter des Aztekenkönigs ehelichte Cortés, mit anderen Worten: der Verlauf der Auseinandersetzung gestaltete sich durchaus nicht so gradlinig wie hier dargestellt.
Cortés selbst wiederum hatte zeitweilig sogar mit Spaniern zu kämpfen, die ausgesandt worden waren, um ihn und seine Offiziere gefangen zu nehmen.
Wir haben weiter „vergessen", über die zahlreichen Allianzen dieses Cortés genauer zu berichten, über die Krankheiten, die die Indianer heimsuchten und über die neuen Stadtfürsten, die der Konquistador eigenmächtig

über verschiedene indianische Städte einsetzte. Über all die verschiedenen Etappen, Scharmützel und militärischen Bewegungen haben wir uns ausgeschwiegen – aus dem einfachen Grund, weil sie der Erkenntnis nicht viel bringen.

Weitaus bedeutsamer ist es dagegen, sich noch einmal die genauen Gründe für den Niedergang der Azteken vor Augen zu führen.

Bis heute rätselt man, warum die wilden Azteken mit ihren Elite-Kriegern so schnell besiegt werden konnten. Auf einige Punkte haben wir bereits aufmerksam gemacht, aber es gibt dazu noch entscheidende Details nachzutragen.

Insgesamt kann man wenigstens *drei* Haupt-Ursachen für den Untergang der Azteken ausmachen. Noch einmal: im Prinzip existierten *drei* Gründe für den Untergang der Azteken, die in aufsteigender Reihenfolge ihrer Bedeutung sich wie folgt ausnehmen:

URSACHE Nr. 3

Reflektieren wir zunächst noch einmal auf die beiden wichtigsten Figuren dieses Dramas, auf Cortés und Moctezuma.

***Zwei* destruktive Persönlichkeiten**, ein spanischer Eroberer und ein Indianerkönig, prallten in der wichtigsten Schlacht aufeinander – Persönlichkeiten, die uns bei Licht betrachtet beide keinerlei Respekt abnötigen. Cortés war nichts als ein macht- und goldgeiler Konquistador, ohne jedes Gewissen, der sich ein Imperium zusammenzustehlen suchte und der dabei über Leichen ging. Zehntausende, ja Hunderttausende von Toten bedeuteten ihm nichts. Er bediente sich jedes schmutzigen Tricks, der in der politischen Arena zu finden war und schlachtete ohne mit der Wimper zu zucken die Indianer ab.

Ein Massenmörder!

Bei Moctezuma wiederum handelte es sich ebenfalls um eine unterdrückerische Figur, denn er beutete alle umliegenden indianischen Völkerschaften schamlos aus und ertränkte sie in ihrem eigenen Blut. Abergläubischer als Horoskop-Leser heute versuchte er bei seinen Beutezügen stets die Götter zu bestechen, indem er ihnen immer wieder neue Blutopfer brachte und auf die grausamste Art Menschen töten ließ.

Vergessen wird gern, dass auch Moctezuma II. ein *Priester* von Haus aus war, der vor Angst zitterte, wenn es um die allmächtigen Götter ging. Stets fragte er die Götter um Rat, statt eine klare, vernünftige Entscheidung zu treffen, wobei stets erneut Menschen geopfert wurden. Als ihm seine eigenen Zauberer jedoch die Niederlage prophezeiten, ließ er sie einfach töten.

Moctezuma war im Grunde genommen von Angst zerfressen, die er anfänglich noch durch eine namenlose Brutalität übertünchen konnte. Seine Antwort auf eben diese unnennbare Angst bestand darin, Bestechungsversuche zu unternehmen (gegenüber den Göttern und gegenüber Cortés). Ständig überhäufte er Cortés mit Geschenken, und ständig brachte er Blutopfer dar, um die Götter günstig zu stimmen.

Die „Politik“ Moctezumas II. bestand zunächst darin, jede Begegnung mit den Spaniern zu vermeiden – nichtwissend, dass er mit seinen Geschenken die Gier Cortés` nur noch mehr anfachte. Danach traf er eine Fehlentscheidung nach der anderen, denn den spanischen Räubern die Goldbergwerke zu zeigen, die Schätze und die Hafenanlagen, war mehr als eine Dummheit.

Er spielte damit Cortés in die Hände, der in militärischen Kategorien denken konnte und aus der Unsicherheit des Aztekenkönigs schamlos Kapital schlug.

Als ihn Cortés gefangen nahm, war es um Moctezuma II. endgültig geschehen. Er ließ es zu, dass er wie eine Marionette behandelt wurde, an der Cortés nur die Fäden zu ziehen brauchte.

Nie mehr versuchte Moctezuma, die Freiheit wieder zu erlangen, er tat im Gegenteil alles, um den Spaniern zu Willen zu sein, ständig bemühte er sich um die Gunst dieser angeblich zurückgekehrten Götter, was uns erneut beweist, wie tief dieser König bereits gesunken war.

Der zornige Cortés dagegen schlug mit aller Brutalität und Härte zu.

Und so gewann er ein Weltreich.

URSACHE Nr. 2

Natürlich kann eine höher entwickelte Zivilisation, vor allem wenn sie in militärischen Belangen überlegen ist, eine wenig entwickelte Zivilisation einfach im Handstreich nehmen und beiseite fegen.

Die aztekische Zivilisation war jedoch nicht nur in militärischer Hinsicht unterlegen, sondern auch in kulturellen Kategorien. Ein ganz offensichtliches Zeichen für diese Unterlegenheit waren die widerlichen Blutorgien der Azteken.

Blut, Blut, Blut – das war offenbar der Saft, mit dem die Götter bestochen werden konnten, mit dem man die Götter auf die eigene Seite ziehen konnte. Hunderte, Tausende, vielleicht Zehntausende wurden auf den Altären der blutgierigen Priester geopfert, nur um die Götter milde zu stimmen.

Es gab eigene Feldzüge, die nur deshalb geführt wurden, um Gefangene zu machen, die in der Folge in blutigen Orgien den Göttern geopfert werden konnten.

Die Menschenopfer waren barbarisch. Noch lebend wurde den Opfern das Herz aus der Brust gerissen, mit einem Steinmesser schnitt man den Brustraum auf. Nicht nur Krieger, auch Sklaven und sogar Kinder wurden den Göttern geopfert.

Die Priester bespritzten dabei sich selbst, die Götterstatuen und die Opfersteine mit dem kostbaren Menschenblut. Die Leiche warf man danach verächtlich die steilen Steinstufen der Tempel hinab. Manchmal briet man Teile eines (hochgestellten) Opfers und aß sie auf, vielleicht um sich die Kraft des Opfers einzuverleiben. Kinder wurden vor der Opferzeremonie in Käfigen gehalten, manchmal ließ man sie vorher verhungern. Immer ging es um die „Schuldzahlungen an die Götter", damit jeden Tag die Sonne erneut aufgehen und man das Glück heraufbeschwören konnte.

Selbst Könige opferten ihr Blut, sie schnitten sich in Hand, Arme, Beine oder das Ohr, um die Gottheiten zu besänftigen. Nie sah die Welt eine solche Blut-Manie, nie eine solche Fixierung auf das Blut!

Wir wissen nicht, wann genau die Azteken begannen, diese Blutopfer, die es ja auch bei anderen Völkern gab – wie bei den Maya, den Juden und den Griechen etwa – so zu übertreiben. Die Maya vermuteten, dass das Blut der Sitz der Seele sei, und es ist nicht auszuschließen, dass die Azteken dieses Konzept von ihnen übernahmen. Jedenfalls steigerten sich die Azteken mehr und mehr förmlich in einen Blutrausch hinein.

Hierfür waren natürlich die fanatisierten Priester verantwortlich. Als sich das Aztekenreich mehr und mehr ausbreitete und mehr und mehr Kriege geführt werden mussten, wofür man ständig den Segen und das Wohlwollen der eigenen blutrünstigen Götter brauchte, wurden diese Schlächtereien, diese Blutorgien, in immer größerem Stil durchgeführt.

Je weniger entwickelt eine Zivilisation ist, umso tiefer verneigt sie sich vor ihren Göttern und umso intensiver gedeiht der Aberglaube.

Bei all ihren unendlichen Höhen, die sie erklommen hatten, bei all ihren erstaunlichen Errungenschaften, glaubten die Azteken dennoch daran, von zahlreichen Gottheiten abhängig zu sein, es wimmelte bei ihnen tatsächlichen von allen möglichen Göttern, die sie in jedes Naturgeschehen hineingeheimnisten.
Und so gelangen wir zu einem Schaubild, das die Überlebensfähigkeit und Stärke einer Zivilisation/Kultur illustriert.

DIE ÜBERLEBENS-FÄHIGKEIT EINER KULTUR

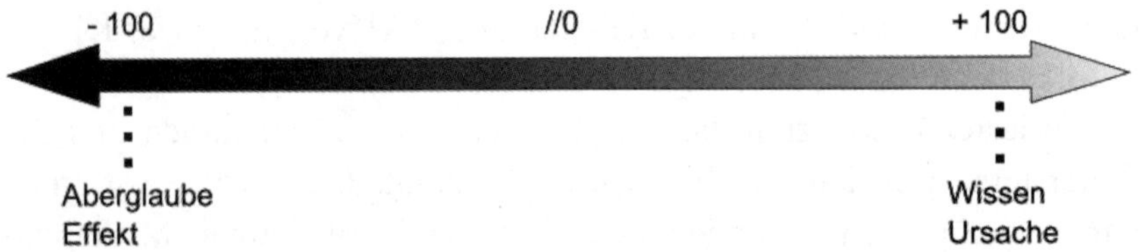

Wir können eine regelrechte kleine Skala konstruieren, die von minus 100 bis plus 100 reicht.
Bei minus 100 stünde vollständiger Aberglaube, bei plus 100 keinerlei Aberglaube und echtes Wissen.
Aberglaube aber könnte mit *Effekt* gleichgesetzt werden, ein Volk nimmt an, dass es die Wirkung von Göttern, Geistern und Ahnen ist, es nimmt das Heft des Handelns nicht selbst in die Hand.
Ursächlichkeit dagegen bedeutet, dass ein Volk über tatsächliches Wissen verfügt, sei es in Bezug auf die Natur oder andere Gebiete, es muss nicht Zuflucht nehmen zu Göttern, die man günstig stimmen muss.
Und so gilt folgender Satz:
Je höher der Aberglaube, umso leichter ist ein Volk zu besiegen und um so schneller geht es unter.
Der Umkehrsatz gilt ebenfalls:
Je weniger abergläubisch ein Volk ist, umso stärker, intelligenter und überlebensfähiger ist es.
Die Azteken befanden sich auf dieser angenommenen Skala vielleicht bei – 50, um einen willkürlichen Wert anzunehmen, die Spanier dagegen vielleicht auf 0.

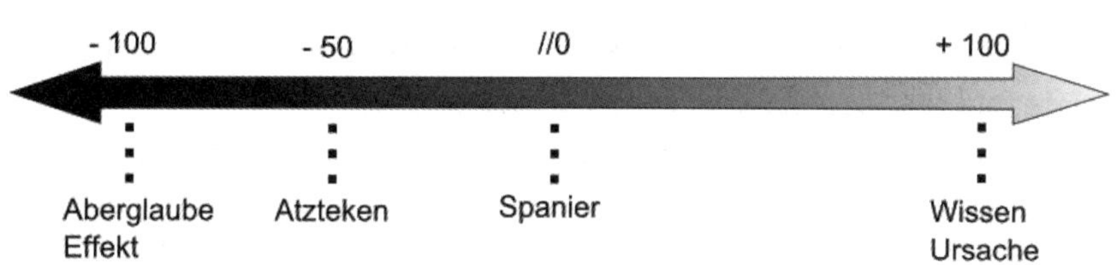

Und so konnten die Azteken leicht besiegt werden, denn sie waren ja im Grunde genommen nicht für Sieg oder Niederlage verantwortlich, sondern ihre Götter!
Und Götter, Götter, waren vielleicht sogar die Eindringlinge, die Spanier! Sie hatten den Krieg also bereits in ihren eigenen Köpfen verloren, bevor sie in der Realität und Wirklichkeit geschlagen wurden.
Die Azteken *konnten* nur verlieren.
Dennoch sollte man nie vergessen, dass es stets konkrete Personen waren, die eben diesen Aberglauben schürten! Es waren im Falle der Azteken wie gesagt die *Priester*, die diesem Aberglauben Rückenwind gaben. Von diesem Aberglauben hing ihr eigenes Einkommen und ihre eigene Reputation ab – wie das bei allen Priestern bis heute der Fall ist. Sie schürten diesen Aberglauben und forderten immer mehr Opfer ein, wodurch sie sich zudem die Hände befleckten. Und so degenerierte das unglaublich kluge, hochstehende Volk der Azteken, verführt durch einige fanatische Priester. Es suchte sein Heil in Blutorgien, statt sich mit der Wirklichkeit auseinanderzusetzen.
Erneut spielten also die *Priester* eine verheerende Rolle – nicht anders als bei den alten Indern und den alten Ägyptern etwa. Und so führten im Grunde genommen Priester auch den Niedergang des Aztekenreiches herbei, denn selbst Moctezuma II., erinnern wir noch einmal daran, war ebenfalls – ein Priester!
Dennoch gibt es noch einen weiteren Faktor, der sogar noch bedeutsamer ist, wenn wir den Untergang des aztekischen Riesenreiches betrachten.

URSACHE Nr. 1
Der mit Abstand wichtigste Grund für den Fall des Aztekenreiches bestand in den ewigen Kriegen, die dieses Volk führte. Die Azteken hatten nichts Besseres zu tun, als andere indianische Bevölkerungen ständig zu unterdrücken, auszubeuten und zu töten. Niemand war verhasster als die Azteken! Und so konnten sie diesem hinterlistigen, raffinierten Cortés

nichts entgegensetzen, der den Hass gegen die Azteken geschickt ausnutzte und die Indianer gegeneinander ausspielte.

Wiederholen wir: Cortés, zweifellos ein Halunke, ein Massenmörder, ein Halsabschneider und ein Räuber, der im Weltmaßstab stahl, gelang es nur deshalb, verschiedene indianische Völkerschaften auf seine Seite zu ziehen, *weil* sie sich von den Azteken unterdrückt fühlten. Es gelang ihm, die Indianer untereinander zu entzweien – er war der lachende Dritte und triumphierte zu guter Letzt.

Zu selten wurde darauf aufmerksam gemacht, dass jedes Reich letztlich sich selbst zerstört. Sprich Cortés konnte seine namenlosen Blutbäder nur deshalb anrichten, weil die Azteken zuvor die übrigen indianischen Völkerschaften schamlos ausgebeutet hatten! Das Aztekenreich war bereits verfault und innen hohl, *bevor* es von den Spaniern geradezu im Handstreich genommen wurde.

Noch einmal: Jedes Reich zerstört sich letztlich selbst.

Das gilt auch für die Perser, die Griechen, die Römer und sofort.

Die klugen Römer hatten den Untergang des Römischen Weltreiches immerhin um einige Jahrhunderte hinauszögern können, indem sie verfügten, dass germanische Söldner in ihre Heere aufgenommen werden durften! Sprich die Römer suggerierten den umliegenden Völkerschaften, dass man *mit* Rom gewinnen konnte, man wusste, dass Rom jedem Karrierechancen bot. Die Römer offerierten ein Spiel, das andere Völker *integrierte*, das sie nicht *ausschloss*. Rom versuchte eine Zeitlang, zumindest unter seinen klügsten Kaisern, gewissermaßen eine übernationale Ordnung herzustellen, es bot jedem, der guten Willens war, ein Betätigungsfeld, einen Rahmen, in dem man hoch, ja sehr hoch aufsteigen konnte.

Die Azteken dagegen beuteten die umliegenden Völkerschaften nur schamlos aus, wodurch sie sich Zehntausende von Feinden machten und einen unendlichen Hass auf sich zogen.

Sie verstanden nichts von Politik.

Das Aztekenreich war außerdem nicht gesichert, durch gewaltige Schutzwälle, Mauern und Wachttürme etwa, wie das die Römer getan hatten. Man überfiel lediglich die Nachbarstädte, stahl deren Erzeugnisse und führte ihre Krieger hinweg, um sie auf den eigenen Altären blutig zu opfern.

Das *gesamte* aztekische System war nur darauf ausgerichtet, in militärischer Hinsicht Überlegenheit zu demonstrieren, es handelte sich um ein Banditensystem.

Im Mittelpunkt aller Betrachtungen stand stets der Krieg, Krieg, Krieg. Die Söhne der Familienoberhäupter etwa durften nur dann ihr Erbe antreten, wenn sie sich im Krieg ausgezeichnet hatten.
Jeder, jeder Azteke war zum Kriegsdienst verpflichtet, wenn es der König einforderte, für alle bestand Wehrpflicht.
Schon bei der Geburt wurde der Sohn dem Krieg geweiht, die ganze Erziehung war militärisch ausgerichtet.
Ein hohes Amt durfte man nur dann übernehmen, wenn man sich zuvor im Krieg bewährt hatte.
Der Gott des Krieges war den Azteken wichtiger als jeder andere Gott, nur der Gott der Sonne oder der Gott des Regens konnte vielleicht ein wenig mit ihm konkurrieren.
Im Grunde genommen war die gesamte „Religion" völlig auf den Krieg fixiert. Gefallene Krieger durften nach ihrem Tode angeblich die Sonne auf ihrem Weg begleiten, Azteken jedoch, die eines natürlichen Todes starben, gelangten in die grässliche Unterwelt.
Die Priester machten also den Menschen weiß, wie begeisternd und lohnend es ist, im Krieg zu sterben – nicht anders als es heute im fundamentalistischen, radikalen Islam geschieht oder wie es christliche Päpste, Prediger und Kriegstreiber während der Kreuzzüge taten.
Alles wurde auf das Militär zukomponiert, das Familienleben, der Glaube, die Religion, die Gesellschaftsordnung, alles.
Und so war es Cortés schließlich ein Leichtes, andere Indianerstämme auf seine Seite zu ziehen, die hofften, endlich, endlich das Joch der Azteken abschütteln zu können, die nur ein Vergnügen kannten: den Krieg und die Unterwerfung der umliegenden Völkerschaften. Die anderen indianischen Völker warteten lediglich auf eine Gelegenheit, zurückzuschlagen, nichtahnend, dass die Spanier noch sehr viel grausamere Unterdrücker sein würden als die Azteken, und dass die Spanier Krankheiten einschleppen sollten, an denen später rund 90 % der gesamten Bevölkerung starben!
Sie befreiten sich aus den Azteken-Fesseln, nur um sich später noch stärkere spanische Ketten umlegen zu lassen.
Und so ist es müßig, heute darüber zu reflektieren, wer in diesem Krieg „Recht" hatte oder „Unrecht" – wie das inzwischen gerne getan wird.
Sehen wir also von der militärischen Überlegenheit der Spanier ab und der Goldgier der Spanischen Majestäten, die hinter all diesen entsetz-

lichen Verbrechen stand und die mit dem Gold der Indianer ihre eigenen elenden Kriege in Europa finanzierten! Stöbern wir nicht nur an der Oberfläche herum und suchen wir die tieferliegenden Ursachen für den Untergang des Aztekenreiches auszuforschen!
Wenn wir genau dies tun, so erkennen wir, dass 3. die Schwäche Montezumas II., 2. die Priester mit ihrem Aberglauben und Blutdurst und 1. diese fanatische Ausrichtung auf das Militär und die Unterdrückung der umliegenden Völkerschaften dafür verantwortlich waren, dass das Aztekenreich vom Antlitz der Erde verschwand.
Jedes Reich zerstört sich letztlich selbst.
Was aber geschah in der Folge mit diesem ominösen Cortés?

NOCH EINMAL: CORTÉS

Der „Sieger" in diesem Krieg, der „Macht" völlig neu auf Planet Erde definierte, hieß Hernán Cortes. Sein Sieg über die Hauptstadt der Azteken im Jahre 1521 markierte den Wendepunkt – die Spanier fielen nun wie Hyänen über das Land her. Jetzt starben Millionen von Indianern, oft durch eingeschleppte Krankheiten. In der Folge zementierte Cortés die spanische Macht, er führte viele weitere Kriege, woraufhin er selbst unendlich hoch stieg. Ihm wurde der Posten des Generalgouverneurs von *Neuspanien* zugesprochen – womit eine unendliche Machtfülle einherging.
Neuspanien? Damit bezeichnete man einen Teil Nordamerikas und ganz *Mittelamerika*!
Mittelamerika umgriff die Länder zwischen Nord- und Südamerika, und mit ihnen zahlreiche Inseln.
Cortés herrschte nun also über einen halben Erdteil, wenn man so will, selten in der Geschichte verfügte ein einzelner Mensch über so viel Macht. Der letzte aztekische Herrscher wurde im Jahre 1525 hingerichtet, nachdem er von Cortés zuvor gefoltert worden war, der in Erfahrung bringen wollte, wo er weitere Goldschätze versteckt hielt. Fast alle Gebäude Tenochtitlans wurden vollständig zerstört, auch die Tempel und Pyramiden, Symbol für die ehemalige Macht der Azteken. Auf den Ruinen errichtete man neue Prachtgebäude, unter anderem Kathedralen, wofür teilweise die Steine der alten Tempel benutzt wurden. Die aztekische Bevölkerung, die überlebt hatte, wurde zum Christentum „bekehrt" und in den Dienst der Spanier gezwungen. Cortés herrschte

nun wie ein König über all diese Ländereien, nach dem spanischen Kaiser war er der mächtigste Mann auf Erden.
Dies rief natürlich Neider auf den Plan, die ihn in Spanien anschwärzten. Boten, die Cortés nach Spanien sandte, wurden ins Gefängnis geworfen, Goldgeschenke und Berichte an den Kaiser unterschlagen. Wutentbrannt machte sich Cortés also selbst nach Spanien auf, um seine „Verdienste“ am Hof ins rechte Licht zu rücken.
Wie Kolumbus suchte er bei seinem Besuch den spanischen Kaiser unendlich zu beeindrucken, er führte wild dreinblickende Kampfgefährten mit sich, adlige Indianer, indianische Musiker und Sänger, Geld, Edelsteine und exotische Tiere.
Rasch ließ ihm der spanische Kaiser alle Ehren erweisen, während er hinter seinem Rücken bereits nachsann, wie man die unendliche Machtfülle dieses Konquistadors zu beschneiden vermochte, der vielleicht eines Tages zu einem gefährlichen Rivalen heranwachsen konnte.
Cortés rechtfertigte sich nun persönlich, wies falsche Anklagen zurück, deutete nachdrücklich auf seine Eroberungen hin, die er im Namen der spanischen Krone gemacht hatte und flunkerte ordentlich, um seine Verdienste in einem möglichst hellen Licht erstrahlen zu lassen. Die Spanische Majestät nickte gnädig, der Kaiser wusste, ohne die Gold- und Silberlieferungen aus Neuspanien hätte er nie und nimmer seine europäischen Kriege finanzieren können. Er verlieh Cortés schließlich den Titel eines *Ritters vom Heiligen Jacob* und eines *Marqués del Valle de Oaxaca*, wodurch der Konquistador in den Hochadel aufstieg, ernannte ihn auch zum Generalkapitän von Neuspanien – aber er schanzte ihm beileibe nicht alle Ländereien und Orte zu, die Cortés erobert hatte. Der Kaiser, Karl V., selbst ein Fuchs in Sachen Macht, behielt die Oberherrschaft über alle Häfen und schmierte Cortés im Grunde genommen juristisch aus – indem er ihm zwar einige wichtige Orte unterstellte, aber nicht deren riesige Einzugsgebiete. Gleichzeitig wurde Cortés nicht wieder zum Generalgouverneur eingesetzt, wodurch er des wichtigsten politischen Postens verlustig ging. Die Führung Neuspaniens behielt sich der Kaiser selbst vor und bestellte auf einflussreiche Posten schnell neue Männer, die nicht so gefährlich wie Cortés waren und die ihm aus der Hand fraßen.
Ungeschminkt gesagt übertölpelte der Kaiser Cortés, er speiste ihn mit ein paar hübschen Titeln ab, so wie man heute einem Soldaten ein paar

blecherne Orden auf die Brust heftet, und gestand ihm lediglich die militärische Führung zu.
Cortés erkrankte nach der Audienz. Er kehrte enttäuscht nach Neuspanien zurück und konzentrierte sich schließlich auf weitere Eroberungen.
Tenochtitlán wurde in *Ciudad de Mexico*, in *Mexiko-City* umbenannt, in *Mexico-Stadt.*
Insgesamt starben rund 15 Millionen Indianer in Süd-, Mittel- und Nordamerika, aufgrund der spanischen Eroberungen und der eingeschleppten Seuchen, rund 5 Millionen Menschen mehr als im Ersten Weltkrieg!
Viele Jahre gingen ins Land. Nur noch einmal reiste Cortés nach Spanien, im Jahre 1541, um erneut bestimmte Ansprüche vor Gericht durchzusetzen, aber er fand kein Gehör mehr. Der Kaiser erlaubte ihm lediglich, sich einem spanischen Feldzug gegen die Algerier in Nordafrika anzuschließen.
Gleichzeitig wurde der Konquistador nun von seinem eigenen Kaiser geschnitten und ins politische Abseits gerückt.
Ansprüche, die er erneut erhob, beim Finanzministerium in Spanien etwa, wurden abgeschmettert, man vertröstete ihn und hielt ihn mit juristischen Spitzfindigkeiten hin – nicht anders als man es ehemals mit Christopher Kolumbus getan hatte.
Zornig und gallig fuhr Cortés zurück nach Neuspanien, wo er wenig später starb, im Jahre 1547, namenlos enttäuscht von Karl V.
Der schlaue und intrigante Eroberer fiel letztlich der Schlauheit und der Intriganz seines eigenen Kaisers zum Opfer, in dessen Namen er getötet und gemordet hatte.

AXIOME

Konzentrieren wir uns nun wieder auf einige Axiome, die wir aus all diesen Ereignissen herauskristallisieren können. Die Geschichte der Maya und der Azteken ist zu einem großen Teil durch einige frühere Axiome zu verstehen, die wir bereits etabliert haben; wiederholen wir sie:

Axiom

Für den Aufstieg einer Nation sind die Schriftsprache und die Ausbildung von entscheidender Bedeutung.

Axiom
Know-how und Wissensvorsprung führen Blüten herbei.

Axiom
Blüten werden herbeigeführt durch die Förderung der Wirtschaft (die Landwirtschaft, die Erhöhung der Produktion auf verschiedenen Gebieten, durch das Handwerk, den Handel, die Bauwirtschaft und so fort) und durch lange Friedensperioden.

Axiom
Zum Niedergang eines Reiches führen zu viele Kriege, strategische Überdehnungen, die Missachtung der Menschenrechte, Hierokratien (= Priesterherrschaften) und das Versäumnis, Innovationen zu fördern.

Axiom:
Auch Religionen unterliegen dem Zyklus von Geburt, Veränderung und Tod. Das ist der übliche Zyklus von Religionen:

1 Beginn/Aufstieg: Höchste Weisheit, Aufruf zu wahrer Ethik
2 Fortdauer: Abänderung der ursprünglichen Lehren
3 Ende/Verfall: Mangelnde Integrität der Priesterkaste, mentale Kontrolle durch die Priester und finsterster Aberglaube

Folgesatz
Für den Verfall einer Kultur/ Zivilisation sind Priester immer mitverantwortlich.
Kennzeichen des Verfalls sind: Geld- und Besitzgier, Machtgier, Sexgier und die Förderung des Aberglaubens.

Hinzufügen können wir diese Erkenntnisse:

Axiom
Perversionen, Sittenlosigkeit und Ausschweifungen sowie eine Überbetonung des Sexus führen zu einem Niedergang von Herrscherfamilien, Völkern und ganzen Kulturen.
Beispiele: Die Tolteken mit Quetzalcoatl, die Geschichte Indiens, das Osmanische Weltreich, das alte Rom und das alte Griechenland in ihren Niedergangsphasen

Axiom

Eine destruktive Persönlichkeit an der Spitze eines Staates/Reiches kann den Untergang eines Staates/ Reiches beschleunigen und sogar herbeiführen.

Beispiele: Moctezuma II., Nero, Caligula, Hitler, Saddam Hussein und so fort

Axiom

Wenn unterworfene Völker eines Weltreiches trotzdem „gewinnen" können und ein gutes Überlebenspotential für sich sehen, hat ein Weltreich länger bestand und der Niedergang des Weltreiches wird aufgehalten.

Wenn unterworfene Völker eines Reiches nur unterdrückt, ausgebeutet, versklavt und getötet werden, stehen selbst Weltreiche auf tönernen Füßen und fallen rasch auseinander.

Beispiele: Das alte Rom, das unterworfenen Völkerschaften zeitweise Rechte zugestand und deshalb den eigenen Niedergang aufhielt, das Schicksal des Sowjetreiches im 20. Jahrhundert, das erstaunlich rasch auseinanderfiel, weil es umliegende Völkerschaften nur unterdrückte, die Operationsweise der USA in Bezug auf Deutschland und Japan, die beiden Ländern Hilfe nach dem Zweiten Weltkrieg angedeihen ließ – und das Reich der Azteken, die andere Indianerstämme nur unterdrückten und deshalb rasch besiegt werden konnten.

Axiom

Je abergläubischer eine Gesellschaft/Nation ist, umso leichter kann sie besiegt werden und desto früher verschwindet sie aus der Geschichte.

Beispiele: Die Historie Indiens, die Endphase des Aztekenreiches, die Begegnungen des Kolumbus und des Cortez mit vielen Indianerstämmen, das Schicksal der Aborigines in Australien und so weiter.

Soweit einige neue Axiome. Dennoch ist es grundsätzlich erstaunlich, wie sehr sich die Lehren ähneln, wenn man die Geschichte verschiedener Völkerschaften untersucht.

Steigern wir nun unsere Geschwindigkeit und beobachten wir noch sehr viel mehr Beispiele aus der Geschichte. Untersuchen wir jetzt im Schnelldurchgang das alte Griechenland und das alte Rom.

4. DER UNTERGANG GRIECHENLANDS UND ROMS

Natürlich haben berufene Geister längst den Versuch unternommen, herauszutüfteln, warum beispielsweise das alte Griechenland unterging, das einst die höchste Stufe der Kultur erklommen hatte, innerhalb seines Zeitalters.
Wir kennen nichts Vergleichbares in Richtung Philosophie, Kunst, Wissenschaft, Sport und hundert anderen Disziplinen mehr, was eben dieses begeisternde alte Griechenland angeht. Es hatte seine „Hoch-Zeit" von etwa 800 v. Chr. bis 250 v. Chr. und spielte danach kaum mehr eine Rolle. Warum also ging es unter? Warum sank es zu völliger Bedeutungslosigkeit herab, die in gewissem Sinne bis heute anhält?

Nun, im Prinzip zeigten am Schluss alle drei grundlegenden Regierungsformen Schwächen – die Monarchie, die Aristokratie und die Demokratie. Die *Monarchie* besaß den Nachteil, dass um einen Thron manchmal hundert Bewerber gleichzeitig, meist Feldherren, kämpften. Im verfallenden Griechenland war Gewalt an der Tagesordnung, speziell wenn es darum ging, einen Thron zu ergattern. Die Stadt Athen ist hierfür ein Musterbeispiel. Ein weiterer Nachteil der Monarchie waren die Erbfolgekriege. Selten war die Nachfolge gut geregelt, selten das Haus gut bestellt. Wenn auf dem Thron ein raffgieriger, unintelligenter oder kriegslüsterner Monarch saß, konnte er eine Stadt oder ein Land unvorstellbar rasch in den Untergang führen.
Offensichtlich waren jedoch auch die Nachteile der *Aristokratie.* Wenn eine Clique das Volk aussaugte, scheiterte der Staat oder eine Stadt ebenfalls über kurz oder lang. Vergessen wir nicht: Die Aristokraten in Athen hatten das Volk bereits zur Zeit Solons bis an den Rand einer Revolution getrieben. Vergessen wir weiterhin nicht: Die „Falken", das heißt die Kriegstreiber im Athen des Perikles, waren ebenfalls Aristokraten gewesen! Außerdem hatte die Aristokratie zu oft einer Plutokratie, auf gut deutsch einer Herrschaft der Geldsäcke und Raffzähne, Platz gemacht. Später, in der Untergangsphase, hausten die Aristokratien noch ärger.
Die Aristokratie zerstört sich also selbst, wenn sie nicht ehrlich an dem Wohlergehen aller Bevölkerungsschichten interessiert ist.
Desgleichen hatte die *Demokratie* versagt. Was waren hier die Ursachen? Die Volksversammlung und die ursprünglich ehrenwerten, demokrati-

schen Einrichtungen in Athen gerieten in Vergessenheit, als jeder nur noch seinen eigenen Vorteil suchte. Die Steuern in einigen griechischen Demokratien waren am Schluss so hoch, dass jede Initiative und jeder Arbeitswilligkeit schon im Vorfeld der Garaus gemacht wurde. Es ist ein historisches Gesetz, dass die Demokratie sich schlussendlich selbst zerstört, wenn die Steuern ein vernünftiges Maß übersteigen.

Das führt uns zu einigen bemerkenswerten Schlussfolgerungen:

Wenn den Entartungserscheinungen dieser drei Regierungsformen kein verfassungsmäßiger Riegel vorgeschoben wird, kommen Monarchie, Aristokratie und Demokratie gleichermaßen früher oder später zu Fall. Wenn es also kein Korrekturorgan gibt, funktioniert keine der drei Regierungsformen auf Dauer. Wir müssen unser Augenmerk nicht nur auf die Regierungsform, sondern vor allem auf das ethische Niveau der Regierenden legen.

Kennzeichnend für den Verfall war ferner das gestörte Wirtschaftsleben. Teilweise durch außerpolitische Wirren bedingt, teilweise aufgrund der Entartung der verschiedenen Herrschaftsformen, existierte schlussendlich keine Ordnung mehr, innerhalb dessen Handel und Wirtschaft reibungslos hätten funktionieren können.

Weiter wurden an den Wäldern und dem Boden Raubbau betrieben. Die Entwaldung entwickelte sich zu einem ernsthaften Problem.

Auffallend war schließlich der Verfall der Religion: Die religiösen Legenden waren längst als fromme Lügenmärchen enttarnt worden. Ethik besaß keine Patronage mehr bei den Göttern.

Schließlich verfiel auch die Geschlechtsmoral: Die Knabenliebe war schon immer Bestandteil des griechischen Liebeslebens gewesen. Nun regierte zunehmend die Dirne. Wir kennen ganze Städte in dem sterbenden alten Griechenland, die bekannt waren als Prostituierten-El-Dorados. Als einige herrschende Aristokraten sogar daran gingen, zusätzliche Steuern zu erheben, nur um diese Gelder an ihre Dirnen zu verschwenden, war das der Anfang vom Ende.

Die Moral verfiel, Nackttänze waren an der Tagesordnung. Der Wechsel der Geschlechtspartner wurde offen propagiert und fester Bestandteil des griechischen Lebens. Weiter war die Abtreibung schließlich nicht mehr strafbar. Viele Kinder wurden nach der Geburt ausgesetzt. Dadurch sank die Geburtenrate. Eine Familie wünschte sich schließlich nur noch eine Tochter oder einen Sohn, wobei den Töchtern nicht die gleiche Bedeu-

tung beigemessen wurde wie den Söhnen. Also wurden Töchter oft ausgesetzt und dem Tod überantwortet. Die Kindstötung wurde schließlich als ein legitimes Mittel gegen den Bevölkerungsüberschuss gebilligt.
Ein letzter Punkt, der den Niedergang Griechenlands einläutete, war die Entartung der Spiele: Während die olympischen Sportarten durch und durch konstruktiv waren und das ganze Land begeistert hatten, sanken nun einige Spiele auf tiefstes Niveau. Bemerkenswerterweise waren es zuerst die Boxer, bei denen am Schluss die rohe Kraft mehr zählte als die Geschicklichkeit, die Brutalität mehr als die Geschwindigkeit. Die Griechen wurden zu einer Nation von Zuschauern, die sich auf einmal an maßlosen Brutalitäten ergötzen. Am Schluss eroberte Rom das sterbende Griechenland.
Formulieren wir nun nicht nur zwei *Axiome*, sondern auch einige *Aktionspostulate,* wie man das nennen könnte, sprich Forderungen, die in die Tat umgesetzt werden müssten, wenn man eine negative Entwicklung aufhalten und eine positive Entwicklung einläuten will.

Axiom
Jede Regierungsform (Monarchie, Aristokratie, Demokratie) entartet im Laufe der Zeit. Ohne Korrektiv endet jede Regierungsform und damit jede Zivilisation im Verfall.
Aktionspostulat
Vor Entartungen muss man ein Land verfassungsmäßig schützen.
Aktionspostulat
Von den Regierenden selbst ist immer ein außergewöhnlich hohes ethisches Niveau einzufordern.

Axiom
Zum Verfall einer Zivilisation tragen bei:
Unordnung, ein gestörtes Wirtschaftsleben, vor allem zu hohe Steuern, Raubbau an der Natur, der Verfall der Ethik, Perversionen, Sittenlosigkeit, Ausschweifungen und eine Überbetonung des Sexus sowie rohe, brutale Sportarten
Aktionspostulat
Der Niedergang einer Zivilisation kann aufgehalten werden durch die Förderung der Ordnung, die Förderung der Wirtschaft, niedrige Steuern, den Schutz der Umwelt und Natur, die Förderung wahrer

Ethik, den Schutz der Familie als Institution, den Schutz der Kinder und das Verbot brutaler, roher Sportarten.

Das sind, lapidar formuliert, die Gesetze, die man aus dem Untergang Griechenlands ableiten kann.
Würde man sie auf unsere heutigen Demokratien anwenden, könnte man nichts weniger als eine kleine Revolution begründen und eine vollständig neue Blüte herbeiführen.

WARUM ROM UNTERGING
Wechseln wir in Hochgeschwindigkeit die Zeit und den Schauplatz.
Auch das scheinbar „ewige Rom", das immerhin ein rundes Jahrtausend Bestand hatte (6. Jahrhundert v. Chr. bis 5. Jahrhundert n. Chr.) und Weltmacht No. 1 war, ging eines Tages unter.
Zuvor hatte es höchste Höhen erklommen, weil es in verschiedenen zivilisatorischen Belangen einzigartig war: Rom war allen anderen Völkern einst weit überlegen hinsichtlich seiner politischer Philosophie, es war einzigartig erfindungsreich und fortgeschritten in der Bau-Technik, überlegen, was Transport, Handel und Finanzen anging und es besaß einen Vorsprung in punkto landwirtschaftlichem Know-how. Schließlich war Rom das am weitesten entwickelte Land der Erde in Bezug auf Recht, Gesetz, Ordnung und die Justiz.
Warum also scheiterte die Weltmacht Rom?
Nun, nicht alle Herrscher waren intelligent und integer. Es gab Auswüchse, die abenteuerlich waren, erinnern wir uns nur an Caligula, Nero oder Cäsar, deren Hurerei, Völlerei, Tyrannei und Kriegslust sattsam bekannt sind. Mit anderen Worten, auf der einen Seite begegnen wir auf dem römischen Kaiserthron unglaublichen Tugenden (personifiziert in Trajan, Hadrian und Marc Aurel etwa) und auf der anderen Seite, besonders in der Degenerationsphase, verachtenswerten Figuren. Auf dem Thron saßen schließlich grausame Usurpatoren, mitleidlose Soldatenkaiser sowie Kaiser und Gegenkaiser, die mit dem Schwert um den Thron stritten, kurz: es war ein ständiges Gerangel um die Macht gegeben. Die Monarchie versagte.
Aber war es wirklich die Monarchie, die versagt hatte? Die Auswüchse der Aristokratie sind ebenfalls sattsam bekannt. In keinem historischen Film, der die Zeit des sterbenden Roms behandelt, wird heute darauf ver-

zichtet, die reichen, fetten und faulen Patrizier zu zeichnen, sich räkelnd in prunkvollen Gemächern, aus überladenen Schalen Weintrauben, Fasan und Wildbret fressend, aus goldenen Kelchen sich Wein in die Gurgel schüttend, während sie sich von ihren Sklavinnen und Dirnen verwöhnen lassen. Der Müßiggang, möglicherweise die größte Gefahr für die Aristokratie, brachte Rom ebenfalls an den Rand des Abgrunds. Aber auch die Demokratie hatte versagt. In der Zeit von 77 bis 60 v. Chr. etwa kennen wir den ständigen Kampf zwischen den *Optimates* (Optimates, wörtl. = zu den Besten gehörig, die Aristokraten kurz gesagt) und den *Populares.* (Populares = in gewissem Sinne die Vertreter der Demokratie, die Vertreter der Rechte des Volkes) Die Populares forderten freie Bahn den Tüchtigen, alle Macht der Volksversammlung und freies Land für die Veteranen und Armen. Die Optimates dagegen glaubten, dass hohe Ämter nur durch Adlige bekleidet werden könnten oder durch Söhne von Familien, deren Vorfahren bereits hohe Ämter bekleidet hatten. Beide Parteien strebten ganz offen nach der Diktatur und bedienten sich ohne Gewissensbisse der unglaublichsten Einschüchterungsmethoden sowie der Korruption. Stimmen wurden auf dem Markt gekauft, ja es gab sogar eine regelrechte Arbeitsteilung beim Stimmenkauf. Kandidaten gingen, den Geldbeutel in der Hand, auf öffentlichen Plätzen von Wähler zu Wähler. Manchmal wurden Stimmen sogar en gros eingekauft. Ganze Wählergruppen wurden bestochen, deren Führern man vorher ein erkleckliches Sümmchen ausgehändigt hatte.

Mehr und mehr flohen die Besten und die Tüchtigsten aus den Ämtern. Zeitweilig wurden sie per Gesetz in Ämter gezwungen, um für den Staat zu arbeiten. Aber niemand konnte oder wollte sich mehr mit dem Staat identifizieren. Eine Flucht aus politischen Ämtern setzte ein! Menschen flohen aus den Städten, um Bauern oder Mönche zu werden. Das Image des Staates war auf dem Tiefpunkt angelangt. Das Wort *Pflichterfüllung* konnte niemandem mehr plausibel gemacht werden, da in den obersten Etagen Faulheit und Bestechung regierten und alles nach dem geldwerten Vorteil abgewogen wurde. Das Image des Staatswesens war schlussendlich vollständig zerstört, mit dem Staat war kein Staat mehr zu machen.

Die zahlreichen Kriege waren ein weiterer Grund für den Niedergang Roms. Gleichzeitig degenerierte das römische Heerwesen. Wir wissen, dass schon Marc Aurel für seine Heere Söldner, Gladiatoren, Verbrecher und Sklaven hatte anwerben müssen. Ein Heer aber, das nur durch Geld motiviert wird, ist leicht zu besiegen. Allein die Existenz von Söldnerheeren war jedenfalls ein weiteres Indiz für den Niedergang Roms. Aber davon abgesehen führen Kriege praktisch nie zum Sieg, selbst wenn sie gewonnen werden. Jeder Krieg schuf aufs Neue böses Blut. Jeder Krieg kostete Tausenden, Zehntausenden das Leben und verschlang Unsummen von Geld, selbst wenn das Geld durch Tributzahlungen kurzfristig wieder hereingeholt werden konnte. Aber die Besiegten empfanden stets einen unendlichen Hass gegen die Eroberer. Sklaven und Sklavinnen wurden von den Römern hinweggeführt und manchmal der gesamte Adel grausam ausgerottet. Das Land blieb verwüstet zurück und als Zugabe füllten sich nach den guten Kaisern viele Provinzstatthalter wieder das Geldsäckchen. Die Ausbeutung der Provinzen, die unter Kaisern wie Augustus und Hadrian praktisch beendet worden war, wurde von unfähigen Nachfolgern wieder fortgesetzt. In dem Maße, wie Rom sich für den Mittelpunkt der Welt hielt und alles andere um sich herum nur als „Blutspender“ betrachtete, starb das Reich. Dieses Denken führte zu einem „politischen Vampirismus“ (Durant), der nur in Aufstand und Revolution enden konnte. Eine Staatsführung, die nicht wirklich für alle Glieder und alle Teile Verantwortung übernimmt, schaufelt sich früher oder später ihr eigenes Grab. Rom, das im Grunde genommen ein durch Kriege zusammengestohlenes Reich war, zerfiel, als es einen Machtbereich aufrechtzuerhalten suchte, der weit über seine Kraft hinausging. Unter militärischen Gesichtspunkten könnte man von einer strategischen Überdehnung sprechen, aber man kommt der Wahrheit näher, wenn man sieht, dass Rom nicht weiterexistieren konnte, weil die Sünden der Vergangenheit und Gegenwart dieses riesige Reich auffraßen.

Darüber hinaus gibt es wirtschaftliche Gründe, warum Rom schlussendlich scheiterte. An erster Stelle sind die hohen Steuern zu nennen. Kein Herrscher nach Hadrian und Marc Aurel war intelligent genug, niedrige Steuern zu verlangen. Die meisten Gelder wurden überdies in Kriegen verschwendet, die durch die Söldnerheere immer teurer wurden. Außerdem verwandelte sich Rom mehr und mehr in einen Wohlfahrtsstaat. Während kluge Herrscher der Armut durch Arbeit entgegengesteuert hatten, waren die Kaiser am Schluss töricht genug, blind Getreide unter das Volk zu werfen, um den Pöbel zu beruhigen. Brot und Spiele wurden zum Nulltarif verlangt. Daneben gab es nach den guten Kaisern erneut eine überwuchernde Bürokratie und einen schmarotzenden Hof, der Unsummen verschlang. Geld wurde an allen Ecken und Enden verschwendet, die Tugend der Sparsamkeit geriet in Vergessenheit. Dafür erhöhte man weiter die Steuern und geriet damit in einen teuflischen Kreislauf. Die erdrückenden Steuern lähmten den Handel, die Industrie und die Gewerbetreibenden. Wir wissen, dass sogar die Sklavenmärkte schließlich kollabierten. Das Verkehrswesen sank auf ein niedrigeres Niveau und durch die mangelnde Ordnung hielt wiederum Rechtsunsicherheit Einzug. All das waren die Folgen der zu hohen Steuern. Während die hart arbeitende Mittelklasse unendlich hoch besteuert wurde, schmarotzten der Adel und der Hof fröhlich, was den Hass schürte. Kaiser Diokletian schließlich setzte dem Ganzen die Krone auf, als er Gewerbetreibende durch ein Zwangskorsett staatlicher Verordnungen so einschnürte, dass die Wirtschaft zeitweilig fast erlahmte. Schließlich war die Anzahl der Sklavenaufstände im sterbenden Rom legendär; die Sklaven fühlten sich ausgebeutet und wollten ungerechten und selbstgerechten Herren nicht länger dienen. Gewöhnlich wurden die Aufstände brutal und grausam niedergeschlagen. Damit hatte man im Prinzip jede Zukunft verspielt.

Ein weiterer Indikator für den Niedergang Roms war der Raubbau an der Natur. Tatsächlich trugen Entwaldungen, Erosionen und ein verantwortungsloser Umgang mit Feld, Wald und Wiesen in Mittel- und Süditalien dazu bei, große Gebiete unfruchtbar zu machen, was ebenso auf Kosten der Bauern wie der Natur ging.

Spätestens seit Hadrian war überdies ein erheblicher Bevölkerungsrückgang festzustellen. Auf der anderen Seite drangen Barbaren in das Reich, die zum Teil durch intelligente Herrscher wie Marc Aurel in das Volk integriert wurden. Aber das römische Volk selbst starb gewissermaßen aus. Der Grund dafür war eine neue Einstellung zur Familie. Abtreibungen und Scheidungen waren an der Tagesordnung. Die Ehe wurde nicht mehr geachtet, Geburtenbeschränkungen und Kindesaussetzungen, wiewohl nicht legal, akzeptierte man schließlich. Sexuelle Ausschweifungen, Ehelosigkeit und Promiskuität kennzeichneten die Sitten. Die Zahl der Eunuchen in Rom nahm ständig zu. Die Empfängnisverhütungen und die Kindestötungen führten zu einem empfindlichen Rückgang der Bevölkerung.

Wenn man die Gründe für den Verfall Roms noch weiter zu abstrahieren sucht, so ergibt sich folgendes Bild: *Mangelnde Ethik* war der Hauptfaktor für den Verfall dieses Riesenreiches, ob auf dem Gebiet der Regierung, der Natur oder der Familie.

Der legendäre englische Historiker Edward Gibbon (1737–1794) trug nebenbei bemerkt schon vor rund 200 Jahren (!) die Gründe für den Untergang des Römischen Weltreiches zusammen, so sorgfältig wie kein zweiter. Er verwies unter anderem auf die unintelligenten Regierungen verschiedener Cäsaren, den „Despotismus der Soldaten", die Teilung in ein Ost- und Weströmisches Reich, die Angriffe der „Barbaren", der Germanen und das Erstarken des Islam. Auch auf die zersetzenden Gefahren des Christentums machte er aufmerksam, das die alte Religion stürzte und am Schluss eine Priesterherrschaft errichtete.
Als Gibbon auf das Christentum deutete, erhob sich zu seiner Zeit ein Sturm der Entrüstung; denn wie konnte, wie durfte man das Christentum für den Untergang Roms verantwortlich machen?![1]
Aber die Analyse war natürlich korrekt, denn speziell als die Päpste in weltliche Belange eingriffen, minderten sie die Macht der Herrscher empfindlich. Auch das führte zum Fall Roms.

Der zweite Hauptfaktor waren *fehlende Richtlinien* und mangelndes politisches Know-how, das bestimmte Entgleisungen hätte verhindern können. Im Übrigen gilt für Rom, was auch für Griechenland wahr ist: Es wurde nicht von außen zerstört, nicht durch den Einfall der Barbaren, sondern letztlich durch sich selbst. Auch Gibbon konstatierte, dass es nicht die von außen hereindringenden Völkerschaften, sprich nicht allein die Germanen waren, die Rom zu Fall brachten. Das Römische Reich war längst von innen morbide und faul, bevor es überhaupt in die Hände der Feinde fallen konnte.
Rom zerstörte sich selbst.
Die beiden Axiome, die wir im Falle Roms etablieren können, ähneln in erstaunlicher Weise unseren bereits etablierten Lehren. Wiederholen wir sie noch einmal:

Axiom
Jede Regierungsform (Monarchie, Aristokratie, Demokratie) entartet im Laufe der Zeit. Ohne Korrektiv endet jede Regierungsform und damit jede Zivilisation im Verfall.

Aktionspostulat
Vor Entartungen muss man ein Land verfassungsmäßig schützen.
Aktionspostulat
Von den Regierenden selbst ist immer ein außergewöhnlich hohes ethisches Niveau einzufordern.

Axiom
Zum Verfall einer Zivilisation tragen bei:
Unordnung, ein gestörtes Wirtschaftsleben, vor allem zu hohe Steuern, Raubbau an der Natur, der Verfall der Ethik, Perversionen, Sittenlosigkeit, Ausschweifungen und eine Überbetonung des Sexus sowie rohe, brutale Sportarten
Aktionspostulat
Der Niedergang einer Zivilisation kann aufgehalten werden durch die Förderung der Ordnung, die Förderung der Wirtschaft, niedrige Steuern, den Schutz der Umwelt und Natur, die Förderung wahrer Ethik, den Schutz der Familie als Institution, den Schutz der Kinder und das Verbot brutaler, roher Sportarten.

Auch rohe Sportarten existierten im alten Rom, man denke nur an die unmenschlichen Schlächtereien im Kolosseum.
Hinzuzufügen ist lediglich, dass besonders die zahlreichen Kriege und die strategische Überdehnungen zu dem Fall des Riesenreiches beitrugen. Weiter muss der Staat *sparen*, man darf den „Wohlfahrtsstaat" nicht ausufern lassen und darf Bürger nicht daran gewöhnen, für Nichts Etwas zu bekommen.
Menschenrechte müssen großgeschrieben werden, selbst Sklaven gegenüber, obwohl Sklaven per se eigentlich schon ein Unrecht darstellen.
Aber auch diese Erkenntnisse ähneln nur unseren Einsichten aus früheren Kapiteln.
Soweit, so gut! Unternehmen wir jetzt das spannende Experiment, 100 (einhundert!) Nationen, Länder, Reiche und Weltreiche unter die Lupe zu nehmen, aber in höchst komprimierter Form und in Ultraschall-Geschwindigkeit. Das heißt, erweitern wir unser Gesichtsfeld noch einmal um ein Vielfaches.
Was lehrt uns in diesem Fall die Historie?

5. ERGEBNISSE, DIE DIE WELT VERÄNDERN KÖNNTEN

Stellen Sie sich vor, man untersucht tatsächlich hundert Perioden der Geschichte, um ohne Wenn und Aber zu etablieren, was die Gründe für den Aufstieg und die Ursachen für den Verfall einer Nation oder eines Landes sind!

Danach leitet man „Aktionspostulate“ oder politische Richtlinien ab, so dass man in der Folge theoretisch den Verfall eines Landes, *jedes* Landes, aufhalten und einen Aufschwung herbeiführen kann.

Stellen Sie sich in diesem Sinne vor, man würde nicht nur Indien und Ägypten, die Maya und die Azteken, das alte Rom und das alte Griechenland untersuchen, sondern darüber hinaus Babylonien, Phönizien, Israel, das alte China, das moderne China, die Niederlande, vor allem die holländische Handelsaristokratie, die Handelsmacht Venedig, die norddeutsche Hanse, La Grande Nation: Frankreich, sogar das Papsttum in den verschiedenen Jahrhunderten, ganz Deutschland in seinen mehr als dreißig Phasen, die Engländer, Persien, Arabien, die Türkei, Russland, Dänemark, Schweden, Spanien, Portugal, Österreich, die USA, also eine der erfolgreichsten Nationen der Welt, die intelligenten Schweizer, das Phänomen Japan im ausgehenden 20. Jahrhundert und so weiter und so fort, ja selbst Neuseeland, Australien, Italien heute, die Iren und verschiedene Länder Südamerikas – zumindest im Ansatz.

Das Ergebnis wäre mehr als lohnend, ja es wäre begeisternd!

Nun, hier eine enorm gute Nachricht: Genau dieses Experiment haben wir bereits unternommen. Die Ergebnisse wurden in dem Buch „Die Kunst des Regierens“[1] publiziert, aber auf eine besondere Art: Die Gründe für den Aufstieg von fünfzig Ländern wurde in einer *einzigen* Übersichts-Karte zusammengefasst, sie wurden außerdem in Bezug auf relative Wichtigkeiten ausgewertet: Sprich es wurde auch die Frage beantwortet, was Prinzip Nr. 1 und also das wichtigste Prinzip ist, was Prinzip Nr. 2 und also das zweitwichtigste Prinzip darstellt und so weiter ist.

Dieses Experiment, die Sichtung dieser Fülle von Daten, nahm mehrere Jahre in Anspruch, während die Verfeinerung zwei weitere Jahrzehnte lang fortgeführt wurde.

Wir können also inzwischen alle Gründe für den Aufstieg vieler Nationen, Länder und Mächte in einem einzigen „Axiom“ zusammenfassen.

Damit verfügen wir endlich, endlich über einen festen Punkt im All, der es uns gestattet, einen Staat, ja *jeden* Staat, ohne Wenn nach „oben" zu führen – sofern uns daran gelegen ist.
Keine kleine Perspektive!
Wiederholen wir: Insgesamt wurden zunächst 50 Perioden der Geschichte untersucht, danach weitere 50 Zeiten und Länder, um vernünftige Prinzipien der Regierungskunst zu etablieren. Die Historie selbst wurde also befragt, es wurden vor allem blühende Zeiten ins Visier genommen, um herauszufinden, welche Aktionen richtig sind.
In diesem Zusammenhang ist es absolut erstaunlich, dass bestimmte Prinzipien zu allen Zeiten und auf verschiedenen Kontinenten *immer wieder* anzutreffen sind. Vernünftige politische Aktionen ähneln sich während der verschiedensten Perioden!
Was also lehrt uns die Geschichte, wenn wir nach funktionierenden Prinzipien politischer Regierungskunst fahnden?
Das Axiom, in einem einzigen Satz zusammengefasst, lautet:
Will man einen Staat zur Blüte führen, sind die wichtigsten Aktionen in der Reihenfolge ihrer Bedeutung

1. **die intensivste Förderung der Wirtschaft,**
2. **der Kampf für Gerechtigkeit,**
3. **kontinuierliche Friedensbemühungen und die Vermeidung des Krieges mit allen Mitteln,**
4. **die Etablierung einer Administration der Spitzenklasse,**
5. **die Verteidigung der Freiheit an allen Fronten,**
6. **die Förderung der Wissenschaften,**
7. **der Künste und**
8. **der Ausbildung,**
9. **der Schutz der Tier- und Pflanzenwelt und**
10. **die Betonung der Viel-Arbeit.**

Natürlich muss man die einzelnen Forderungen weiter ausdifferenzieren.
In diesem Fall gelangen wir nicht nur zu zehn „Prinzipien", sondern zu einer ganzen Anzahl von „Richtlinien"/Aktionspostulaten, die sich im Überblick so ausnehmen:

WIE MAN EINEN STAAT ZUR BLÜTE FÜHRT

PRINZIP NR. 1: INTENSIVSTE FÖRDERUNG DER WIRTSCHAFT

Richtlinie Nr. 1:	Niedrige Steuern
Richtlinie Nr. 2:	Ein geordnetes, gesundes Finanzwesen
Richtlinie Nr. 3:	Außerordentliche Förderung aller Produzierenden
Richtlinie Nr. 4:	Außerordentliche Förderung der Kaufleute und Händler
Richtlinie Nr. 5:	Förderung und Integration aller gesellschaftlich wichtigen Gruppen
Richtlinie Nr. 6:	Kein ausufernder Wohlfahrtsstaat
Richtlinie Nr. 7:	Konsequente Etablierung und Förderung von Handelswegen
Richtlinie Nr. 8:	Verhinderung von Monopolen
Richtlinie Nr. 9:	Handelsethik
Richtlinie Nr. 10:	Liberalität

PRINZIP NR. 2: GERECHTIGKEIT

Richtlinie Nr. 1:	Milde
Richtlinie Nr. 2:	Gleichheit
Richtlinie Nr. 3:	Kampf gegen echte Kriminalität
Richtlinie Nr. 4:	Menschenrechte

PRINZIP NR. 3: INTENSIVSTE BEMÜHUNG UM FRIEDEN bzw. VERMEIDUNG VON KRIEG MIT ALLEN MITELN

PRINZIP NR. 4: ADMINISTRATION DER SPITZENKLASSE

Richtlinie Nr. 1:	Fähige und hochethische Beamte
Richtlinie Nr. 2:	Keine Aufblähung des Beamtenapparates

PRINZIP NR. 5: FREIHEIT

Richtlinie Nr. 1:	Freiheit des Wortes
Richtlinie Nr. 2:	Handelsfreiheit, Berufsfreiheit, Freiheit des Wohnortes, die anderen Freiheiten
Richtlinie Nr. 3:	Freiheit der Religion

PRINZIP NR. 6: FÖRDERUNG DER KÜNSTE

PRINZIP NR. 7: FÖRDERUNG DER WISSENSCHAFTEN

PRINZIP NR. 8: FÖRDERUNG DER AUSBILDUNG

PRINZIP NR. 9::SCHUTZ DER TIER- UND PFLANZENWELT

PRINZIP NR. 10: VIEL-ARBEIT

Untersuchen wir nun die einzelnen Aktionspostulate noch etwas genauer:
Stellt man die *Häufigkeit* der einzelnen Erfolgsprinzipien in Rechnung, die in blühenden Zeiten immer wieder beobachtet werden können, so kommt man zu einem überraschenden Ergebnis: Wenn man einen blühenden Staat schaffen will, besteht die erste und wichtigste Aufgabe eines Politikers darin, für das Gedeihen der *Wirtschaft* Sorge zu tragen. Das ist jedenfalls die häufigste Antwort aus der Geschichte; in 50 untersuchten Perioden begegnet sie uns 34 mal!
Die Historie selbst hat damit ein Ergebnis festgeschrieben, das so eindeutig ist, dass man es nicht ignorieren kann. Noch einmal: die intensivste Förderung der Wirtschaft ist am bedeutsamsten für ein Staatwesen.

Die blühende, phantastische griechische Insel Rhodos vor rund 2.100 Jahren kann hierfür in den Zeugenstand gerufen werden, ebenso das erstaunliche Venedig im 9. und 10. Jahrhundert. Weiteres Anschauungsmaterial bietet der phänomenale Aufstieg der Bundesrepublik Deutschland nach 1945, die Schweiz in vielen Phasen und die USA nach der Unabhängigkeitserklärung. Die gesamte Geschichte ist voll von völlig eindeutigen Beweisen, ob wir uns die alten, hoch intelligenten Phönizier vor Augen halten, das begabte Händlervolk oder England im 19. Jahrhundert auf der Höhe seiner Macht. Einige Handelsaristokratien hatten sich das Primat der *Wirtschaft* ebenfalls auf ihre Fahnen geschrieben, sie hatten sich offen zum Handel, zum Geld und zum Profit bekannt – und konnten deshalb in unglaublich kurzer Zeit zu einflussreichen, blühenden Staaten aufsteigen.
Als Beleg für dieses erste Prinzip dient uns auch die unglaubliche Verquickung von Wirtschaft und Politik im heutigen Japan, wo systematisch neue

Märkte recherchiert und in Augenschein genommen werden (durch Politiker!), wo ständig in die Entwicklung neuer Technologie investiert wird, wo dem Tod geweihte Industrien nicht gestützt werden, aber neue gefördert und geschützt, wo neue Erfindungen, die sich wirtschaftlich auszahlen, vorangetrieben werden und so wenig wie möglich die Wirtschaft durch Vorschriften gegängelt wird.
Ist die intensivste Förderung der Wirtschaft Faktor Nr. 1 für das Blühen und Gedeihen eines Staates, so muss man sich fragen, *wie* man Wirtschaft am intelligentesten fördert. Auch hier gab es erstaunlicherweise immer wiederkehrende, gleichartige „Unterprinzipien", wie man das nennen könnte, oder besser gesagt bestimmte *Richtlinien,* die zu allen möglichen Zeiten kultiviert wurden. Wir konnten zehn Richtlinien ausmachen, die Wirtschaft betreffend, die uns auf Schritt und Tritt immer wieder begegneten und die eine blühende Wirtschaft etablieren und garantieren helfen

Richtlinie Nr. 1: Niedrige Steuern
Es ist absolut frappierend, dass in den blühenden Staaten von gestern und vorgestern Steuern stets aufgehoben, heruntergesetzt oder niedriggehalten wurden. Umgekehrt gilt der Kehrschluss: Wenn man einen Staat in den Bankrott treiben will, braucht man lediglich die Steuern zu erhöhen. Insgesamt wurden in 50 Perioden explizit 17 mal *niedrige Steuern* ausdrücklich als Erfolgs-Richtlinie erwähnt.
Ein Musterbeispiel hierfür bietet der römische Imperator Augustus, der die Steuern niedrig hielt, ja die Steuern sogar herabsetzte, je nach den wirtschaftlichen Gegebenheiten; ihm ist es zu verdanken, dass auch in den römischen Provinzen eine maßvolle Besteuerung eingeführt wurde. Er holte zuerst Informationen ein, in welchem *Zustand* sich eine Provinz befand, *bevor* er einen Entscheid über die Steuerhöhe fällte! Ein weiteres Beispiel bietet der römische Kaiser Hadrian, der Missstände in der Steuereintreibung abschaffte und der trotz gesunkener Steuern gestiegene Einnahmen verbuchen konnte.

Richtlinie Nr. 2: Ein geordnetes, gesundes Finanzwesen
Immer wieder begegnet uns in blühenden Staaten außerdem ein geordnetes, gesundes Finanzwesen. Was gehört dazu? Nun: Höchste Sparsamkeit der Regierung und keine Schuldenmacherei. Im Altertum gehörten weiter dazu Münzprägungsstätten, die ehrlich operierten mit gerechten

Gewichten, in der Neuzeit keine oder eine geringe Inflation, die wir momentan nur in der Schweiz beobachten können. Die Stabilität der Währung ist also von Bedeutung.

Richtlinie Nr. 3: Außerordentliche Förderung aller Produzierenden
Im Altertum und Mittelalter zählten zu den „Produzierenden" in erster Linie die Handwerker, die Bauern und die Manufakturen. In der Neuzeit sind es vornehmlich der Mittelstand, die Unternehmen und die Industrien.

Richtlinie Nr. 4: Außerordentliche Förderung der Kaufleute und Händler
Im alten Venedig rückte der Kaufmann in höchste politische Ämter auf. Aber auch die Geschichte Hollands sowie vieler anderer Blütezeiten beweisen, dass die extreme Förderung des Handels ein wichtiger Grund für den Erfolg des Staates ist.

Richtlinie Nr. 5: Förderung und Integration aller gesellschaftlich wichtigen Gruppen
Intelligente Staatslenker, heißen sie nun Monarchen, Aristokraten oder Demokraten, verstanden es immer, *alle* Schichten zu integrieren, *alle* zur Arbeit, zur Mitarbeit, zu motivieren, jeden einzubinden und niemanden auszuschließen. Nicht selten waren es die Bauern, die gefördert werden mussten, manchmal sogar die Sklaven.
Ein Beispiel bietet erneut der kluge Augustus, dem der Streich gelang, den Geldadel zu gewinnen und zu motivieren, indem er es ihm ermöglichte, in den Senat aufzusteigen. Aus freigelassenen Sklaven rekrutierte er sogar seine Verwalter!
Perikles engagierte sich sogar in regelrechten Arbeitsbeschaffungsmaßnahmen, was die Politik der Umsiedlung, Neusiedlung und die Erstellung vieler Bauten einschloss.
Ein guter Regierungschef sorgt für *alle.*

Richtlinie Nr. 6: Kein ausufernder Wohlfahrtsstaat
Es ist erstaunlich, dass in den wirklichen Blütezeiten der Geschichte die Schaffung eines ausufernden Wohlfahrtsstaates stets vermieden wurde.
Ein Beispiel bietet erneut Perikles, der wie kein anderer für Arbeit und Brot sorgte, aber es strikt ablehnte, unverdient Geld oder Getreide unter

das Volk auszustreuen! Auch Augustus war gegen den Wohlfahrtsstaat, wiewohl seine Milde und Gerechtigkeit legendär sind.
In US-Amerika sorgten die Gründungsväter im 18. Jahrhundert ebenfalls dafür, dass der Wohlfahrtsstaat nicht ausufern konnte; diese Richtlinie wurde später verletzt, wodurch ein ungeheurer Schuldenturm entstand. Auf der anderen Seite ist es ein Fehler, wie Geschichte immer wieder beweist, wenn das Volk oder Teile des Volkes (Arbeiter, Bauern) schamlos ausgebeutet und ausgenutzt wird/ werden. Der „Raubtier-Kapitalismus" funktioniert genau so wenig wie der ausufernde Wohlfahrtsstaat oder gar der Kommunismus, der gewöhnlich nichts als ein Super-Kapitalismus ist, obwohl er vorgibt, etwas anderes zu sein.

Richtlinie Nr. 7: Konsequente Etablierung und Förderung von Handelswegen

Immer wieder erfahren wir, dass in den blühenden Zeiten des Altertums, des Mittelalters und der Neuzeit die Verkehrswege ausgebaut, dass Straßen, Wege, Häfen, Brücken und Kanäle gebaut wurden, um Handel zu ermöglichen. Später waren es die Eisenbahn, die Autobahnen, die Flugzeuge und die Telekommunikation, die in großem und größtem Stil in den modernen Ländern etabliert wurden. Im Altertum und im Mittelalter wurden in blühenden Zeiten Hindernisse für die Handelskommunikation systematisch aus dem Wege geräumt (zu hohe Zölle oder überhaupt Zölle etwa). Heute müsste man *niedrige Gebühren* für „Handelswege" (Telefon, Telefax, Internet usw.) fordern, wenn man dieses Prinzip in der Gegenwart fortschreiben wollte.

Richtlinie Nr. 8: Verhinderung von Monopolen

Schon im Altertum wurde gegen Monopole und gegen die Anhäufung von Reichtum um seiner selbst willen mobil gemacht, aber auch im Mittelalter und erst recht in der Neuzeit.
Ein Beispiel bietet im 18. Jahrhundert Karl III. von Spanien, der Industrie- und Handelsmonopole in der Wirtschaft aufhob, damit *alle* in den Genuss von Gewinnen kommen konnten. Auch Katharina die Große von Russland traf entsprechende Entscheidungen. Das Ergebnis war in beiden Fällen ein Aufschwung.

Richtlinie Nr. 9: Handelsethik

Der gute Ruf der Schweiz heute oder ehemals der Holländer oder der griechischen Insel Rhodos beruht(e) auf seiner Seriosität, seiner *Handelsethik.* Zuverlässigkeit, Sicherheit und Vertrauen waren Grundvoraussetzungen des Erfolgs. Umgekehrt könnte man den Kampf gegen Seeräuber oder gegen unlautere Gebaren im Handel ebenfalls als Teilgebiet der *Handelsethik* darstellen, genauso wie die Tatsache gerechter Seegesetze etwa. Handelsethik ist jedenfalls ein weiteres Erfolgsgesetz, das man in der Geschichte aufspüren kann.

Richtlinie Nr. 10: Liberalität

Das liberale Element in der Wirtschaft ist ebenfalls von Bedeutung. Je freier die Produzierenden und die Kaufleute sich bewegen durften, je weniger sie eingeschränkt wurden und neidisch auf ihren Profit waren, um so besser florierte die Wirtschaft. Je engmaschiger die Kontrollen, je umständlicher die Behördenwege, je kleinkarierter die Denkweise, um so nachteiliger war dies hingegen für den gesamten Staat in letzter Konsequenz! Erst die Luft der Freiheit erlaubt Prosperität.

PRINZIP NR. 2: GERECHTIGKEIT

Es ist faszinierend, dass an zweiter Stelle der Faktor *Gerechtigkeit* steht, wenn man blühende Staaten untersucht. In unseren untersuchten 50 Perioden wurde 30 mal darauf hingewiesen! Dabei gehen *Law and Order* offenbar Hand in Hand.

Anschauungsmaterial hierfür bieten Perikles, Augustus, Salomon und viele andere Herrscher, deren Gerechtigkeitssinn geradezu sprichwörtlich war. Auch die ganzen „Gerechtigkeiten“, die mit der *Magna Charta* in England Einzug hielten, illustrieren dieses Prinzip. Gerechtigkeit beinhaltet gerechte Gesetze, eine gerechte Rechtsprechung und/oder eine Verbesserung beziehungsweise Kodifizierung bestehenden Rechts.

Es ist weiter erstaunlich, wie viele gute Herrscher beziehungsweise erste Männer des Staates zur *Milde* neigten. Immer wieder lesen wir, dass barbarische, drakonische Strafen ganz abgeschafft oder gemildert wurden – sei es die Folter durch Joseph II. von Österreich oder durch Katharina von Russland oder die barbarischen Strafen im alten China.

Weiter werden in Blütezeiten die *Menschenrechte* stärker favorisiert als in Zeiten der Unterdrückung und des Niedergangs.

Immer wieder begegnen wir in den Blütezeiten der Geschichte trotzdem dem unnachgiebigen Kampf gegen die Korruption, dem Kampf gegen Schwerverbrechen, gegen Seeräuber und Räuber etwa und gegen echte Kriminalität. Während in Zeiten des Niedergangs der Räuber und Mörder ungeschoren davonkommt, wird in Zeiten der Blüte dafür gesorgt, dass er an seinem Tun gehindert wird. Überhasteten Urteilsfindungen ist man gewöhnlich abgeneigt, aber man toleriert *keine Schwerkriminalität.* Bemerkenswert ist ferner der ständig wiederkehrende Grundsatz der *Gleichheit.* Im Altertum ist er weniger ersichtlich, aber unter guten Herrschern wurde selbst das Los der Sklaven zumindest erleichtert. In der Neuzeit, spätestens seit der Französischen Revolution, ist der Gedanke der grundsätzlichen juristischen Chancengleichheit mehr oder weniger etabliertes Gedankengut zivilisierter Völker. Oft richtete sich der Grundsatz der Gleichheit gegen die Aristokraten oder eine schmarotzende Oberschicht. Gleichheit bedeutete auch grundsätzlich Gleichbehandlung, unabhängig von Religion, Rasse oder Sprache.

PRINZIP NR. 3: INTENSIVSTE BEMÜHUNGEN UM DEN FRIEDEN BEZIEHUNGSWEISE VERMEIDUNG VON KRIEG MIT ALLEN MITTELN

In echten Blütezeiten der Geschichte finden wir eine erstaunliche Anzahl friedvoller Zeiten. 27 mal ist Frieden als ausgesprochener Erfolgsfaktor in unseren 50 Perioden feststellbar. Ganz erstaunlich ist, dass Frieden selten als gottgegebener Umstand betrachtet wurde; intelligente Staatslenker führten Frieden im Gegenteil aktiv herbei. Es existiert offenbar eine regelrechte Technologie, WIE man Frieden schafft oder aufrechterhält. Frieden kann man in diesem Sinne herbeiführen durch Heiratspolitik, durch intensive und extensive Kommunikation mit den Nachbarstaaten, durch wirtschaftliche Hilfeleistungen und wirtschaftliche Verquickungen oder durch eine geschickte Bündnispolitik.

Die Gretchenfrage lautet natürlich, ob eine Armee prinzipiell notwendig ist oder nicht. Die Geschichte lehrt folgendes: Eine schwache Armee (wie unter dem römischen Kaiser Marc Aurel) kann dazu verführen, dass ein kriegerisches Nachbarvolk über das eigene Land herfällt und es versklavt. Das Fehlen einer Armee kann offenbar nur durch eine äußerst geschickte Bündnispolitik und enge wirtschaftliche Verflechtungen mit den Nachbarn ausbalanciert werden. Auf der anderen Seite kann die schiere

Existenz einer Armee dazu verführen, in einen Krieg einzutreten. Selten haben Staaten, die über starke Armeen verfügten, darauf verzichtet, sie zum Einsatz zu bringen. Gewöhnlich schaukeln sich wechselseitige Bedrohungen so lange hoch, bis es zum Ausbruch des Krieges kommt. Friedensfürsten in der Geschichte waren die ägyptische Pharaonin Hatschepsut, der indische König Aschoka und der biblische König Salomon.

PRINZIP NR. 4: ADMINISTRATION DER SPITZENKLASSE

Innerhalb von 50 untersuchten Blütezeiten legten Historiker 25 mal Wert darauf, festzuhalten, dass eine Spitzenadministration von Bedeutung ist, wenn man einen Staat nach „oben“ führen will. Es ist unglaublich, wie oft Vokabeln wie „effiziente Bürokratie“, „Ordnung“ und so fort von Geschichtswissenschaftlern bemüht wurden, wenn sie versuchten, Blütezeiten auf den Grund zu gehen.

Einer ausnehmend guten Administration begegnen wir im alten China ebenso wie im alten Rom, wir begegnen ihr bei Augustus und bei Hadrian. Wir begegnen ihr bei den Arabern in einigen Kalifaten und erst recht bei den Engländern, besonders ab dem 18. Jahrhundert. Alle großen Politiker sind sich der Bedeutung der Bürokratie bewusst. Für viele Staatenlenker waren die beiden ausschlaggebenden Kriterien bei der Wahl von Spitzenbeamten *Fähigkeit* kombiniert mit *Ethik!* In den Zeugenstand können wir dafür T'ai-Tsung rufen, den großen chinesischen Kaiser.

Richtig ist indes auch, dass gute Staatenlenker mutig genug waren, aufgeblähte Beamtenapparate wieder auf das rechte Maß zurechtzustutzen. Wir kennen Beispiele, da Beamte einen Staat zerstörten, weil sie mehr behinderten als förderten und sozusagen eine eigene Kaste geschaffen hatten, die sich selbst ständig weiter potenzierte.

PRINZIR NR. 5: FREIHEIT

Nur der Freiheitsgedanke führt zu echten Blüten. Freiheit beflügelt Philosophen, stimuliert Künstler und Wissenschaftler und spornt Kaufleute und Händler an. Wenn der Wind der Freiheit durch die Straßen weht, kann man sicher sein, dass ein Land aufblüht.

Zu Freiheit gehört *die Freiheit des Wortes, die Handelsfreiheit, die Berufsfreiheit, die Freiheit des Wohnortes, die wirtschaftliche Freiheit und die Freiheit in allen Fragen rund um die Religion.*

In zahlreichen Blütezeiten war religiöse Toleranz gegeben. Die Religionsfreiheit wurde vom Altertum bis zur Gegenwart besungen! Beispiele hierfür sind der indische Herrscher Akbar, der chinesische Kaiser T'ai Tsung, der Franzosenkönig Heinrich IV., Friedrich Wilhelm von Preußen, die klugen Schweizer und die gescheiten US-Amerikaner.

PRINZIP NR: 6: FÖRDERUNG DER KÜNSTE

In 50 Perioden können wir immerhin 22 mal feststellen, dass vorbildliche Staatenlenker die Künste fördern. Darunter fallen die Malerei, die Schriftstellerei, die Musik einschließlich Oper und Ballett, die Architektur und alle anderen Künste.

PRINZIP NR: 7: FÖRDERUNG DER WISSENSCHAFTEN

Ähnliches kann man von den Wissenschaften behaupten. Das heißt 18 mal begegnen wir der Förderung der Wissenschaften innerhalb unserer 50 Perioden.

PRINZIP NR. 8: FÖRDERUNG DER AUSBILDUNG

Oft begegnen wir dem Faktor Ausbildung in der Geschichte, wenn wir Blütezeiten untersuchen. Das ist wahr für das alte Ägypten, das alte Griechenland und das alte Rom. Er war *der* Aufstiegsfaktor im Deutschland des 18., 19. und 20. Jahrhunderts und ist heute einer der wichtigsten Faktoren in Japan oder Korea.

PRINZIP NR. 9: SCHUTZ DER TIER- UND PFLANZENWELT

Es ist bemerkenswert, dass gute Herrscher auch für Pflanzen und Tiere sorgten.

Erinnern wir uns noch einmal an den Niedergang Griechenlands und Roms, wo dieser Faktor nicht gegeben war, sondern im Gegenteil eine hemmungslose Ausbeutung der Natur stattfand.

Ein positives Gegenbeispiel bietet der indische König Aschoka.

PRINZIP NR. 10: VIEL-ARBEIT

Immer wieder begegnen wir schließlich den Faktor *Viel-Arbeit,* wenn wir in der Geschichte nach Erfolgsformeln fahnden.

Wirklicher Einsatz trug zu vielen erstaunlichen Blüten bei, wie etwa im England des 17. Jahrhunderts, da eine hohe Arbeitsmoral selbstverständlich war. Wir finden den Faktor auch bei den Schweizern und bei den Deutschen im 19. Jahrhundert, und wir wissen weiter um den zum Teil legendären Einsatz bei den Japanern.

All diese Prinzipien und Richtlinien öffnen Tür und Tor für Verbesserungen im politischen Raum.
Wenden wir Sie also einmal an und untersuchen wir interessehalber, was sich in Deutschland ändern müsste, würde man diese Gesetze der Geschichte auf unser Land anwenden.

II. DIE ANWENDUNG DER AXIOME

Es ist eine weit verbreitete Unsitte innerhalb vieler heutiger Wissenschaften, dass oft nur am grünen Schreibtisch theoretisiert wird, während die Praxis sträflich vernachlässigt wird. Das ist wahr für viele Fachgebiete, die sich vorwerfen lassen müssen, nicht realitätsbezogen zu operieren.

Dieser Kritik muss sich auch das Fach *Geschichte* stellen. Im Allgemeinen werden hier nur fein säuberlich Fakten, Fakten, Fakten aneinandergereiht, sie werden aufgereiht wie auf einer Perlenschnur.

Danach kann der Schüler oder Student vielleicht einige wichtige Geschichtszahlen herbeten, er weiß vielleicht, dass im Jahre 333 vor Christus eine Schlacht der Perser gegen die Griechen stattfand, denn hierfür gibt es eine schöne Gedächtnis-Eselsbrücke. Sie lautet:

Drei, drei, drei
Bei Issos Keilerei.

(*Issos* war ein alter Seehafen in der heutigen südlichen Türkei.)

Doch mit solchen Daten und solchem „Wissen“ ist natürlich nichts gewonnen.

Gräbt der Student ein wenig tiefer, erfährt er vielleicht, dass die Griechen unter Alexander dem Großen über weit intelligentere Methoden verfügten, Kriege zu führen und Schlachten zu gewinnen als die Perser. Er lernt also etwas in militärhistorischer Hinsicht und weiß, *warum* etwas einst so geschah wie es geschah, er erkennt *Zusammenhänge.*

Hierbei handelt es sich bereits um einen höheren Grad von Wissen, die Suche nach den *Ursachen* erfordert mehr Gehirnschmalz.

Der Student lernt jedoch nicht oder nur sehr selten, dass Alexander der Große im Grunde genommen geisteskrank und größenwahnsinnig, eine antisoziale und eine destruktive Persönlichkeit war. Alexander verheizte skrupellos sogar seine eigenen Soldaten, er verkaufte ohne die geringsten Gewissensbisse die Bewohner ganzer Städte in die Sklaverei und zeichnete für Hunderttausende von Toten verantwortlich, nur um seinem eigenen Wahn von Größe gerecht zu werden. Einige Städte ließ er mit Stumpf und Stiel ausrotten. Selbst verschiedene Griechen ließ er foltern, aus Angst vor Meuchelmördern, ja Alexander tötete sogar persönlich einige seiner engsten Freunde! Zum Schluss glaubte der arme Tropf gar daran, ein Gott zu sein.[1]

Der Student, der um diese Umstände genau Bescheid weiß und erkennt, wie Alexander, der angeblich Große, im Nachhinein vergöttert und wie also die Geschichtsschreibung manipuliert und schöngelogen wurde, befindet sich erneut auf einem sehr viel höheren Niveau von „Wissen“. Er fängt nun an, Quellen ein gesundes Misstrauen entgegenzubringen. Er beginnt, Quellen auf ihr Wahrheits-Niveau hin abzuklopfen und er fängt an, seinen eigenen Verstand zu gebrauchen: Ja, Alexander eroberte vielleicht für eine kurze Zeit ein Weltreich, hervorragend!, aber rund 90% aller Menschen, die mit ihm zu tun hatten und mit ihm in Berührung kamen, starben, wurden verkrüppelt, verloren ihre Heimat und sofort.

Wie kann man, wenn man nur ein Quäntchen selbständig denken kann, von einer so armseligen, verbrecherischen Figur begeistert sein?

Der Student, der dies eingesehen hat, lernt jedoch immer noch nicht, *wie* man solche destruktiven Persönlichkeiten bereits im *Vorfeld* identifizieren kann und anderen Kriegshetzern in Zukunft das Wasser abgraben kann. Es fehlen konkrete Axiome mit anderen Worten. (Wir werden die entsprechenden Axiome hierfür an späterer Stelle vorstellen.) Er lernt kurz gesagt kaum etwas Nützliches, das er in der *Gegenwart* gebrauchen könnte.

Das Anwendungs-Potential fehlt, die höchste Stufe echten Wissens.

Noch einmal: „Historie“ wird in den meisten Fällen reduziert auf die nackten Fakten, die „dummen Fakten“, wie das einmal genannt worden ist.

Und so fristet das Fach *Geschichte* immer noch vielerorts ein elendes Dasein, denn ihr Wert für die Gegenwart ist scheinbar beschämend gering, konkrete Anwendungs-Möglichkeiten existieren kaum.

Versuchen wir also, diesem Umstand ein wenig abzuhelfen und stellen wir einige Beispiele vor, die beweisen, wie unendlich wertvoll das Studium der Geschichte sein kann. Tatsächlich stellt die Historie so viele wichtige Informationen zur Verfügung, dass man vor Begeisterung schier aus dem Häuschen geraten kann.

1. WO DEUTSCHLAND NACHBESSERN MUSS

Wenden wir unsere bereits etablierten historischen Axiome und speziell die Übersichtskarte mit den Aktionspostulaten auf Deutschland und die unmittelbare *Gegenwart* an, so ist der Lohn hoch! Wir erkennen mit Hilfe einiger einfacher Grafiken sofort, wo Deutschland nachbessern muss, wo es hinkt – aber auch in welcher Beziehung Politiker einen guten Job gemacht haben.
Wenn wir also optisch darstellen, zu welchem Grad unsere gewonnenen historischen Erkenntnisse in Deutschlands Gegenwart Anwendung finden, so ergibt sich ein konkretes Bild.
(Selbstredend sind alle Werte nur Annäherungswerte und Schätzungen.)
Die erste Frage lautet: Wie ist es heute um die *intensivste Förderung der Wirtschaft* in Deutschland bestellt?
Nach sorgfältiger Abwägung kommt man zu diesem Ergebnis:

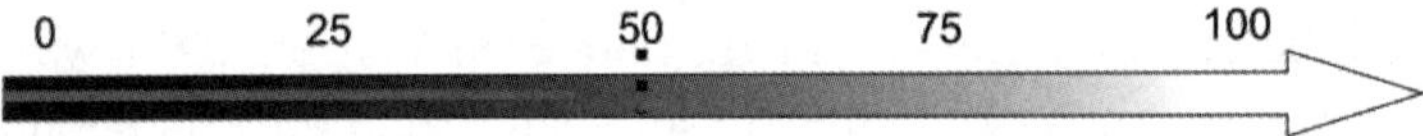

Prinzip Nr. 1: Intensivste Förderung der Wirtschaft

Im Klartext bedeutet das: In Deutschland könnte die Wirtschaft noch sehr viel *mehr* gefördert werden! Das wichtigste Ziel der Politik: die Wirtschaft zu unterstützen, wird unserer Ansicht nach um mehr als 50% verfehlt!
Der Beweis? Nun gehen wir einmal ins Detail und untersuchen wir anhand einer zweiten Grafik zu bestimmen, welche geschichtlichen Axiome und die daraus folgenden Aktionspostulate (der Wirtschaft) verletzt werden – und welche weitgehend erreicht wurden.
(Die blauen Balken geben uns in diesem Fall den Grad/den Prozentsatz an, zu dem die *ideale Szene* momentan erreicht – oder verfehlt wird.)

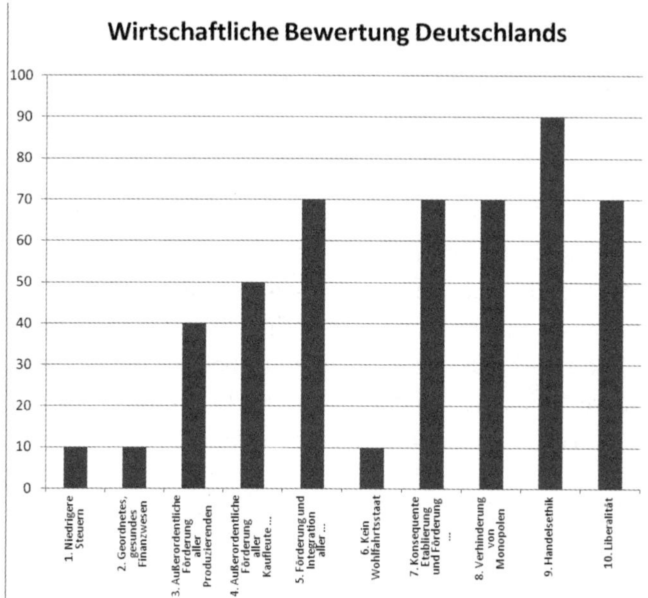

Gehen wir ins Detail, so sehen wir sehr rasch, dass es in Deutschland recht gut aussieht, wenn es um die Förderung der gesellschaftlich wichtigen Gruppen geht. Weiter gibt es im Allgemeinen gute Straßen und Autobahnen, funktionierende Häfen und Flughäfen und ein großes Eisenbahnnetz. An der Verhinderung von Monopolen arbeitet man zumindest, und auch um die Handelsethik und die Liberalität in der Wirtschaft ist es in Deutschland gut bestellt. In all diesen Gebieten werden zwar nicht 100 % erreicht, aber speziell im Vergleich mit anderen Ländern schneidet Deutschland hier gut und manchmal sogar sehr gut ab.
Doch man ersieht an der Grafik auch sehr schnell, dass in Deutschland in punkto Steuern ungeheure Fehler gemacht werden, dass der Finanzminister seinen Job im Prinzip nicht erledigt, denn er sitzt auf einem riesigen Schuldenberg und dass der Wohlfahrtsstaat längst ausgeufert ist. Hier müsste man nachbessern.

Betrachten wir übergangslos die weiteren Prinzipien.
Wie sieht es also in Bezug auf die Gerechtigkeit in Deutschland aus?
Nun so:

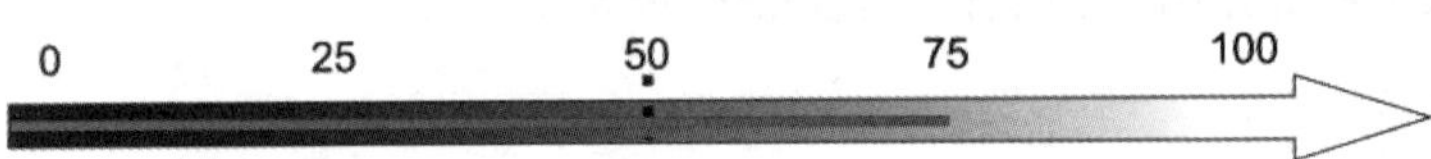

Prinzip Nr. 2: Gerechtigkeit

Kommentar: Um die Gerechtigkeit ist es in Deutschland ebenfalls gut bestellt, das Rechtssystem ist unparteiisch, und wenn es auch vieles zu verbessern gäbe (die Geschwindigkeit der Gerichtsverfahren könnte höher sein, weiter ist das überteuerte und unintelligente Gefängnissystem verbesserungsbedürftig), so muss man insgesamt doch positiv urteilen, speziell wenn man erneut andere Länder in Augenschein nimmt.
Wie sind nun unsere Friedensbemühungen zu beurteilen?

Prinzip Nr. 3: Intensivste Bemühung um Frieden bzw. Vermeidung von Krieg mit allen Mitteln

Positiv ist, dass Deutschland nach 1945 keinen Krieg mehr vom Zaun gebrochen hat. Negativ ist die zu teure Bundeswehr, die längst in ein kleines, effizientes, kostengünstigeres Berufsheer hätte umgewandelt werden müssen. Der Etat für die Bundeswehr ist bei weitem zu hoch, speziell angesichts der Verschuldung in Deutschland.

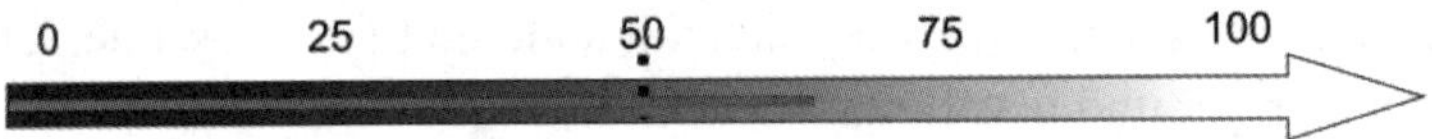

Prinzip Nr. 4: Administration der Spitzenklasse

Wie ist es nun um die Administration oder die Verwaltung bei uns bestellt? Nun, es ist richtig, dass die Deutschen Weltmeister sind, was die Administration angeht. Aber die Bürokratie ist längst ausgeufert. Wir füttern inzwischen rund 5 Millionen Beamte und Staatsangestellte – eine Zahl, die bei weitem zu hoch ist. Behördenwege sind vielfach zu umständlich und behindern oft die Wirtschaft. Die Anzahl der Beamten müsste radikal heruntergefahren werden und Beamte auf eine höhere Effizienz und Servicebereitschaft eingeschworen werden.

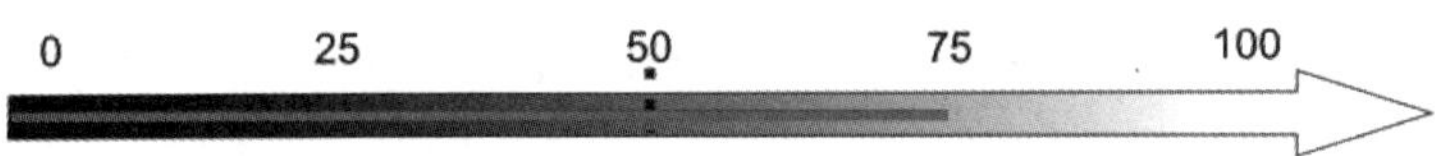

Prinzip Nr. 5: Freiheit

Wie sieht es bei uns in punkto *Freiheit* aus?
Auf den ersten Blick ist es um die Freiheiten in Deutschland gut bestellt. Aber speziell die „religiöse Freiheit“ lässt zu wünschen übrig. Theoretisch kann zwar in Deutschland jeder nach seiner Fasson selig werden, aber die Diskriminierung fast aller Religionsgruppen, die nicht katholisch oder protestantisch sind, ist fantastisch.

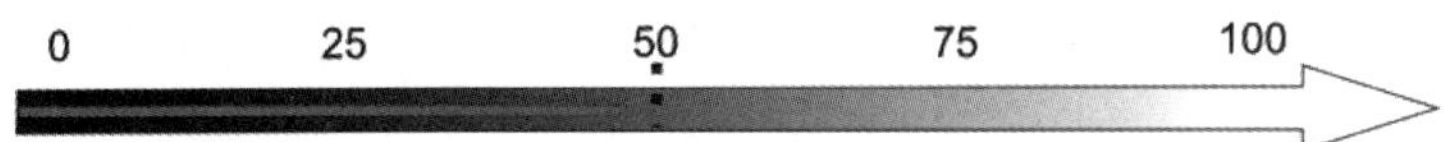

Prinzip Nr. 6: Förderung der Künste

Auch um die Förderung der Künste ist es weniger gut bestellt, als man auf den ersten Blick meinen könnte. Es gibt etwa kaum Schriftsteller-Schulen in Deutschland, weiter genießt der Künstler nicht das ungeheure Ansehen, das beispielsweise in den USA gegeben ist.

Prinzip Nr. 7: Förderung der Wissenschaften

Die Wissenschaften werden in Deutschland dagegen zu einem befriedigenden Ausmaß gefördert. Was teilweise fehlt, ist die Ausrichtung auf die Praxis.

Prinzip Nr. 8: Förderung der Ausbildung

Und die Ausbildung?
Deutschland steht in dieser Beziehung im internationalen Vergleich gar nicht so schlecht dar, der Faktor *Ausbildung* wird noch immer großgeschrieben. Aber auch hier ist vieles verbesserungswürdig, vielfach fehlt etwa der Praxisbezug.

Prinzip Nr. 9: Schutz der Tier- und Pflanzenwelt

Schützt man ausreichend die Tier- und Pflanzenwelt?
Jein! Die „Grünen" brachten ein notwendiges Korrektiv in dieser Beziehung ein. Aber der Umgang der pharmazeutischen Industrie mit Tieren ist teilweise noch immer skandalös, und die Chemie besitzt noch immer ein zu großes Übergewicht gegenüber natürlichen Methoden und der Biologie.

Prinzip Nr. 10: Viel-Arbeit

Was ist mit dem letzten Punkt, dem Faktor *Arbeit*?
Nach wie vor ist Viel-Arbeit in Deutschland populär, wenn man von den Beamten absieht und den Bemühungen einiger Gewerkschaften, die manchmal über das Ziel hinausschießen. Der Deutsche ist von Haus aus fleißig, aber aufgrund der zu hohen Steuern tobt sich dieser Fleiß mittlerweile zu oft in der Schattenwirtschaft aus.

GESAMT-BEURTEILUNG
Man muss der Fairness halber festhalten, dass es sich bei all diesen Grafiken nur um *Annäherungswerte* handelt. Zum Teil werden hier mit ein paar simplen Strichen unglaublich umfängliche Fachgebiete beurteilt. Grundsätzlich ist man schlecht beraten ist, „aus der Hüfte zu schießen". Wir können an dieser Stelle jedoch nicht mehr leisten, als eine erste oberflächliche Beurteilung vorzustellen.

Die gesamten notwendigen Änderungen mit allen Details haben wir deshalb in einem ganzen Buch dargelegt, das den Titel und Untertitel trägt: Sehr geehrter Herr/Frau Bundeskanzler(in). Was sich in Deutschland ändern muss.[2]

Weiter muss man urteilen, dass Deutschland nach wie vor im Reigen der Mächte gut abschneidet. Der Lebensstandard ist im Vergleich zu anderen Ländern hoch, vieles wird also im politischen Raum „richtig" gemacht. Außerdem müsste man sorgfältiger differenzieren: Natürlich ist nicht jeder Beamte ein Faulpelz.

Immerhin vermitteln uns die Grafiken ein grobes Bild, in welche Richtung das heutige Deutschland marschieren müsste, um auf ein weitaus höheres Niveau zu gelangen.

Was also sollte man in Deutschland konkret unternehmen, und vor allem in welcher Reihenfolge?

KLEINES POLITISCHES PROGRAMM

1. An erster Stelle müssten die Steuern und Abgaben deutlich gesenkt werden, was natürlich nur passieren kann, wenn man gleichzeitig gnadenlos unnütze Ausgaben zusammenstreicht. Die meisten Einsparungen kann man machen im Bereich der Bundeswehr, des Wohlfahrtsstaates und durch die Reduzierung der Beamten. Auch alle Subventions-Tatbestände müssen auf den Prüfstand.

2. Wenig später oder parallel dazu gilt es, die *Ausbildung* auf ein weitaus höheres Niveau zu heben, wovon mit einer gewissen Verzögerung auch die Wirtschaft profitieren würde. Die Ausbildung müsste weit praxisorientierter ausgerichtet und mehr an der Realität orientiert werden. Erinnern wir noch einmal daran: Der Kernpunkt für den wirtschaftlichen Aufschwung ist die *Ausbildung.*

   Das beweisen die historischen Axiome und Erfolgs-Formeln Deutschlands, die uns das 18., 19. Und 20. Jahrhundert zur Verfügung stellt, und das ist weiter belegbar durch das alte Ägypten, das alte Griechenland, das alte China, das moderne England, das moderne Japan und das moderne (Süd-)Korea sowie 101 weitere Beispiele mehr.

3. Eine ganze *Schar* von „Wirtschafts-Staatssekretären" müsste man danach in alle Welt ausschwärmen lassen, die Arbeit, Arbeit, Arbeit ins

Land holen und die Wirtschaft an allen Ecken und Enden ankurbeln wie nie zuvor. Politik müsste Wirtschaft weit intensiver fördern als je zuvor, vor allem den Mittelstand, der die meisten Arbeitsstellen zur Verfügung stellt, der das Gros der Steuern zahlt und die tragende Säule des Staates ist.

4. Um die Integration zu fördern, muss man speziell religiösen und rassischen Diskriminierungen einen Riegel vorschieben. Echte Religionsfreiheit ist also nötig, die nicht nur auf dem Papier existiert, sondern sich auch in der Medienrealität niederschlägt.
   Das ist momentan nicht der Fall.

Soweit die wichtigsten Punkte. Deutschland heute könnte also auf ein weitaus höheres Niveau geführt werden, wenn es die Gesetze der Geschichte anwenden würde. Deutschland könnte an der Spitze der Entwicklung in Europa stehen und Vorbild für einen ganzen Kontinent sein, wenn es sich politisch in die richtige Richtung bewegen würde. Deutschland könnte zum Welt-Markt-Führer in der „Kunst des Regierens" avancieren.

Betrachten wir nun mit Hilfe unserer etablierten Prinzipien ein ganz anderes Land, das in jüngster Zeit immer wieder durch die Presse geisterte. Betrachten wir absichtlich ein Land, das sich in einem ganz anderen Entwicklungsstadium befindet als Deutschland und auf einem anderen Kontinent, um den Wert unserer Axiome und Prinzipien zu illustrieren. Betrachten wir erneut das geheimnisvolle Ägypten.

2. ÄGYPTEN HEUTE oder WIE ÄGYPTEN DIE ZUKUNFT GEWINNEN KANN

Erinnern wir uns noch einmal daran: Das alte Ägypten, das Weltreich Ägypten, wurde eines Tages aus der Geschichte hinweggefegt. Nachdem es unendliche Höhen erklommen hatte, die Schrift erfunden, die Ausbildung auf höchstes Niveau gebracht und hundert Wissenschaften aus der Taufe gehoben hatte, nachdem der Handel und die Landwirtschaft blühte, ging es eines Tages unter.
Das Axiom hierfür haben wir bereits etabliert. Es lautet, zur Erinnerung noch einmal:

Axiom
Zum Niedergang eines Reiches führen zu viele Kriege, strategische Überdehnungen, die Missachtung der Menschenrechte, Hierokratien (= Priesterherrschaften) und das Versäumnis, Innovationen zu fördern.

Aber, so könnte man einwenden, wie steht es eigentlich um das heutige Ägypten? Ist die Vergangenheit inzwischen nicht mausetot und hat sich nicht ein vollständig neues Ägypten etabliert? Und vor allem: Was müssten die Ägypter heute tun, um die Zukunft zu gewinnen? In welche Richtung müsste sich dieses altehrwürdige Land bewegen, um mit Riesenschritten voranzukommen? Gibt es kurz gesagt so etwas wie ein politisches Programm, das Ägypten heute verfolgen sollte?
Gute Fragen, intelligente Fragen! Beantworten wir sie der Reihe nach. Aber bevor wir ein solches Programm vorstellen, müssen wir uns zunächst noch einmal einige Fakten zu Gemüte führen, die in der *Gegenwart* von Bedeutung sind. Beginnen wir mit dem Tabu-Thema schlechthin, mit der Religion, über die man angeblich nicht sprechen darf!

RELIGIONEN IM HEUTIGEN ÄGYPTEN

Offiziell anerkannt sind in Ägypten nur das Christentum, der Judaismus und der Islam, doch selbst das ist nur hübsche Theorie. Sprich dem Buchstaben der Verfassung nach herrscht in Ägypten zwar Religionsfreiheit, aber die Praxis sieht anders aus. In Wahrheit herrscht der Islam. Der Judaismus und das Christentum werden diskriminiert und

angegriffen, mitunter werden ihre Anhänger auch heute noch getötet. Rund 90% aller Ägypter sind Islamisten. Der Fairness halber muss man freilich unterscheiden: Es gibt fortschrittliche Islamisten (deren Vordenker in der renommierten *Al-Azhar*-Universität in Kairo zu finden sind), aber auch Al-Qaida- und fundamentalistische Fanantiker, für die ein guter Christ nur ein toter Christ ist.
Die reine Zugehörigkeit zum Islam verrät also zunächst einmal gar nichts über die tatsächlichen persönlichen Einstellungen.
Gemäß offiziellen Angaben sind rund 6 % aller Ägypter Christen, aber wahrscheinlich gibt es sehr viel mehr. Die größte christliche Kirche in Ägypten ist die sogenannte *koptische* Kirche. Das Wort *koptisch* stammt aus dem Arabischen (qibti, qubti) und bedeutet wörtlich *Ägypter.* Aber es gibt daneben auch die griechisch-orthodoxe Kirche, die römisch-katholische Kirche, die evangelische Kirche und rund 20 andere christliche Kirchen oder Sekten mehr.
Die Juden wurden im Jahre 1956 ausgewiesen – es gibt heute nur noch etwa 100 Juden in Ägypten, eine winzige, überalterte Minderheit.
Andere Glaubensbekenntnisse werden seitens des Staates nicht geduldet. Noch einmal: Überall herrscht der *Islam*, wobei die Mohammedaner wahrscheinlich selbst zu selten darauf reflektieren, wie der Islam einst entstand.

DIE RELIGIÖSE TRADITION

Die Religion Altägyptens ist mindestens 6.000 Jahre alt, vielleicht sogar älter.
Als in Ägypten noch die Götter Re (der Sonnengott), Osiris (der Totengott und der Gott der Fruchtbarkeit) und Thoth (der Gott der Gelehrten und Schreiber) herrschte, waren folgende religiöse Ideen populär:

- Es gab die Vorstellung der „Sünde“ sowie ein genau ausformuliertes Sündenregister, das nebenbei bemerkt durchaus als Vorläufer für die Zehn Gebote gelten kann.
  Verdammt wurden Mord und Totschlag, die Lüge, die Verleumdung, Raub und Diebstahl, Betrug und nahezu alle „Verbrechen“, die auch später im jüdischen und christlichen Sündenkanon Eingang fanden.

- Die alten Ägypter kannten darüber hinaus bereits eine Hölle, wenn sie auch lieber von glühenden Feuerseen sprachen. Jedenfalls gab es ein Jenseits, in dem der Verstorbene schreckliche Qualen erdulden musste, wenn er „gesündigt“ hatte.

- Sie kannten weiter eine Art Himmel oder zumindest ein Jenseits, in dem man Seite an Seite mit den Göttern sitzen durfte.

- Die alten Ägypter lehrten weiter, dass es ein „Letztes Gericht“ gebe, bei dem der Verstorbene angeblich genauestens geprüft und sein Lebenswandel untersucht wurde.

- Weiter existierten weiter bereits „Ablässe“ und die Möglichkeit, sich von seinen „Sünden“ reinzuwaschen.

Und so könnte man fortfahren. Hoch brisant ist nun der Umstand, dass genau diese Lehren weitergegeben wurden – auch an andere Völker. Sie fanden Eingang in den Judaismus, der sie natürlich ein wenig veränderte, und sie fanden Eingang in das Christentum, wo sie ebenfalls auf die eigenen Bedürfnisse zugeschnitten wurden, wenn sie auch in ihrer Substanz bestehen blieben. Und nun wird es wirklich aufregend. Das Judentum befruchtete in der Folge etwa zu einem Viertel den Islam, das Christentum inspirierte zu rund einem Achtel diese Religion. Mit anderen Worten: Der Islam, der heute seinen Vater und seinen Großvater so vehement bekämpft, eben den Judaismus und das Christentum, *fußt* genau auf den Religionen, dessen Feind es heute ist! Noch einmal: Der Islam wäre nicht denkbar ohne das Judentum und das Christentum!
Der Judentum und das Christentum wiederum fußen ihrerseits auf der altägyptischen Religion – auch wenn wir vorgeben, Griechenland, Persien und Indien nicht zu kennen.

Und so schließt sich der Kreis auf das schönste: Die Tradition sieht also optisch vereinfacht dargestellt so aus:

Altägyptische Religion

Judaismus

Christentum / Judaismus

ISLAM

Genau die religiösen Lehren, die in Altägypten gepredigt wurden und mit denen es später die halbe Welt inspirierte, kamen durch den Islam wieder auf das moderne, das heutige Ägypten zurück, über den Umweg über den Judaismus und das Christentum.
Geschichte ist manchmal mit einem göttlichen Humor begabt.

DIE HISTORIE ÄGYPTENS
Betrachten wir nun noch einmal im Schnelldurchgang die Geschichte Ägyptens, bevor wir uns endgültig der Gegenwart zuwenden:
Ägypten besaß einst die stabilste Regierungsform der Welt, wie wir bereits wissen. Das Pharaonentum hielt sich viele Tausende von Jahren, bis heute ist die Geschichte Altägyptens ein Phänomen. Aber schließlich verschwand es aus der Geschichte und die angeblich unsterblichen, alten Götter starben.
Am Schluss herrschten erst die **Perser**, dann die **Griechen** und endlich die **Römer**.
Damit verlor Ägypten seine ehemalige Führungsposition.

Um 640 n. Chr. eroberten die islamischen **Araber** schließlich Ägypten. Die christlichen Kreuzfahrer wollten sich später ebenfalls einen Teil von dem Kuchen abschneiden, aber der legendäre, weise Sultan Saladin (1171–1249) verjagte die Christen wieder, bis um 1250 **türkische Militärsklaven** die Macht an sich rissen, die die letzten Kreuzfahrerstaaten vernichteten. Ägypten blieb in ihrer Hand, selbst als das Osmanische Reich Ägypten im Jahre 1517 seinem Einflussbereich eingliederte. Aber das Land kam in gewissem Sinne nicht mehr auf die Beine, es war längst zum Spielball anderer Mächte geworden.

Als Napoleon 1798 Ägypten eroberte, gelangte das geheimnisvolle Land wieder in das Gesichtsfeld Europas. Später schlugen die **Engländer** die **Franzosen**, und wenig später setzte sich ein albanischer Offizier (Mohammad Ali Pascha) auf den ägyptischen Thron. Seine Dynastie verhalf Ägypten wieder zu einer gewissen Unabhängigkeit, weiter wurde Ägypten langsam in die Neuzeit geführt. (1805–1882). Der Bau des Sueskanals verschlang jedoch so viel Geld, dass das Land erneut in die Abhängigkeit von England und Frankreich geriet. 1882 besetzten gar die Engländer das Land und machten es 1914 zu ihrem Protektorat; wieder regierten die Briten.

In den Jahren 1922 bis 1952 gelang es den Ägyptern jedoch, erneut ein relativ selbständiges Königreich zu errichten.

Wiederholen wir: Perser, Griechen, Römer, Araber, Türken, Franzosen und Engländer beherrschten diese geheimnisvolle Ägypten. Rund 2.400 Jahre war es ein Spielball fremder Mächte, und die ägyptische Seele wurde getreten, unterjocht, versklavt und gedemütigt. Immer und immer wieder wurde der Wille dieses Volkes gebrochen.

Bevor Ägypten nicht seine Sklaven-Vergangenheit aufgearbeitet und abgeschüttelt hat, wird es nicht leicht sein, Ägypten wieder zu neuen Höhen zu führen.

DIE RELATIVE GEGENWART

Im Jahre 1952 rebellierten Offiziere gegen den ägyptischen König (Faruk). **Nasser** (1954–1970) schwang sich zum ersten Mann des Staates auf. Er liebäugelte mit der Sowjetunion und dem Sozialismus. Als er gegen die Israelis in den Krieg zog und von ihnen geschlagen wurde, starb er drei Jahre später, woraufhin **Sadat** als Staatspräsident in den Regierungspalast einzog. Sadat zeichnete für die Friedensinitiative mit Israel verantwortlich. Es handelte sich um einen großen Verlust für das Land, als er später ermordet wurde. Ihm folgte **Mubarak** nach, der durch eine Revolution des Volkes im Jahre 2011 gestürzt wurde. 2012 war Mohammed Mohammed Mursi Isa Ayyat Staatspräsident der „Arabischen Republik Ägyptens", kurz **Mursi** genannt. Mursi, ein Vertreter der Muslimbruderschaft, erhielt in einer freien Wahl zunächst rund 26 % aller ägyptischen Stimmen und wurde 2014 von **Abd al-Fattah Said Husain Chalil as-Sisi** abgelöst. Noch ist offen, welchen Weg letzterer einschlagen wird, die politische Zukunft Ägyptens steht im Moment am Scheideweg. In Ägypten ist nach wie vor der Militärrat ein bedeutender Machtfaktor.

ÄGYPTENS POLITISCHE PROBLEME

Die Wahrheit und nichts als die Wahrheit ist, dass Ägypten noch immer keine echte Demokratie ist, wenn sie sich auch so nennt. Der Präsident besitzt ungewöhnliche Vollmachten. Obwohl er alle sechs Jahre gewählt wird, fälschte man noch bei den Wahlen unter Mubarak die Ergebnisse und hielt missliebige Wähler von den Urnen ab. Oppositionelle steckte man nach Scheinprozessen nicht selten ins Gefängnis, Regimekritiker wurden hart abgestraft. Ganz davon abgesehen werden Frauen immer noch nicht als vollwertig angesehen, sie sind Menschen zweiter Klasse. Christen sind das Ziel von Schutzgelderpressungen, Menschenrechte werden regelmäßig mit Füßen getreten. Noch unter Mubarak wurde in Ägypten außerdem gefoltert – mit Elektroschocks, Schlägen, Vergewaltigung und anderen brutalen Methoden mehr.

Fragen wir also noch einmal: Was müsste Ägypten unternehmen, um die Zukunft zu gewinnen?

RICHTIG UND FALSCH

Nicht alles, was Präsidenten und Könige in Ägypten im 20. Jahrhundert unternahmen, war falsch. Man muss zugeben, dass die Zahl privater Unternehmen zugenommen und Ägypten im Fahrzeug- und Maschinenbau sowie in punkto Zement-, Eisen- und Stahlerzeugung zugelegt hat. Auch die Elektroindustrie kann sich sehen lassen. Positiv ist weiter, dass das Bildungswesen stark gefördert wird – 15 % aller Staatsausgaben werden hierauf verwendet. Der Unterricht ist kostenfrei, jeder kann eine Grund- und eine Sekundarschule besuchen, weiter gibt es einige exzellente Universitäten. Der Tourismus boomt, wenn er nach der ägyptischen

Revolution im Jahre 2011 auch einen Einbruch erlitt. Baumwolle, Mais, Reis, Weizen, Hirse, Kartoffeln, Obst und Gemüse werden angebaut, Rinder, Büffel, Schafe und Ziegen sind allenthalben zu sehen – die Landwirtschaft bildet einen wichtigen Erwerbszweig.
Es war eine politische Meisterleistung Sadats, dass er die sozialistische Planwirtschaft Nassers einst auf den Abfallhaufen der Geschichte warf und eine liberale Wirtschaftspolitik einleitete. Außerdem gibt es inzwischen in Ägypten eine Kranken-, Alters- und Invalidenversicherung, ja sogar eine Arbeitslosenunterstützung. In einigen Industrien sind die Arbeiter am Unternehmensgewinn beteiligt. Die Arbeitslosigkeit liegt bei rund 10 %, aber es mag eine verdeckt höhere Prozentzahl geben. Das Gesundheitssystem ist verhältnismäßig hoch entwickelt, doch die einseitige Ernährung und mangelnde Hygiene stellen nach wie vor ein Problem dar.
Dennoch: vieles wurde richtig gemacht. Ein Land, das einst praktisch keinerlei Rolle mehr im Konzert der Völker spielte, erholt sich inzwischen langsam.

Auf der anderen Seite springen die Probleme ins Gesicht. Es fehlt überall an Wasser, genauer gesagt wird nicht in genügendem Umfang künstlich bewässert; es fehlen Ingenieure, die diesem Manko abhelfen könnten.
Weiter stimmt die Außenhandelsbilanz nicht, es wird sehr viel mehr importiert als exportiert. Die Auslandsverschuldung ist überdimensional. Grundsätzlich ist das Finanzwesen in Ägypten nicht gesund, die Schulden sind beträchtlich und nehmen ständig zu. Längst gibt es außerdem heimliche und offene Wirtschafts-Monopole, der Staat selbst geht mit schlechtem Beispiel voran.
Das Pro Kopf-Einkommen ist immer noch bei weitem zu niedrig. Und selbst die Analphabetenrate liegt noch immer bei 50 %, trotz aller Anstrengungen.
Die Intoleranz in Sachen Religion haben wir bereits erwähnt, ebenso die Unterdrückung der Frau.
Die Friedenspolitik Sadats war ein Geniestreich – aber noch immer stehen zu viele Soldaten unter Waffen, wodurch Geld verplempert wird.
Die nächste große Reform ist längst überfällig.

ÜBERBLICK

Versucht man, mit einfachen, leicht verständlichen Grafiken optisch darzustellen, zu welchem Grad unsere zehn Prinzipien, die einen Staat zur Blüte führen können, verletzt werden, so ergibt sich folgendes Bild:

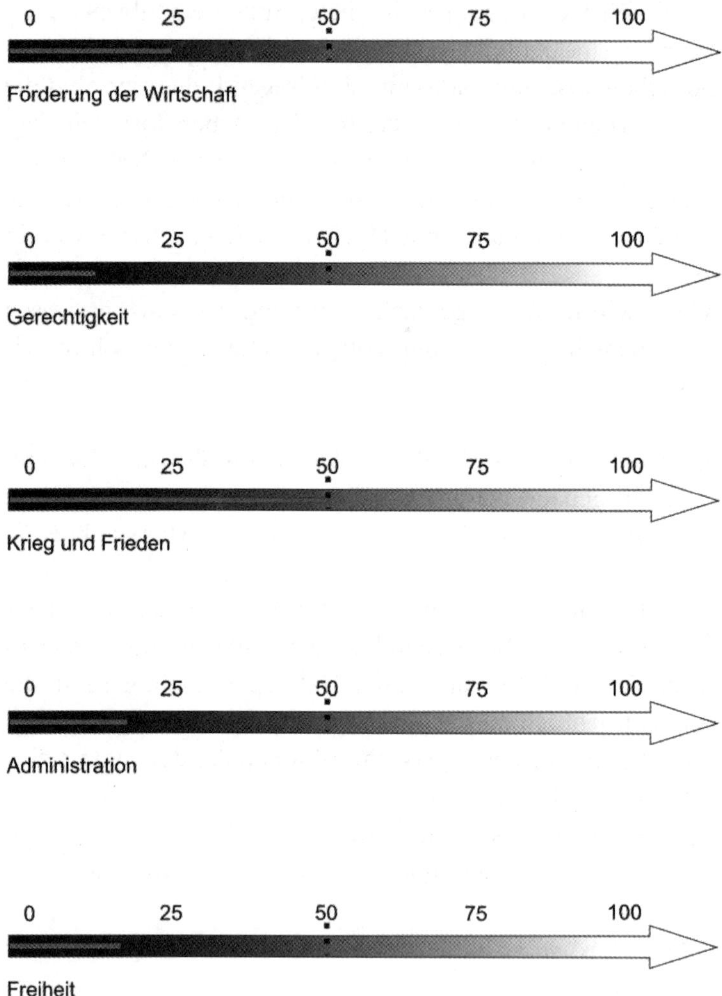

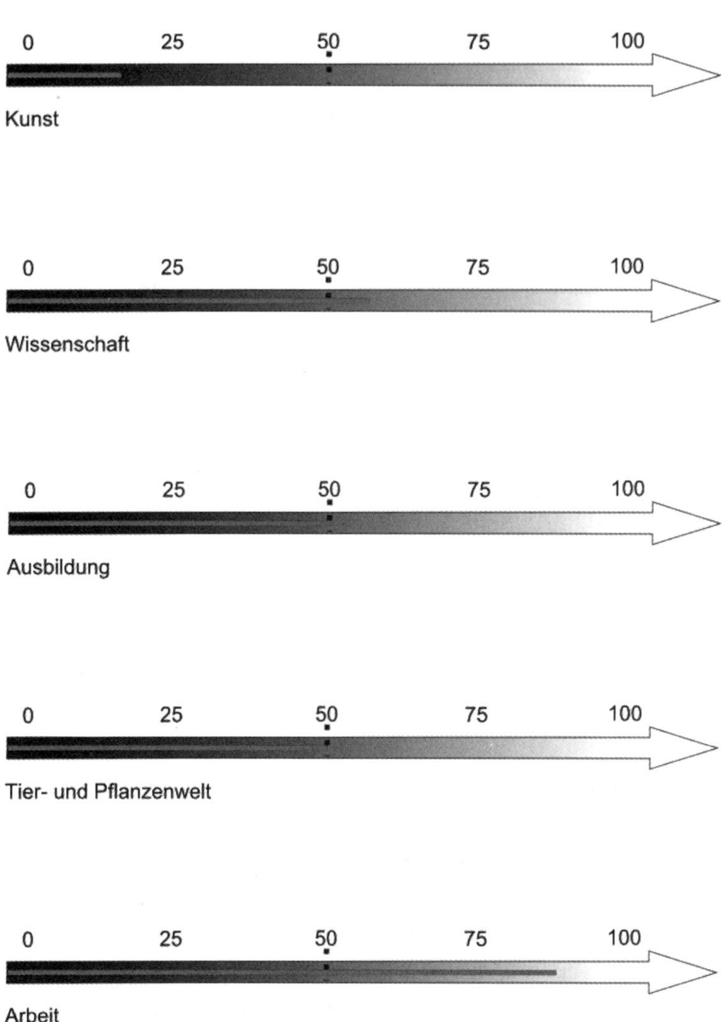

Erneut muss man festhalten, dass es sich hierbei nur um Annäherungswerte und grobe Einschätzungen handelt. Aber die Grafiken vermittelt uns immerhin ein Bild, in welche Richtung das heutige Ägypten marschieren müsste, um ein blühendes Staatswesen zu schaffen.

WIE MAN REFORMEN IN DIE WEGE LEITET

Nun gibt es längst ein eigenes Know-how, wie man Reformen intelligent in die Wege leitet. Man stülpt nicht alle Neuerungen auf einmal einem

Volk über, das führt zu Revolutionen und/oder innerer Emigration. Vielmehr beginnt man, Reformen nach und nach einzuführen. Man gewinnt im Vorfeld zunächst die wichtigsten Meinungsführer, so dass Reformen überhaupt auf fruchtbaren Boden fallen können.
Vergessen wir nie die Reformen Joseph II. von Österreich, der im 18. Jahrhundert zu schnell und zu viele Reformen seinem Land überstülpen wollte, wobei er fast alle wichtigen Meinungsführer vor den Kopf stieß – und in der Folge kläglich scheiterte.
Einige wenige Reformen kann man schnell in die Wege leiten – aber niemals alle notwendigen Reformen auf einen Schlag.
Womit also sollte man in Ägypten beginnen?

KLEINES POLITISCHES PROGRAMM
Der Kernpunkt wirtschaftlichen Aufschwungs ist die *Ausbildung.*
Man müsste also in Ägypten zunächst die *Ausbildung* auf ein noch viel höheres Niveau heben als bislang.
Gleichzeitig müsste man *Mädchen* und *Frauen* einladen und auffordern, sich eben dieser verbesserten Ausbildungs-Möglichkeiten zu bedienen.
Würde in Ägypten die Frau dem Manne wirklich gleichgestellt, so würden 50 % der „Energie“ freigesetzt, die Ägypten besitzt. Ein immenser Aufschwung wäre die Folge.
Allein diese beiden Aktionen, konsequent durchgeführt, würden in Ägypten in absehbarer Zeit zu einem weit höheren Überlebens-Niveau führen.
Notwendig wären in diesem Zusammenhang PR-Kampagnen für die Menschenrechte und die Toleranz.
Erneut müsste man außerdem die Wirtschaft ins Visier nehmen. Wirtschaft, Wirtschaft, **Wirtschaft** müsste groß und noch größer geschrieben werden.
Die Wirtschaft müsste in *unvorstellbarem* Ausmaß gefördert werden!
Unnötige Ausgaben (Heer, Soldaten) gälte es zusammenzustreichen, aber ein kluger Staatenlenker wäre weise genug, den Soldaten ein neues Spiel zu geben – vielleicht in der Arena des Sportes oder indem er ihnen den Bau wichtiger Straßen und Gebäude anvertraut, wie das ehemals kluge Staatenlenker im alten Rom taten. Die relativ starke Armee, über die Ägypten heute verfügt, ist weitgehend untätig und überflüssig, weiter verschlingt sie Unmengen an Geld.

Schließlich müsste eine hoch effiziente Anti-Korruptions-Einheit gebildet und das Beamtentum entsumpft werden.
Zu guter Letzt wäre es notwendig, Stück für Stück die grundsätzlichen Freiheiten zu etablieren, besonders die Freiheit der Religion. Weiter gilt dies: In allen Religionen, auch im Islam, sind sehr viele konstruktive Ansätze zu finden. Diese müsste man betonen, die kriegerischen und inhumanen Aspekte dagegen zurückdrängen.
In dem modernen Ägypten riecht man im Moment den verführerischen Duft der Freiheit. Aber nur wenn diese Freiheit unverrückbar und unaufhebbar etabliert wird und Gewalt, Mord, Totschlag und Krieg eine Absage erteilt werden, besitzt Ägypten eine echte Chance, wieder eine bedeutende Rolle im Konzert der Völker zu spielen.
Auch Ägypten könnte also wieder auf ein hohes Niveau geführt werden. Ägypten könnte an der Spitze der Entwicklung in Afrika stehen und Vorbild für einen ganzen Kontinent sein.

Nehmen wir nun eine besonders schwierige Herausforderung an und untersuchen wir abschließend das moderne Indien – also erneut ein Land auf einem ganz anderen Kontinent, dessen Vergangenheit wir aber bereits kennen. Auch hier werden wir mit einigen erstaunlichen Einsichten belohnt.

3. INDIEN IN GESCHICHTE UND GEGENWART

Sprechen wir also nochmals von dem faszinierenden, rätselhaften Indien! Und versuchen wir, zunächst weitere Daten und Fakten zusammenzutragen, die uns schlussendlich helfen, dieses Land wirklich zu verstehen, so dass wir zu Verbesserungen beitragen können.
Fragen wir uns zunächst, wie es um die

POLITISCHE GESCHICHTE INDIENS
bestellt ist.
Nun, Indien ist zu neun Zehnteln von seiner Religion her zu verstehen, aber es existiert auch eine politische Historie, die zum Staunen Anlass gibt. Geschichtlich fassbar wird Indien erst mit dem Einfall der *Arier* in die gigantische Halbinsel, die offenbar die Ureinwohner unterjochten und sich zur herrschenden Klasse aufschwangen. Die Arier waren eine indogermanische Rasse (*ario* = Herr, Gebieter, *arya* = edel), die vom Norden her kamen (ca. 1600 v. Chr.) und die farbige, im Süden wohnende Urbevölkerung unter ihr Diktat zwangen. Sieger und Besiegte verschmolzen in der Folge miteinander, wir kennen dieses Phänomen auch aus anderen Kulturen.
Verschiedene zum Teil blühende Königreiche und Dynastien gediehen danach auf indischem Boden. Die edelste Gestalt unter all diesen Herrschern war zweifellos Aschoka (273 – 232 v. Chr.), der half, den Buddhismus in alle Himmelsrichtungen hin auszubreiten.
Geschlagen wurden die Inder aber schließlich zumindest zeitweilig von den *Griechen* unter Alexander dem Großen (ca. 329 – 325 v. Chr.), sowie von den *Hunnen* (ca. 455 – 500 n. Chr.). Wirklich dramatisch gestalte sich das Schicksal der friedliebenden Inder, als die *Araber* und später die *Türken* auf der reichen Halbinsel einfielen und schließlich ihre Herrschaft unter verschiedenen Dynastien errichteten. (712, 1008, 1186, 1206, 1296, 1325, 1351, 1483, 1526 – 1857). Unterschiedliche Sultanate unter mohammedanischen Vorzeichen entstanden. Sie herrschten teilweise mit barbarischer Grausamkeit. Sie unterdrückten die Inder und ihre Religion furchtbar, wobei wir die einzelnen Herrscher nicht alle aufzählen müssen.
Das mohammedanische Herrscherhaus der *Mogul* war in Indien am längsten am Ruder. Kurz gesagt wurden die Inder also ein rundes Jahrtausend lang gegängelt und in elendester Knechtschaft und Sklaverei gehalten, wenn man von einigen wenigen edlen Gestalten, wie Akbar (1560 – 1605)

absieht, der versuchte, das Problem der verschiedenen religiösen Glaubensbekenntnisse dadurch zu lösen, indem er flugs eine neue Religion gründete, mit sich selbst als Oberhaupt. Er pantschte diverse Theologien einfach zusammen, wie in einem Suppentopf, und glaubte damit, alle Probleme gelöst zu haben. Aber das Experiment war natürlich zum Scheitern verurteilt, denn nichts ist einem Menschen so wertvoll wie seine ureigenste Religion und Weltanschauung.

Zu oft jedoch wüteten die Mohammedaner entsetzlich. Hinduistische Tempel wurden zerstört, Moscheen aus ihren Trümmern errichtet, brutal hohe Steuern erhoben und zahllose Menschen getötet, ausgebeutet, zwangsbekehrt oder versklavt.

Der heutige Hass der Hindus auf die Mohammedaner ist auch auf diesem geschichtlichen Hintergrund zu verstehen.

Der Mongoleneinfall im 14. Jahrhundert schwächte das mohammedanische Sultanat zeitweilig, so dass hinduistische Regionalreiche wieder erstarkten, aber im 16. Jahrhundert hatten sich die Muselmanen schon wieder erholt.

Kurz gesagt sah Indien wundervolle Beispiele herrlicher Monarchien (von Hindukönigen und mohammedanischen Herrschern), die an Pracht und Reichtum praktisch jedes europäische Herrscherhaus übertrafen und darüber hinaus dem Volke dienten, aber auch zu viele Beispiele degenerierter, elender und grausamer Könige.

Keine Herrschaftsform reißt zu solchen Begeisterungsstürmen hin wie eine gute Monarchie, und keine Herrschaftsform führt so schnell in den Abgrund wie eine faule Königsherrschaft.

Eine neue Seite in der Geschichte Indiens wurde aufgeschlagen, als die Europäer auf Indien aufmerksam wurden. 1510 betraten die *Portugiesen* den heiligen, ehrwürdigen Boden. Portugal versuchte, Indien flugs als portugiesische Kolonie für sich zu beanspruchen und sandte seine Flotte. Wenig später trafen die *Holländer* ein und versuchten, den Portugiesen die fette Beute streitig zu machen. 1600 gründeten die *Engländer* die berühmte Ostindische Kompanie.

1674 fassten die *Franzosen* in Indien Fuß. Aber 1690 gründeten die streitbaren und machtbewussten *Engländer* Kalkutta, besiegten die Franzosen, gleichzeitig auch die Portugiesen und Holländer und brachten kurz gesagt Indien in ihre Gewalt.

Indien wurde englisch.

Unvorstellbare Reichtümer wurden in der Folge von den Engländern zusammengestohlen. Waren, die in Indien für schlappe 2 Millionen Pfund eingekauft worden waren, konnte man manchmal in Europa für 20 Millionen Pfund verscherbeln. Überall schossen englische Handelsagenturen wie Pilze aus dem Boden, aber auch Festungen wurden gebaut und britische Soldaten in das Land gebracht. Die Engländer beuteten das Land nach allen Regeln der Kunst aus und führten ständig Kriege auf indischem Boden, die sie aufgrund ihrer überlegenen Waffen-Technologie natürlich gewannen. Sie ließen sich bestechen und wurden bestochen, dass es eine helle Freude war – sofern man Geld, hastig zusammengeschustert, über alles stellt. Ungeheure Vermögen wurden zusammengerafft, während viele Inder in furchtbarster Armut versanken.

Im Jahre 1857, vor nur rund 1 ½ Jahrhunderten also, hatten die Engländer Indien dermaßen ausgesogen, dass die normalerweise sanften Inder eine verzweifelte Revolte unternahmen – sie wurde blutig niedergeschlagen.

Ja, die Engländer brachten den Indern auch Fabriken und die Eisenbahn, sie kämpften gegen Kriminalität und Aberglauben und verboten die Witwenverbrennung, sie errichteten Schulen und Universitäten und exportierten einen Teil ihrer Wissenschaften. Aber im Gegenzug zahlte Indien durch seine vollständige Unterwerfung, in finanzieller, wirtschaftlicher und machtpolitischer Hinsicht. Ja, Indien trat aus seinem Mittelalter heraus, vier Jahrhunderte später als Europa, aber es bezahlte dafür bitterlich.

Was war der Grund?

TAUSENDJÄHRIGE VERSKLAVUNG

Die Inder, wie wir gerade gehört haben, waren mit kleinen Unterbrechungen tausend Jahr lang (und länger) ständig versklavt worden. Die Arier, die Griechen, die Türken, die Araber, die Afghanen (deren Einfälle wir nicht einmal eigens erwähnt haben), die Mongolen, die Portugiesen, die Holländer, die Franzosen, die Engländer – alle, alle hatten dieses riesige Land geradezu im Handstreich erobert und ausgebeutet und die Einwohner unterjocht. Ein Land, das jedoch derart an Sklaverei und Unterwerfung *gewöhnt* ist, dass derart apathisch alles über sich ergehen lässt, *kann* nur scheitern.

Wir kennen viele Beispiele aus der Geschichte, da ein Volk, das lange, zu lange in der Sklaverei verharrt, praktisch nicht mehr auf die Beine kommt und in kultureller und zivilisatorischer Sicht schließlich kaum mehr eine Rolle spielt.
Die tausendjährige Versklavung Indiens ist jedenfalls ein weiterer Grund für den erbärmlichen Zustand, in dem sich das Land heute befindet.
Dieses Indien, das wir heute kennen, wurde jedoch zunächst durch *seine eigene Religion* versklavt, deren falsche Priester ihm weißmachten, dass ohnehin alles vorbestimmt sei (*Karma*!), dass man sich nicht um diesseitige, vergängliche Dinge zu kümmern brauche, dass alles nur bloßer Schein (= ind. *Maya*) und die wahre Wirklichkeit nur in Gott (= Brahma) zu finden sei.
Unterordnung unter Gott und die Brahmanen war alles!
Verkürzt gesprochen lautete die Gleichung: *Unterordnung* ist richtig.
Dieser naive, sanfte, abergläubische, introvertierte, dumme, liebe Inder ließ sich also willig ausbeuten und terrorisieren, denn das „diesseitige" Leben, Hab und Gut, galt ja nicht viel!
Ein Volk aber, das tausend Jahre in Sklaverei und „ergeben" in dem Willen der Götter lebt, *kann* nur untergehen und in bitterster Armut enden. Ein Volk, das zu lange Eroberern dient, *kann* nur scheitern. Ein Volk, das *Freiheit* nicht höher schätzt als alles andere, kann sich nicht mehr zu höchsten Höhen aufschwingen, denn es handelt sich längst um eine Sklavengesellschaft oder eine Gesellschaft von Hörigen und Leibeigenen.
Wenn ein Volk nicht bereit ist, für seine Freiheit zu kämpfen und zur Not mit dem eigenen Leben dafür zu bezahlen, wird es aus der Geschichte gewischt – vielleicht nicht in zahlenmäßiger, körperlicher Hinsicht, aber in brutalen Machtkategorien gedacht.
Das ist die erste und wichtigste politische Lehre der Geschichte Indiens.
Was also war das Ergebnis?
Nun, Indien heute, ist immer noch weitgehend eine Sklavengesellschaft, voller degradierter Wesen, wenn es auch Lichtblicke gibt.

DAS 20. UND 21. JAHRHUNDERT

Erst als Mahatma Gandhi, die „Große Seele", schließlich den Engländern Paroli bietet, müssen die Briten den Indern im Jahre 1947 die Unabhän-

gigkeit zugestehen. Allein mit friedlichen Mitteln besiegt Gandhi eine Weltmacht und jagt die Engländer zum Teufel! Die lang ersehnte Freiheit winkt schon, als indes ein neues Problem auftaucht: die Mohammedaner. Sie fürchten, dass ein freies Indien ihre Rechte beschneiden könnte. Die Moslem-Liga wehrt sich mit Händen und Füßen, bis Gandhi und Nehru schließlich schweren Herzens einer Zweistaaten-Lösung zustimmen. Indien und Pakistan werden getrennt. 1950 erblickt Indien als selbständige Republik das Licht der Welt, Pakistan im Jahre 1955.
Indien, oder besser gesagt Teile Indiens, tasten sich nun mehr und mehr an die Neuzeit heran. Die Eisenbahn, das Auto, das Flugzeug, das Telefon, das Fernsehen und das Internet verändern auch Indien – die Welt ist gerade dabei, ein Dorf zu werden.
Aber noch immer gibt es Kasten und Ausgestoßene, und obwohl die Engländer und Gandhi ehemals alles taten, um die Unberührbaren zumindest vor dem Gesetz Gleichheit zu verschaffen, sitzt der alte Aberglauben tief. Ja, die Kinderehe wird abgeschafft und die Frau rechtlich dem Manne gleichgestellt, aber alles braucht offenbar seine Zeit. Viele intelligente Inder studieren mittlerweile in England und bringen westliche Ideale in ihr Land zurück, die den alten Göttern Brahman, Vishnu und Shiva Konkurrenz machen. Indien holt in der Computertechnologie auf und kreiert einige Inseln erstaunlichen Wirtschafts-Wachstums. In der Informationstechnologie, der Ingenieurskunst, der Pharmazie und in vielen Dienstleistungsbereichen erzielt Indien wichtige Fortschritte – auch mit Hilfe ausländischer Kunden, die ihre Arbeit in das preiswerte Indien outsourcen.
Aber das alles ist bestenfalls ein bescheidener Anfang.
Regiert wird Indien heute im Prinzip von zwei großen Parteien, der Kongresspartei, die wohl wichtigste Partei, die mit dem Gandhi- und Nehru-Clan immer wieder die Regierung stellt und den „Linken“. Wie in fast allen Demokratien gibt es auch hier die Unterscheidung zwischen Linken und Rechten, die jedoch wenig nützt. Immerhin garantiert die wohl größte Demokratie der Welt Meinungsfreiheit und verschiedene Freiheiten überhaupt, was ein beträchtlicher Fortschritt ist. Doch die Probleme sind immer noch bedeutend. Stellen wir also die ebenso naive wie anmaßende Frage, was Indien unternehmen müsste, um die Zukunft zu gewinnen.

INDIENS HERAUSFORDERUNGEN

Mindestens drei Probleme müssten so rasch wie möglich gelöst werden, die in der Reihenfolge ihrer Bedeutung wie folgt lauten:
Sehr offenkundig ist das Problem No. 3, die ständig wachsende Bevölkerung.
Indien, der Vielvölkerstaat, zählt inzwischen 1.300.000.000 Menschen, und ist nach China der bevölkerungsreichste Staat auf Planet Erde. Jährlich kommen jedoch 15 Millionen Menschen hinzu. Verändert sich in Indien die momentane Wachstumsrate nicht, werden hier im Jahre 2050 rund 1,7 Milliarden Menschen leben.
Die Überbevölkerung ist mithin ein beträchtliches Problem, das nebenbei bemerkt erneut religiös bedingt ist. Zu viele Kulte existieren immer noch, die dem Sexus Verehrung entgegenbringen. Zahlreiche Zeugungs- und Fruchtbarkeitsrituale sind nach wie vor im Schwange, die Sehnsucht nach sexueller Potenz ist mindestens ebenso groß wie die Sehnsucht nach Kindern. Die Phallusverehrung ist bis heute fester Bestandteil indischen Lebens. *Linga* und *Yoni*, das männliche und das weibliche Geschlechtsteil, genießen göttlichen Status. Lingasteine, normalerweise um den Hals getragen, werden täglich im Gangeswasser gewaschen. Phallische Prozessionen, reichverzierte Tempel mit allen möglichen sexuellen Darstellungen, wollüstige Figuren und eine Fixierung auf die Fortpflanzung ist allenthalben zu beobachten. Der Sexus und mit ihm der Kinderreichtum ist in Indien eine wichtigere Kategorie als in anderen Ländern.
In diesem Punkt ist also Aufklärung angesagt, die schon in den Schulen beginnen muss. Zwar besteht allgemeine Schulpflicht, es gibt die Grundschule, die Mittelschule, die höhere Schule und die Universität, aber die Lese- und Schreibkenntnisse lassen noch immer viel zu wünschen übrig. Die Alphabetisierungsrate liegt immerhin inzwischen bei 64, 8 Prozent, 1951 lag sie bei nur 18,3 Prozent, viele Lehrer erledigten einen phantastisch guten Job.
Unterstützt wird die Philosophie der Geburtenkontrolle auch durch zahlreiche Frauenzeitschriften. Aber die Aufklärung wird immer noch nicht konsequent genug vorangetrieben.
Sehr viel intensivere Aufklärungs-Kampagnen in dieser Richtung wären also das Gebot der Stunde.
Wenn wir wirklich eine „axiomatische Geschichtswissenschaft“ betrei-

ben wollen, ist es also angesagt, auch über den Tellerrand hinauszublicken und nach Lösung zu fahnden, die in anderen Ländern funktionierten.
Was also wäre die Lösung?

In Mexiko gab und gibt es im Zusammenhang mit dem Thema „Überbevölkerung" eine rauschende Success-Story: Das Riesenland Mexiko litt – nicht anders als Indien – ehemals unter einer unverhältnismäßigen Zunahme der Population. Die Regierung organisierte in den Siebziger Jahren des letzten Jahrhunderts eine PR-Kampagne ohnegleichen, die über Jahrzehnte anhielt und zu einem gewissen Grade noch heute fortgesetzt wird. Überall wurde auf die Vorteile der kleinen Familie aufmerksam gemacht. Der Slogan hieß: „La familia pequeña vive mejor" (= „Kleine Familien leben besser!") Überall, überall, in TV, Radio, Zeitungen und in allen Schulen wurde darüber berichtet. Lehrer wurden angehalten, die Botschaft an alle Eltern weiterzutragen. Die Botschaft wurde allenthalben förmlich eingehämmert, gegen den Widerstand einiger Priester, die Gott dafür verantwortlich machten, wenn eine Frau schwanger wurde.
Der Erfolg war atemnehmend: Tatsächlich sank die Geburtenrate – und die Lebensqualität der Mexikaner verbesserte sich beträchtlich. Heute ist die Bevölkerung Mexikos annähernd stabil.

Wichtiger als das Problem der Überbevölkerung ist zweifelsohne die *Armut*, Problem No. 2, der Einhalt geboten werden muss, die jedoch in gewissem Sinne mit der stark wachsenden Bevölkerung Hand in Hand geht – die beiden Probleme bedingen sich gegenseitig.
Indirekt ist hierfür erneut die Pervertierung der Religion verantwortlich zu machen, denn wenn alles ohnehin vom *Karma* bestimmt ist, warum sollte man auch nur den kleinen Finger krumm machen? Wenn die diesseitige Welt so unwichtig ist, warum sollte man Besitz überhaupt Bedeutung beimessen?
Tragen wir zunächst die Fakten nach:
Indien stellt 17 Prozent der Weltbevölkerung, trägt aber nur zu 2 Prozent zur weltweiten Produktion bei.
Zum Vergleich: die USA produzierte um 1900 mit nur 6 Prozent der Weltbevölkerung über 50 Prozent aller Waren und Güter auf der Erde.

Ohne Worte!
Deutlicher gesagt: die indische Wirtschaft ist im Verhältnis zur Bevölkerung unvorstellbar unproduktiv, obwohl sie jährlich zulegt.
Indien ist ein Koloss, der schläft.
Ein (religiöses) Spinnennetz, fein aus Fäden gesponnen, die überall wie ein ständig wirkendes Gift Apathie und Lethargie verbreiten, hüllt das gesamte Land ein wie ein Kokon.
Die seit 1991 zunehmend privatisierte Wirtschaft leidet unter anderem unter veralteten Infrastrukturen, Energieversorgungs-Engpässen, Stromausfällen, ineffizienten Staatsunternehmen und der Korruption.
Indien ist ein todkranker Mann, der sich zum Sterben niedergelegt hat, auch wenn hier und da ein Licht aufflackert und der alte, kranke Mann je und je seine Augen öffnet.
44 % der Einwohner Indiens verdienen weniger als 1 Dollar pro Tag.
Unterernährung, Fehlernährung, Schuldknechtschaft, Kinderarbeit und hohe Arbeitslosigkeit bestimmen das Bild in Indien. Fast ein Drittel lebt in den Millionenstädten in Elendsvierteln.
Das Motto lautet: Der Tod ist eine wunderbare Lösung!
Oder: Hurra, lasst uns alle sterben!
Die Lösung besteht natürlich darin, weiter Ausbildung groß zu schreiben sowie alle Unternehmungen, die in Richtung *Wirtschaft* zielen, zu unterstützen.
Nur das wird Indien auf Dauer wieder aufs Pferd helfen.
Aufgrund unserer Axiome und die abgeleiteten Aktionspostulate wissen wir inzwischen, was die richtigen Maßnahmen wären:
Niedrige Steuern, ein geordnetes, gesundes Finanzwesen, Förderung der Kaufleute, Förderung aller Unternehmer, die Jobs schaffen, Verhinderung von Monopolen, Handelsethik, der konsequente Ausbau der Infrastruktur und Wirtschaftsliberalität.
Aber diese Postulate und Richtlinien können in Indien momentan allenfalls teilweise verwirklicht oder nur als *Ziel* und *idealer Zustand* formuliert werden.
Die politischen Erkenntnisse Europas und US-Amerikas liegen zum Teil weit über dem Horizont Indiens.
Indien muss sich zunächst seiner falschen Informationen entledigen, die seinen Einwohnern bis heute an allen Ecken und Ende eingeträufelt werden, von den Priestern.

Danach müsste Indien förmlich eine „Wirtschaftsbestie“ werden, um in der Zukunft gut zu überleben und um eine Chance zu haben.
Aber zunächst müsste Indien wachgerüttelt werden.
Dazu würde eine entsprechend gepolte Politkaste gehören sowie eine Administration der Spitzenklasse, die jedoch nicht ausufern und korrupt sein darf – etwas, wovon Indien momentan meilenweit entfernt ist und nur träumen kann.
Antikorruptions-Spezialisten wären die Forderung des Tages.
Weiter müsste Indien seinen lächerlichen Ehrgeiz hinsichtlich des Militärs aufgeben. Indien unterhält die drittgrößten Armee der Welt, 1,3 Millionen Soldaten müssen täglich gefüttert werden, man fragt sich wofür, von der Atombewaffnung ganz abgesehen, die ebenfalls so überflüssig ist wie ein Kropf, von den Gefahren ganz abgesehen.
Es gilt also, die *Militärausgaben* drastisch zu beschneiden.
Das Geld könnte für vernünftigere Zwecke eingesetzt werden, in der Ausbildung beispielsweise, mit Schwerpunkt und in Richtung Wirtschaftswissens, das sich jedoch unmittelbar anwenden und beruflich umsetzen lassen müsste.
Alles was in Richtung Apathie zielt (Drogenkonsum zum Beispiel) gälte es dagegen, zu behindern, alles was in Richtung Engagement und Arbeit zielt, müsste man sehr viel aggressiver fördern.

Das größte Problem und Problem Nr. 1 ist jedoch nach wie vor das Kastensystem.
Dieses Kastensystem zerstörte praktisch die gesamte indische Gesellschaft, tatsächlich bis zum gegenwärtigen Zeitpunkt, bis heute.
Noch immer gibt es in Indien 16,2 Prozent Unberührbare und 8,2 Prozent quasi Unberührbare, die zur alten Stammesbevölkerung zählen.
Rund 24 %, ein knappes Viertel der Gesamtbevölkerung, ist also nach wie vor ausgegrenzt.
Hinzu kommt die Einstufung der Frau als ein Wesen zweiter Klasse, eine Vorstellung, die besonders durch den Islam eingetrichtert wird.
(Rund 80 % der Bevölkerung Indiens sind Hinduisten, 13,4 % gehören dem Islam an!)
Wenn jedoch etwa 62 % der Bevölkerung ausgegrenzt sind, so kann man sich leicht vorstellen, dass damit kein Staat zu machen ist.
Der Großteil der Kräfte Indiens, fast zwei Drittel, liegen brach!

Blicken wir erneut über den Tellerrand und stellen wir eine weitere beeindruckende Erfolgsgeschichte in diesem Zusammenhang vor: Die Türkei nahm unter Kemal Pascha Atatürk, einem der größten Politiker des 20. Jahrhunderts, einen unvorstellbaren Aufschwung, als er der Gleichberechtigung der Frau Vorschub leistete, rigoros ein orthodox-islamisches Staatsgebilde ablehnte und Staat und Kirche also voneinander trennte. Der Islam war ab dem Jahre 1928 keine Staatsreligion mehr. Atatürk verbot die Heirat mit mehreren Frauen, er kopierte das westliche Ziffernsystem und den internationalen Kalender. Er schuf ein neues Zivilgesetzbuch, das sich an schweizerischen Vorbildern anlehnte und befahl, die lateinische Schrift zu benutzen, denn nur so konnten die Türken lernen und Innovationen einführen. Auf diese Weise führte Atatürk die Türkei in ein neues Zeitalter. Gleichzeitig verzichtete er auf jede Expansionspolitik.
Kurz zusammengefasst verhinderte er also den verheerenden Einfluss einer längst unterdrückerisch gewordenen Priester-Religion und mobilisierte ***alle*** *Kräfte, indem er die Diskriminierung verbot und die Gleichberechtigung* ***aller*** *Menschen zum Gesetz erhob.*
Das Ergebnis? Die Türkei nahm einen sagenhaften Aufschwung.

Nirgendwo auf Planet Erde ist die Diskriminierung höher als in Indien. Die Pervertierung der Religion spielt dabei die Vorreiterrolle.
Die rigorose Promotion der *Menschenrechte,* die in den westlichen Ländern einen so unendlichen Fortschritt einleiteten, die *Gleichstellung der Frau*, die *Gleichstellung der Parias*, wäre also erstes Gebot der Stunde.
Das wäre der erste, der wichtigste Schritt.
Indien müsste überzogen werden mit Menschenrechts-Kampagnen!
Weiter müsste der verheerende Einfluss einer längst unmenschlich gewordenen Religion konsequent beschnitten werden, denn sie dient den Menschen nicht mehr, sondern nur noch den gierigen Brahmanen und ihren gefräßigen, nimmersatten Göttern.
Indien würde sich zu unvorstellbaren Höhen aufschwingen können, wenn es einen Politiker gäbe, der mit harter Hand die drei größten Probleme in Angriff nehmen würde.
Indien könnte gerettet werden.

GESETZE DER GESCHICHTE UND AKTIONSPOSTULATE

Wie müssten also kurz zusammengefasst die Axiome und Aktionspostulate lauten? Nun wie folgt:

Axiom

Ein Volk, das über einen sehr langen Zeitraum in Sklaverei und/ oder unter der Fuchtel unterdrückerischer Priester lebt, geht entweder unter oder versinkt in bitterster Armut.

Aktionspostulat

Der Sklaverei/Tyrannei ist durch Demokratie zu begegnen,
und der Priesterherrschaft durch die rigorose Trennung von Kirche und Staat sowie durch Aufklärung.
Um der Armut Herr zu werden ist dies notwendig:
Die kompromisslose Förderung der Ausbildung, die Förderung der Wirtschaft, niedrige Steuern, die Förderung der Unternehmer, die Arbeit schaffen, der Ausbau der Infrastruktur (Straßen, Eisenbahnen, Häfen, Energieversorgung), das Engagement von Antikorruptions-Spezialisten und die Senkung unnötiger staatlicher Ausgaben (z.B. der Militärausgaben im Falle Indiens).

Axiom

Überbevölkerung kann dazu beitragen, dass ein Volk in Armut versinkt.

Aktionspostulat

Das Problem der Übervölkerung ist zu lösen durch PR-Kampagnen und eine entsprechende Gesetzgebung.

Axiom:

Die Diskriminierung großer Teile der Bevölkerung legt die geistigen und wirtschaftlichen Kräfte eines Landes lahm und verhindert, dass ein Land blüht und gedeiht.

Aktionspostulat

Notwendig sind kontinuierliche Menschenrechts-Kampagnen, die Betonung des Gleichheits-Gedankens und die gesetzliche Ächtung jedes Systems, das Menschen in Kasten pfercht.

Man ersieht an diesen Aktionspostulaten sofort, dass sich die verschiedenen Länder auf Planet Erde unterschiedlichen Problemen gegenübersehen. Ein hochentwickeltes Industrieland muss anderen Herausforderungen begegnen als ein Entwicklungsland.
Aber man erkennt auch, wie bedeutsam es ist, über den Tellerrand hinauszublicken und Lösungen, die in anderen Ländern funktioniert haben, zu übernehmen und zu lernen, zu lernen und nochmals zu lernen.
Da es keine Automatik des Verfalls gibt, und da jeder Verfall in jedem Stadium aufgehalten werden kann, gibt es Lösungen für jedes Problem.
Wiederholen wir: auch Indien könnte in eine neue Blüte hineingeführt werden.

RECHERCHEN-POSTULAT
Und so könnte man theoretisch jedes einzelne Land auf Planet Erde untersuchen und für jedes Land individuell ein „Programm“ aufstellen, das in die richtige Richtung führt. Gefragt sind Hunderte von Historikern und Tausende von Schriftstellern, die sich dieser Recherchen-Arbeit annehmen. Sie müssen klug genug sein, die Religionen eines Landes und seine spezielle Geschichte in Rechnung zu stellen, aber sie dürfen auch den Entwicklungsstand und die existierende Realität innerhalb einer Nation nicht aus dem Auge verlieren.
Danach gilt es, die entsprechenden politischen Programme zu formulieren und zu implementieren.
Es gibt keinen einzigen Grund, der dagegen spricht, nicht jedes Land auf Planet Erde wieder in eine neue Blüte hineinzuführen.
Betrachten wir in diesem Sinne einige weitere brisante Axiome, die uns bei diesem Unterfangen unterstützen können.

III. HOCH SPEZIALISIERTE HISTORISCHE RECHERCHEN

Mit unseren ersten „Axiomen“ zum Aufstieg und Untergang von Staaten und Nationen haben wir allenfalls einen bescheidenen Anfangspunkt gesetzt, was „Gesetze der Geschichte“ angeht. Darüber hinaus ist es notwendig, weitere Schwerpunkte unter die Lupe zu nehmen und auch andere Fragestellungen durch eine axiomatische Geschichtsschreibung zu beantworten zu versuchen. So etwa:

Was lehrt die Geschichte Chinas?
Oder:
Was können wir aus der Geschichte Deutschlands lernen?
Und so weiter.

Jedes Land wird seine Historiker zunächst dazu anzuhalten versuchen, Nabelschau zu halten und die eigene Geschichte auf „Lehren“ hin abzuklopfen. Aber auch der Historiker, der den gesamten Globus im Visier hat, wird nicht darauf verzichten können, zunächst die Schicksale einzelner Völkerschaften, Nationen und Länder unter die Lupe zu nehmen. Doch neben diesen national-geographischen Gesichtspunkten gibt es noch weitere wichtige thematische Schwerpunkte.
So könnte man etwa die Frage aufwerfen, was die Geschichte vieler Völker und Nationen *im Detail* lehrt, wenn es um das Thema *Steuern* geht, weil Steuern für die Blüte oder den Niedergang eines Staates so bedeutsam sind, wie wir bereits wissen.
Auch das Thema *Krieg und Frieden* verdient eine eigene Betrachtung. Wenn wir tatsächlich über Axiome und Aktionspostulate bezüglich *Steuern* und *Krieg und Frieden* verfügen würden, so könnten wir damit noch gezielter Verbesserungen in die Wege leiten!
Nun, genau diese gerade beschriebenen Themenbereiche (China, Deutschland, Steuern, Frieden) bilden den Inhalt dieses vorliegenden Kapitels.
Beginnen wir mit dem faszinierenden China.

1. UNBEKANNTES CHINA

Es stellt für den Historiker immer eine intellektuelle Herausforderung dar, eine gänzlich andere Kultur *wirklich* zu verstehen und von ihrem innersten Kern her zu begreifen – was gewöhnlich erst nach der Lektüre von 1.000 Büchern möglich ist und nachdem man viele Jahre in dem Land, in dem diese Kultur blühte, gelebt hat.
China, so viel vorab, kann man nicht „auf die Schnelle" begreifen und verstehen, zumal es „China" so wenig gibt wie „Amerika". Sprich selbst US-Amerika etwa besteht aus zahlreichen Bundesstaaten, aber es wäre fatal, Kalifornien mit New York in einen Sack zu stecken oder Florida mit Texas zu vergleichen: Die Mentalitäten, die Dialekte, die Ansichten sind zu unterschiedlich in diesem riesigen US-Amerika, es gibt zahlreiche Religionen und Rassen, die Chinesen tummeln sich hier ebenso wie die Mexikaner, von all den Engländern, Deutschen, Franzosen, Iren und Italienern ganz zu schweigen oder den Afro-Amerikanern und den Ureinwohnern, den Indianern. Mit einem Wort: Es gibt „das" US-Amerika nicht!
Ähnlich muss man über China urteilen. Allein die Sprachenvielfalt verrät uns viel: Es gibt verschiedene Dialekte des Hochchinesischen (= Mandarin), aber darüber hinaus auch *Kantonesisch, Keja, Min, Gan, Xiang* und *Wu* – sprich andere chinesische Sprachen, ganz abgesehen von den nichtchinesischen Sprachen, die in dem großen China bis heute gesprochen werden, wie *Birmanisch, Mongolisch* oder *Tibetisch* etwa.
Weiter gab es dieses „China", wie wir es heute kennen, ja nicht seit Urzeiten. Das heißt die Grenzen wurden ständig weiter nach außen geschoben, „China" war einst nur von bescheidenem Umfang, nicht anders als viele andere Staaten, die wir kennen.
Aber heute ist „China" riesig, wer könnte sich also anmaßen, ein so großes Land wirklich durchdrungen und verstanden zu haben?
Schließlich blickt China auf eine rund 20.000 Jahre alte Geschichte zurück.[1] Selten gelingt es indes einem europäischen Historiker, mehr als nur ein paar Hundert Jahre wirklich zu überblicken und vollständig zu verstehen – selbst wenn es sich um ein so winziges Land wie „Deutschland" handelt, ein Mückenschiss auf dem Globus, der im Weltmaßstab kaum wahrnehmbar ist und trotzdem über eine äußerst reichhaltige Geschichte verfügt.

Weiter kennen wir Europäer dieses China erst seit relativ kurzer Zeit. Marco Polo, der mutige italienische Weltreisende, versorgte uns im 13. Jahrhundert mit den ersten sagenhaften Berichten über China, die Europa so sehr staunen ließen, dass sie Marco Polo als „Millionenlügner" bezeichneten, eine Person also, die Millionen Mal log, denn es ist für jede Zivilisation unangenehm, zu erkennen, dass andere Zivilisationen ihnen überlegen sind – und China war Europa lange Zeit haushoch überlegen! Noch heute kennen wir also allenfalls Bruchstücke von China, wenn wir ehrlich sind.
Nachdem wir also dargelegt haben, dass wir uns über China im Grunde genommen kein Urteil anmaßen können, nachdem wir bewiesen haben, dass es unmöglich ist, China zu verstehen, versuchen wir es trotzdem – denn interessanterweise gibt es einen „festen Punkt im All", von dem aus man selbst dieses riesige Weltreich begreifen kann.

DER FESTE PUNKT IM ALL

„Geschichtswissenschaft" besteht heute aus hundert Teildisziplinen, die alle ihre Berechtigung besitzen und unser Bild über die Vergangenheit beträchtlich verändert und verbessert haben. Aber „Geschichtswissenschaft" hat es bislang versäumt, eben diese Teildisziplinen in einer Skala relativer Wichtigkeiten anzuordnen. Sprich es wurde versäumt, darauf hinzuweisen, dass man ein Volk, ein Land und eine Kultur am leichtesten von seiner *Religion* oder *Weltanschauung* her begreifen kann. Die Religion ist gewöhnlich wichtiger als all die elenden Schlachten, die ausgetragen wurden, ja selbst wichtiger als die politische Geschichte, die oft, zu oft von eben der Weltanschauung oder Religion *diktiert* wird – man denke beispielsweise nur an den Einfluss der Päpste, Luthers und des Christentums auf Deutschland.
50% der Geschichte Deutschlands lässt sich begreifen, wenn man das Christentum und seine Vertreter in Rechnung stellt!
Jedes Land dieser Erde, jede Kultur und jede Zivilisation wird mental von einer Weltanschauung oder Religion beherrscht, zumindest wird sie stark davon beeinflusst. Versteht man diese Religion oder Weltanschauung, so versteht man automatisch auch das Land sehr viel besser, zurückhaltend gesagt, im Idealfall kann man es sogar in seinen Tiefen ausloten. Die Religion (und Weltanschauung) bestimmt das Denken der Menschen, sie bestimmt manchmal den gesamten Alltag, sowie das Urteil über die Ver-

gangenheit. Oft beeinflussen Religion und Weltanschauung die Ideale eines Volkes sowie seine Ziele und damit die Zukunft. Religion ist mächtig, allmächtig mitunter, sie diktiert die Gebräuche und Sitten, sie versorgt Priester mit Geld und Macht, sie kann Fürsten, Könige und Kaiser emporheben oder stürzen. Tausend Gedanken, die der Mensch denken kann, werden von der Religion oder Weltanschauung in die „richtigen" Bahnen gelenkt, neue Ideen und der Fortschritt selbst werden durch die Religion und Weltanschauung bewertet. Besitz, Geld, Einfluss und Macht sind oft nichts als ein Ausfluss der Religion, man denke nur an die zahlreichen Kirchen im europäischen Mittelalter oder den umfangreichen Landbesitz der Bischöfe und Äbte. Wer das Denken beherrscht, beherrscht ein Land, das Denken aber wird von der Religion diktiert. Will man ein Land verstehen, von seinem innersten Kern her, so muss man sich also in erster Linie darum bemühen, die Religion oder die Weltanschauung dieses Landes zu verstehen. Gelingt uns dies, so können wir mit einem Mal 1.000 Phänomene einordnen, 10.000 Erscheinungen begreifen und 100.000 Entscheidungen nachvollziehen. Religion und Weltanschauung sind der feste Punkt im All, von dem aus man „Geschichte" und ein Volk am leichtesten begreifen kann.
Machen wir die Probe aufs Exempel!

DIE RELIGIONEN (UND WELTANSCHAUUNGEN) CHINAS

In der Geschichte Chinas ragen sechs Anschauungen meilenweit über andere Weltsichten heraus, die uns dieses Riesenland sofort besser verstehen lassen.
Es sind:

1. der Daoismus oder Taoismus des Lao-Tse,
2. die Lehren des Konfuzius,
3. der Buddhismus,
4. das Christentum,
5. der Islam und
6. der Kommunismus Mao-Tse-Tungs.

Da wir bislang Erkenntnisse relativ „dicht" zusammengeballt vorgestellt haben, sollten wir es uns erlauben, zumindest eine Religion, die ursprünglichste Religion Chinas, nun wieder etwas genauer unter die Lupe

zu nehmen, damit wir intellektuell ein wenig „ausruhen“ können, bevor wir uns erneut in das Getümmel und die Schlacht rund um die Axiome stürzen.
Versuchen wir also, als erstes in verhältnismäßiger Ausführlichkeit dem interessanten *Tao* auf die Spur zu kommen.

DAS TAO oder WIE MAN UNSTERBLICHKEIT ERLANGT

Bis heute verspricht der Taoismus oder Daoismus seinen Anhängern, sie mit geheimen Wissen zu versorgen, was die *Unsterblichkeit* angeht– und wir werden das Geheimnis an späterer Stelle preisgeben. Der Taoismus fußt auf einem berühmten Büchlein mit dem Titel *Tao-Te-King.* Fragen wir uns zunächst, was es damit überhaupt auf sich hat.
Nun, „Tao“ bedeutet bemerkenswerterweise zunächst nichts als „Weg“. Es handelt sich um einen „Weg zur Tugend“, denn „Te“ kann mit *Tugend* oder *Güte* übersetzt werden. Der Begriff „King“ bezeichnet einen *Leitfaden.*
Beim *Tao-Te-King* handelt es sich also um einen *Leitfaden*, der den *Weg* zur *Tugend* beschreibt. Die Wahrheit ist indes, dass sich in diesem Büchlein sehr viel mehr verbirgt, tatsächlich enthält es eine ganze Religion, ein geheimes Wissen um die letzten und höchsten Dinge, eine ganze Philosophie und sogar ein Stück Politik. Aber wer zeichnet eigentlich für das Tao-Te-King verantwortlich?

DER ALTE MEISTER

Der Legende nach verfasste Lao-Tse (auch Laozi oder Lao-tzu genannt = wörtl. „Der alte Meister“) dieses Büchlein, ein Bibliothekar und Archivar der kaiserlichen Büchersammlung, ein Gelehrter mithin, der die Spitzbübereien der hohen Politik eines Tages satt hatte und beschloss, China den Rücken zu kehren. Als er die Grenze erreichte, hielt ihn ein Zöllner oder Grenzbeamter an einem Bergpass jedoch auf und bat ihn, seine Weisheiten und Einsichten niederzuschreiben, damit all sein Wissen nicht verloren gehe. Lao-Tse tat ihm den Gefallen, verfasste rund 5.000 Worte, winkte freundlich zum Abschied – und ward nie wieder gesehen. Die Legende will wissen, dass er in hohem Alter an einem unbekannten Orte starb.
Lao-Tse lebte aller Wahrscheinlichkeit nach im 6. vorchristlichen Jahrhundert. Die volle Wahrheit ist indes, dass sich in seinem Buch auch

Vorstellungen finden, die sehr viel weiter zurückreichen. Wie immer bekämpfen sich die Gelehrten heftiger mit der Feder als Soldaten mit ihrem Schwert. Auch über den Verfasser streitet man sich heftig. Aber gleichgültig, ob der Verfasser des Tao-Te-King Lao-Tse hieß oder Schulze, was lehrt eigentlich dieser spirituelle Leitfaden, der als der meistübersetzte religiöse Text nach der Bibel und dem Koran gilt und der wenigstens 700 mal übersetzt und zehntausendfach kommentiert wurde?

EWIGE WEISHEITEN

Das Büchlein ist, modern ausgedrückt, ein Leidfaden zur Persönlichkeitsentwicklung, der jedem, auch Herrschern, zur Orientierung dienen kann. Der Verfasser bekennt sich zu folgenden Idealen:
Bescheidenheit, Einfachheit, (Nächsten-)Liebe, Natürlichkeit, Güte, Gleichmut gegenüber materiellem Gütern, Nachsicht, Wahrheit und *Weisheit.* Weiter bekennt er sich zum *Frieden, zur Freiheit* und *zur Gewaltfreiheit.*
Es handelt sich also um persönliche Tugenden, aber auch politische Postulate!
Verpackt sind diese Ideale in raffinierte Gleichnisse, höchst geschickte Formulierungen und wunderschöne Metaphern, die den Vergleich mit den besten Federn Europas nicht zu scheuen brauchen.
Einige Perlen:

„Wer nicht streitet, mit dem kann niemand auf der Welt streiten."

„Das Wasser bahnt sich seinen Weg, indem es nachgibt und unten bleibt."

„Ein Mensch, der viel besitzt, zieht Räuber und Feinde an."

„Was du schwächen willst, das musst du erst richtig stark werden lassen."

„Wem du nehmen willst, dem musst du erst richtig geben."

„Wer bittet, der empfängt; wer Sünden hat, dem werden sie vergeben."

Der „vollkommenen Mensch" wird wieder und wieder beschrieben. Er verliert sich nicht in materiellem Besitz und hält sich frei von zu großem Ehrgeiz und Heuchelei.
Die Existenz von Sitten und Moral verraten laut dem Alten Meister nur, dass die *natürliche* Ethik, über die jeder Mensch verfügt, längst in Vergessenheit geraten ist.
Auch die Erkenntnisse im Bereich der Politik haben es in sich:

„Je mehr Verbote es gibt im Reiche, desto ärmer wird das Volk."

„Je mehr Gesetze und Erlasse verkündet werden, desto mehr Räuber und Diebe gibt es."

„Wessen Regierung still und unaufdringlich ist, dessen Volk ist aufrichtig und ehrlich. Wessen Regierung scharfsinnig und stramm ist, dessen Volk ist hinterlistig und unzuverlässig."

Darüber hinaus weiß der Verfasser des Tao, dass zu viele Regeln und Gesetze die Vitalität des Individuums zerstören, dass Bestechungen verachtenswert und Kriege töricht sind und Wissen stets an eine Grenze stößt.
Viele Jahrhunderte vor „unserer" Zeit wurden die größten Weisheiten also längst formuliert, denn all dem könnte Sokrates zustimmen, Buddha, Christus, Voltaire und Kant.
Verraten wurde uns nur noch nicht, wie man Unsterblichkeit erlangt.

DIE ESOTERISCHE SEITE DES TAOISMUS

Wenn man das Christentum genauer untersucht, so stellt man fest, dass es aus vielen Quellen schöpfte – aus ägyptischen, indischen, persischen, jüdischen und griechischen unter anderem – und dass es zahlreiche Ausformungen, Meinungen, Sekten, Ansichten und Glaubensüberzeugungen innerhalb eben dieses Christentums gibt, viele tausend tatsächlich.
Nicht anders verhält es sich mit dem Taoismus.
Beim Taoismus handelt es sich um keine stromlinienförmige Religion oder Philosophie, auch hierin fanden viele tausend Ansichten und Lehren Platz.
Wie fast jede Religion entwickelte der Taoismus tiefsinniges, esoteri-

sches Gedankengut, das vielleicht bereits Jahrhunderte vor dem Alten Meister existiert hatte.

Jedenfalls lehrt das Tao, dass es so etwas wie eine reine Lebenskraft gibt, *Chi* (oder *Qi*) genannt, die man übersetzen mag mit *elan vital*, Seele oder Geist, die zu unglaublichen Taten fähig ist. Noch heute spielt dieses *Chi* eine entscheidende Rolle in vielen Kampfsportarten, die vom Tao beeinflusst sind. Die unglaublichsten körperlichen Kunststücke sind möglich, wenn man sich dieses *Chi* bedient, das man vielleicht auch als gelenkten Energiefluss verstehen kann oder als eine Kraft, die Energie erschaffen, Aufmerksamkeit in einem einzigen Punkt zusammenballen und Energie ausströmen lassen kann, mit ungeheurer Stärke.

Atem-, Körper- und Geisteskontrolle sind Anwendungsbeispiele für taoistische Prinzipien und für die Überlegenheit des Chi.

Der Begriff *Tao* selbst wurde auch mit einem absoluten Prinzip gleichgesetzt, aus dem angeblich alle Dinge entstanden waren, der gesamte Kosmos und alle Ordnung, es wurde als die Ursache für alles Existierende angesehen, womit es sich in diesem Sinne um eine Art Gottes- und Lebensenergie handelt, die gemäß dieser Lehre jedem von uns innewohnt.

Als der Taoismus auf den Buddhismus traf, identifizierte man Buddha mit Lao-Tse, der angeblich einst nach Indien ausgewandert war, um den Indern ein wenig Kultur und geistiges Wissen zu bringen. Laot-Tse = Buddha! Oh welches Land und welche Kultur hätten sich nicht stets gern in den Mittelpunkt der Welt gerückt! Die Inder, die Barbaren, hätten jedoch die Lehren des Alten Meisters nicht recht begriffen, und so sei der Buddhismus entstanden.

Als sich der Taoismus mit dem Buddhismus verband, erblickte jedenfalls unter anderem der Chan-Buddhismus (sanksrit: *dhyana* = Meditation = jap. Zen-Buddhismus) das Licht der Welt, der in Japan, Korea und Vietnam bis heute präsent ist.

Auf diese Weise fanden viele hoch geistige Prinzipien des Buddhismus im Taoismus Eingang, vielleicht auch die Lehre von der Unvergänglichkeit der Seele.

In diesem Sinne lehrte eine Richtung des Taoismus auch, dass man durchaus ohne Körper existieren, sprich aus dem Leib heraustreten könne. Damit war der Gegensatz von Körper und Seele beschrieben. Ganze Schulen rankten sich später nur darum, die wahre Natur und Kraft der Seele zu ergründen, mit zum Teil erstaunlichen Ergebnissen.

Meditative Techniken zielten weiter darauf ab, die Welt in ihren Gegensätzen zu erfassen. Schon vorher hatte es die Lehre vom Ying und Yang gegeben, womit auf ein weibliches und männliches Prinzip gedeutet wurde, aber auch auf die Gegensätze von kalt und warm, hell und dunkel, passiv und aktiv und so fort. Ein Ausgleich der Gegensätze wurde angestrebt, Veränderung und Geschichte wurde verstanden aus der Wechselwirkung zwischen Ying und Yang, ja die gesamte menschliche Existenz bewegte sich offenbar zwischen diesen beiden Polen.
„Das Unglück ist's, worauf das Glück beruht, das Glück ruht auf dem Unglück", erkannten die taoistischen Weisen. Nun, wenn man ein wenig nachdenkt und es sich selbst gestattet, zu philosophieren, muss man zugeben, dass man „Glück" tatsächlich nur definieren kann, wenn man gleichzeitig die Existenz des „Unglückes" annimmt.
Eine weitere Kostprobe:

„Wenn auf Erden alle das Schöne als schön erkennen,
so ist dadurch schon das Hässliche definiert.
Wenn auf Erden alle das Gute als gut erkennen,
so ist dadurch schon das Nichtgute definiert.
Denn Sein und Nichtsein erzeugen einander.
Schwer und leicht vollenden einander.
Lang und kurz gestalten einander.
Hoch und tief gehören zusammen.
Vorher und nachher folgen einander." [2]

Bis heute gibt es diese hoch geistige, hoch spirituelle Seite des Tao, die vielleicht die wahre Attraktion dieser religiösen Philosophie ausmacht. Aber es gab auch eine andere Seite der Medaille.

SIEG UND NIEDERLAGE DES TAO

Im Taoismus begannen sich eines Tages alle möglichen und unmöglichen Rinnsale zu einem einzigen großen Strom zu vereinigen. Das hatte unter anderem damit zu tun, dass der Taoismus in ganz China einen unvergleichlichen Siegeszug antrat, womit gleichzeitig zahlreiche Anschauungen in diese Philosophie Eingang fanden. Der Taoismus wandelte sich zur Volksreligion. Dadurch drangen mehr und mehr volkstümliche Riten und Gebräuche, Glaubensvorstellungen und kultische Ideen in den Taoismus ein. Schon bald gab es zahlreiche Götter im Tao, selbst Lao-Tse wurde zum Gott erhoben, welcher Religionsgründer wäre je diesem Schicksal entgangen! Lokale Vereinigungen bildeten sich, mit ihren eigenen Gottheiten, mit Naturgöttern, Dämonen und Geistern, mit heiligen Bergen und heiligen Grotten.

Im 2. Jahrhundert n. Chr. entstand die erste taoistische Kirche. Messianisches und revolutionäres Gedankengut fanden sich auf einmal im Taoismus und Geheimbünde bildeten sich, wie die *Gelben Turbane* oder die *Rote-Augenbrauen-Sekte*, der Taoismus wurde zeitweise politisch, blieb aber immer gleichzeitig auch religiös-philosophisch. Die Lehre von einem Himmel wurde geboren, den man sich ähnlich bürokratisiert wie die Verwaltung auf Erden vorstellte. Gebete wurden in Form von Formularen verfasst, verbrannt und an die jeweils zuständige Gottheit mit dem entweichenden Rauch geschickt, eine Art himmlischer Luftpost. Pflichtbeiträge wurden erhoben und Steuern, die Kirchensteuer plagte nicht nur das Christentum! Mitglieder der Aristokratie, der Hocharistokratie, Dichter und Gelehrte, kurz höchst einflussreiche Chinesen bekannten sich auf einmal zum Taoismus, bis ein Kaiser die Religion im 5. Jahrhundert sogar zur Staatsreligion erhob!

Der Taoismus war auf einem ersten Gipfel angelangt.

Es entstanden mehr und mehr Götter, mehr und mehr Schulen, aber auch eine göttliche Trinität erblickte das Licht der Welt, die aus dem Himmelsehrwürdigen des Uranfangs bestand, dem Himmelsehrwürdigen des magischen Juwels und dem vergöttlichten Lao-Tse. Eine Kaiserdynastie behauptete sogar später, von Lao-Tse selbst abzustammen, solche Behauptungen waren in der Geschichte schon immer praktisch, wenn es darum ging, Macht zu zementieren; man stand damit mit dem Himmel auf du und du. Landesweit wurden taoistische Tempel errichtet, Rituale wurden in reicher Zahl geboren, sprich religiöse Praktiken ohne Ende.

Im 10., 11. und 12. Jahrhundert n. Chr. war der Taoismus praktisch im gesamten Volk verbreitet. Tempel wurden öffentlich gefördert, selbst die Organisation von Märkten und das Eintreiben der Handelssteuer wurden den Priestern übertragen. Aber mit dem Sieg des Taoismus ging auch seine Niederlage einher, denn die ursprünglichen Weisheiten wurden weitgehend vergessen und durch abergläubische Vorstellungen ersetzt. Jede Religion unterliegt dem geschichtlichen Zyklus von Aufstieg, Blüte und Verfall. Im 15. Jahrhundert umschloss der Taoismus auf einmal Sexual-

praktiken und Magie, Ritualistik und Liturgie, Heiligenverehrung und Alchemie. Paradiesvorstellungen entstanden in reicher Zahl, die Wahrsagerei erlebte eine Blüte nach der anderen – das chinesische Volk war hierfür schon immer besonders anfällig. Auch die Idee der Hölle wurde übernommen, wir wissen nicht, welcher Schurke dafür verantwortlich zeichnet, wahrscheinlich stammt sie aus dem pervertierten, älteren Buddhismus und also aus den Köpfen einiger indischer Priester, die entdeckt hatten, dass man damit prächtig Geld verdienen konnte.
Neue Theorien und Praktiken ohne Ende erblickten jedenfalls das Licht der Welt. Die Visualisierung bestimmter Ideen wurde ebenso praktiziert wie die Methode, über bestimmte Götter Befehlsgewalt auszuüben. Beneidenswert!
Zölibatäre und mönchische Vereinigungen schossen wie Unkraut aus dem Boden, aber es gab auch genügend Priester, die sich nur um Begräbnisse und Hochzeiten, um Exorzismen und Heilungen bemühten.[3]
Selbst die Angewohnheit, Priestern Opfergaben zu bringen, um die Götter zu bestechen, fand Eingang in das Tao.
Der religiöse Aberglaube ist international.

DIE METHODE, UNSTERBLICHKEIT ZU ERLANGEN

Kommen wir nun endlich auf das Thema zu sprechen, das viele Menschen bis heute elektrisiert: die Unsterblichkeit.
Der Taoismus war von der Idee der Unsterblichkeit lange Zeit geradezu besessen. Das höchste Ziel bestand darin, ewig zu leben, und das in vollständiger Glückseligkeit. Aber wie konnte man es erreichen?
Nun, hinter vorgehaltener Hand sprach man unter anderem von Wunderpflanzen, die Unsterblichkeit verleihen könnten; unablässig wurde danach gesucht.
Früh verehrte man im Taoismus darüber hinaus die so genannten *Unsterblichen*, deren wichtigste Vertreter Kaiser oder Angehörige des kaiserlichen Hauses waren, und die angeblich ein sagenhaft hohes Alter erreicht hatten, viele Jahrhunderte zählten und vorgeblich noch immer lebten. Die wildesten Geschichten kursierten – und kursieren bis heute noch, wenn man sich einige chinesische Anekdoten über die Langlebigkeit zu Gemüte führt.
Weiter versuchte man Elixiere herzustellen, um das Leben zu verlängern. Eine besondere Rolle spielten Zinnober, Quecksilber und Gold. Ein

Kaiser, der es sich leisten konnte, goss becherweise Quecksilber in sich hinein – und starb natürlich prompt, denn Quecksilber ist hochgiftig. Andere schluckten Pillen, die das ewige Leben versprachen, der Aberglauben machte bislang vor keiner Zivilisation Halt. Die Alchemie feierte fröhliche Urständ, auch mit ihr suchte man das Leben zu verlängern. Versehentlich entdeckte man das Schießpulver, aber damit besiegte man nicht den Tod, sondern führte ihn ironischerweise sogar schneller herbei.

Vergessen hatte man längst die alten Lehren und die esoterische Komponente: Wenn man tatsächlich aus dem Körper heraustreten kann, so beweist dieser Umstand allein, dass man *unabhängig* vom Körper existiert. Es beweist die Existenz einer *Seele*, es beweist die Existenz des *Chi*. Bewiesen wurde im Tao längst mithin, dass der geistige Teil des Menschen ohnehin unsterblich ist – man suchte also in seiner Einfalt nach etwas, das bereits gefunden worden war.

Die Idee der Unsterblichkeit wurde – wie in vielen Religionen – pervertiert und auf den *Körper* bezogen, statt auf die *Seele* – der ganze Hokuspokus, der sich um die ägyptische Mumifizierung rankt, lässt sich damit auf einmal verstehen.

Körper, Körper, Körper! Vergessen wurde die Seele, Seele, Seele, in Ägypten *Ba* genannt, in Indien *Atman* und in China *Chi*.

DER TAOISMUS HEUTE

Der Taoismus hat bis heute nichts von seiner Faszination verloren.

Aber wie schrieb sich seine Geschichte eigentlich fort?

Die letzte Dynastie Chinas belegte das Tao im 17. Jahrhundert mit zahlreichen Verboten. Im 19. Jahrhundert wurden sämtliche Tempel zerstört. Im 20. Jahrhundert bemühte sich der Kommunismus, diese die ursprünglichste Religion Chinas zu zerstören, ein Anschlag, der jedoch misslang.

Eine Religion kann man nicht zerstören oder nur sehr schwer. Sie birgt Kräfte in sich, die mit einem nur „wissenschaftlichen Kopf" nicht vollständig zu begreifen sind. Götter lassen sich nicht erschießen, sie sind unsichtbar. Trotzdem wurde versucht, die Wurzeln des Tao auszureißen und die urchinesische Religion mit Stumpf und Stil auszurotten.

Der Kommunismus betrachtete jede Religion als „Droge für das Volk", aber keine Sicht könnte törichter sein. Im 20. Jahrhundert wurde der Taoismus jedenfalls brutal vom Kommunismus unterdrückt. Klöster und Tempel wurden zerstört, Schriften vernichtet und Mönche und

Nonnen getötet. Als gegen Ende des 20. Jahrhunderts der Kommunismus endlich erkannte, dass man auf diese Weise der Religion nicht beikommen konnte, ließ man den Taoismus wieder zu – wenn auch unter staatlicher Kontrolle. Tempel und Klöster wurden wieder aufgebaut, taoistische Heilkünstler toleriert sowie die Existenz von Mönchen und Nonnen.
Heute gibt es in China rund 3.000 taoistische Heiligtümer und etwa 25.000 Nonnen und Mönche.
Man nimmt an, dass es in China im 3. Jahrtausend rund 60 Millionen Taoisten gibt, aber unseres Erachtens wird mit dieser Zahl zu kurz gegriffen, denn das Tao ist die ursprünglichste Religion Chinas, vielleicht ist diese Zahl also nur kommunistische Propaganda. Allein in Taiwan leben rund 8 Millionen Taoisten, denn hier suchten viele Anhänger Schutz, als Mao und Genossen China in ihre Gewalt brachten. Aber da Chinesen bis heute fleißig auswandern, gibt es den Taoismus auch in Malaysia, Singapur, Vietnam, Japan, Korea und selbst in den USA.
In China befruchtet der Taoismus viele Aktivitäten. Kampfkunstschulen und Teehäuser, Souvenirläden und Hotels etwa werden von taoistischen Organisationen heute in China betrieben, aber Taoisten engagieren sich auch im Umweltschutz und in der Katastrophenhilfe. Der Taoismus befruchtet weiter immer noch die Kunst und die Kultur in China, die Literatur und die Musik, die Wissenschaft und die Politik, die Medizin und die Chemie, die Geographie und die Architektur. Wenn man den Taoismus versteht, versteht man plötzlich Tausende von Phänomenen in China, die vorher dunkel und geheimnisvoll erschienen.
Nach wie vor gibt es im heutigen China indes auch einige taoistische Vereinigungen, die teilweise unnachgiebig verfolgt werden; Haftstrafen und Todesurteile werden immer noch vollstreckt.
Einige kommunistische Betonköpfe haben immer noch nichts gelernt.

DER TAOISMUS IM WESTEN

Viele Denker und Philosophen setzten sich mit dem Tao auch im Westen auseinander. Jesuiten, die doch das Christentum in China verbreiten sollten, konnten sich der Anziehungskraft des Alten Meister nicht entziehen, die Lehre war hoch spirituell und von wirklicher Menschenliebe durchdrungen. Aber auch Rudolf Steiner, Martin Buber, Hermann Hesse, Alfred Döblin und Bertolt Brecht wurden vom Tao beeinflusst, teilweise schlug die Euphorie hohe Wellen. Carl Gustav Jung theoretisierte über das Tao ebenso wie Graf Keyserling, Martin Heidegger oder Karl Japsers. Speziell der Zen-Buddhismus/Taoismus wurde hierzulande populär, die Hippie-Bewegung liebte das Tao und die New-Age-Bewegung saugte ihn auf. Kenner schätzen, dass ein gesamtes Viertel des heutigen Esoterik-Buchhandels mit taoistischen Büchern bestritten wird oder zumindest ohne das Tao nicht denkbar ist.

DAS TAO IM URTEIL

Der Taoismus prägte rund 2.000 Jahre lang das Leben von Milliarden Menschen in China, der Einfluss ist ungeheuer, vielleicht übte nie eine religiöse Philosophie einen größeren Einfluss auf die Menschheit insgesamt aus. Es handelt sich zumindest bei dem spirituellen, ethisch motivierten Tao um eine der edelsten Lehren, die je aufgestellt wurde, denn in ihren Gipfelpunkten werden Weisheit und Wahrheit erreicht, und immer wird der Tugend das Wort geredet. Das Tao zivilisierte halb China und trug zu seiner unglaublichen Blüte bei, die im 13. und 14. Jahrhundert die Kultur in unseren Breiten weit übertraf.[4] Von den Höhen der Philosophie stieg das Tao in die Niederungen des Aberglaubens ab – ein Prozess, der unvermeidbar erscheint, wenn man die Geschichte der Religionen und Weisheitslehren auf diesem Planeten insgesamt in Augenschein nimmt.
Der Taoismus trat gleichzeitig einen unvergleichlichen Siegeszug an – was die Verbreitung anbelangt – und musste später ebenso unvergleichliche, harte Nackenschläge hinnehmen.
Trotzdem gibt es heute immer noch mehr Taoisten auf Planet Erde als Frankreich Einwohner hat, denn das Tao ist wie Wasser. Was aber lehrte schon Lao-Tse über das Wasser? *„Das Wasser bahnt sich seinen Weg, indem es nachgibt und unten bleibt."* Das Wasser, weiß der Taoist, besiegt auf Dauer selbst den härtesten Felsen.

ERSTE AXIOME

Die erste Erkenntnis, die uns förmlich anspringt, wenn wir das Tao betrachten, ist für uns inzwischen nicht mehr neu. Wir brauchen nur ein Axiom, das wir bereits etabliert haben, wiederholen.

Axiom

Religionen unterliegen dem Zyklus von Geburt, Veränderung und Tod.

Das ist der übliche Zyklus von Religionen:

1 **Beginn/Aufstieg: Höchste Weisheit, Aufruf zu wahrer Ethik**
2 **Fortdauer: Abänderung der ursprünglichen Lehren**
3 **Ende/Verfall: Mangelnde Integrität der Priesterkaste, mentale Kontrolle durch die Priester und finsterster Aberglaube**

Aus den vorangegangen Seiten können wir jedoch noch ein weiteres Axiom ablesen; es lautet:

Axiom
Unterdrückt der Staat eine Religion, so blüht sie im Verborgenen und bildet eine starke Gegenbewegung/ Opposition.
Folgesatz
Starke Oppositionen verweigern sich dem Staat oder bekämpfen ihn, was den Staat schwächt und auf Dauer gesehen den Untergang der momentanen Regierung herbeiführen oder dazu beitragen kann.

Diese beiden Axiome gelten ebenfalls für den Konfuzianismus.
Auch diese Religion oder Weltanschauung bemühte sich ursprünglich, Anständigkeit, Tugend und „Ethik“ zu etablieren – bevor sie ebenfalls in den Aberglauben „abstürzte“.
Konfuzius selbst empfahl, ständig zu lernen, selbst aus den eigenen Fehlern, sich für das Gute einzusetzen, eine ehrenwerte Sprache zu benutzen, nicht zu töten und zu stehlen, die Wahrheit zu sagen, den Nächsten zu lieben sowie fleißig und bescheiden zu sein.
Später erstarrte der Konfuzianismus in Konventionen und kultischen Praktiken.
Aber drehen wir das Rad noch einmal zurück.
Im Jahre 479 v. Chr. beschloss Konfuzius, seine Lehrtätigkeit zu beenden. Die Legende will wissen, dass er sich in sein Zimmer zurückzog und einem Schüler mitteilte, dass er nun mit niemandem mehr zu sprechen wünsche, alles sei gesagt. Nach sieben Tagen verschied er. Seine Schüler trauerten, wie kaum je um einen Menschen getrauert worden ist, während sich gleichzeitig das Vermächtnis dieses Mannes in Windeseile zu verbreiten begann. Schulen wurden gegründet, die auf seinen Lehren fußten und zu den einflussreichsten Institutionen Chinas

wurden. Seine Philosophie verbreitete sich in alle möglichen Provinzen und hielt, wie uns viele Historiker versichern, den geistigen Niedergang Chinas für Jahrhunderte auf. Kaiser bemächtigten sich der Ideen des Konfuzius und befahlen, die Jugend seinen Lehren gemäß zu erziehen. Die Wirkung war mit einem Wort unvorstellbar.

Im Jahre 221 v. Chr. griff jedoch eine Bande von Kriegstreibern nach der Macht im alten China. Ihr Anführer, ein gewisser *Qin*, vereinigte die einzelnen Provinzen schlussendlich unter seiner eisernen Faust. *Qin* spricht man aus wie *Chin*, ein Umstand, der *China* schließlich seinen Namen gab. Qin war ein elender Militarist, dem die Lehren des Konfuzius natürlich ein Dorn im Auge waren, der sich unter anderem immer gegen den Krieg ausgesprochen hatte! Qin hatte nach seinen Eroberungen nichts Besseres zu tun, als die (für ihn) gefährlichen Ideen des Konfuzius mit aller Macht zu unterdrücken. Die Bücher des Meisters wurden verbrannt, seine Lehren verboten und seine Schüler mussten fliehen.

Aber ach, das Schwert war schon immer machtloser als das Wort! Qins Herrschaft bestand nicht einmal 15 Jahre lang! Danach begannen die Lehren des großen Weisen wieder Platz zu greifen, der damit noch über den Tod hinaus sogar den mächtigen Qin besiegte! Wieder wurde Konfuzius überall gelesen, und wieder wurde er überall zitiert.

Darüber hinaus wanderte der Konfuzianismus bis nach Japan, wo er ebenfalls beträchtlichen Einfluss auf das Geistesleben nahm. Auch Korea und Vietnam wurden von den Lehren des großen chinesischen Weisen befruchtet, denn Weisheit kennt keine Grenzen. Vielerorts mussten die Erkenntnisse und Einsichten des Meisters auswendig gelernt werden.

Im Jahre 136 vor Christus wurde der Konfuzianismus in China in den Rang einer offiziellen Religion erhoben. Tempel wurden Konfuzius errichtet, viele Anhänger sahen in ihm plötzlich einen Gott, obwohl dem Weisen selbst in seiner sprichwörtlichen Bescheidenheit nichts hätte ferner liegen können. Aber auch Buddha hatte ja nie Göttlichkeit beansprucht, doch das Menschengeschlecht liebt es offenbar, sich Götter zu erschaffen und sie anzubeten.

Das gesamte Schulsystem und die Auswahl von (fähigen) Beamten beruhte schließlich Jahrhunderte lang auf den Lehren des Konfuzius. Der Adel der Geburt wurde durch den Adel der Weisheit besiegt. Konfuzius

zu zitieren wurde wichtiger als die vornehme Abstammung! Lange Zeit blieb Konfuzius so der größte Lehrer dieses gewaltigen Volkes, das sich später zu so unglaublichen Höhen aufschwang und das zeitweilig das zivilisierteste Land der Erde war, wie wir bereits gehört haben.
Zweieinhalb Jahrtausende lang – man muss es sich vorstellen! – beeinflusste Konfuzius, ein einzelner Mann, das Leben von Milliarden und Milliarden von Menschen. Und selbst heute, unter dem Kommunismus, erlaubt die chinesische Regierung es wieder, Konfuzius zu lesen, ihn zu verehren und seine Tempel zu besuchen. Und wenn auch der Konfuzianismus inzwischen mit einer gewissen Distanz zu betrachten ist, denn die ursprünglichen Lehren wurden verändert und mit abergläubischen Tand umwoben, so versorgt er uns dennoch nach wie vor mit einigen wichtigen Einsichten – sofern man sich die Mühe macht, zu dem ursprünglichen Konfuzius durchzudringen.[5]
Aber was lehrte Konfuzius eigentlich in geschichtlicher und also politischer Hinsicht?
Nun, in einem einzigen Lehrsatz knapp zusammengefasst lautet

das konfuzianistische Axiom:
Niedrige Steuern, ein geordnetes, gesundes Finanzwesen, Bescheidenheit (lies: Sparsamkeit) in den obersten Etagen, Gerechtigkeit und die Vermeidung von Krieg, während die Wirtschaft blüht und es dem Volk gut geht – so führt man einen Staat nach oben.

DER BUDDHISMUS IN CHINA
Betrachten wir nun im Schnelldurchgang den Buddhismus.
Bei dem „Buddhismus“, der nach China gelangte, handelt es sich bereits um eine stark veränderte Lehre, denn der Buddhismus unterlag ebenfalls einer Inflation durch den Aberglauben.
Rund 500 Jahre später, zur Zeitenwende, als also im Westen Jesus Christus geboren wurde, gelangte dieser veränderte Buddhismus in das „Reich der Mitte“, sprich nach China. Aber die Überlieferungen waren mager und gute Übersetzungen der grundlegenden Bücher existierten kaum, was zur Folge hatte, dass die Lehre Buddhas zunächst kaum zur Kenntnis genommen wurde.
Selbst im zweiten Jahrhundert n. Chr. fasste der Buddhismus in China noch nicht Fuß, die lückenhaften und veränderten Überlieferungen

wurden zudem noch mit taoistischen Lehren vermischt, alles wurde wild zusammengepantscht.

Erst im 3. Jahrhundert setzte sich ein Teil der Intelligenz Chinas mit dem Buddhismus ernsthaft auseinander. Grundlegende Texte wurden übersetzt, die zu mannigfaltigen Befruchtungen führten. Aber es sollte noch bis zum 4. (einige Historiker sagen bis zum 7.) Jahrhundert n. Chr. dauern, bis der Buddhismus wirklich im chinesischen Volke ankam. Nun entstanden einige große buddhistische Schulen - wie die *Tiantai-Schule* (benannt nach einem Kloster), die *Schule der Blumengirlanden*, der *Chan-* oder *Zen-Buddhismus* und eine *Schule des Reinen Landes,* unter anderem. Das heißt, der chinesische Buddhismus begann sich in verschiedene Richtungen aufzuspalten, denn in den einzelnen Schulen wurden völlig unterschiedliche Schwerpunkte gesetzt. Aber er breitete sich rasant aus und erreichte schließlich Hunderte von Millionen Chinesen!

Zeiten der politischen Unterstützung wechselten jedoch ab mit Zeiten der Unterdrückung. Nicht selten stand der Buddhismus in Konkurrenz zum Konfuzianismus.

Im 20. Jahrhundert wurde der Buddhismus in China brutal unterdrückt, nicht anders als der Taoismus. Die kommunistischen Kader fürchteten um ihre Macht, sie zerstörten Klöster, töteten Mönche und Nonnen und schafften die Weisheit ab.

Im Jahre 1980, als eine neue Politclique in China das Ruder ergriff, erkannte man, dass man Religion nicht einfach verbieten kann. Der Buddhismus wurde wieder zugelassen, man restaurierte Tempel und Klöster, gestattete Mönchen und Nonnen zu atmen und dem Volk, sich dem Buddhismus wieder offiziell zuzuwenden.

Heute gibt es in China immerhin 100 Millionen Buddhisten, etwa 20.000 buddhistische Tempel und Klöster und rund 200.000 Mönche und Nonnen – den offiziellen Darstellungen zur Folge.

Der Samen Buddhas ging in China besser auf als in seinem eigenen Heimatland.

DAS CHRISTENTUM IN CHINA

Auch das Christentum gelangte in China zu hohen Ehren.

Wir wollen uns über das Christentum nicht extensiv auslassen, denn seine Lehre ist in unseren Breiten allgemein bekannt. Weniger bekannt ist indes der Umstand, dass christliche Missionare, allen voran die Jesuiten,

das Christentum einst aggressiv und höchst erfolgreich in China verbreiteten.
Einige Jesuiten waren gescheit genug, auch chinesische Gebräuche in das Christentum aufzunehmen, wie den Ahnenkult etwa, woraufhin ihnen die Herzen zuflogen und das Christentum sich rascher ausbreitete. Als jedoch die Dominikaner und Franziskaner nach China gelangten, forderten sie, die „Reinheit" des Christentums nicht zu gefährden und bezeichneten die gesamten chinesischen Überlieferungen als Erfindung des Teufels. Kaiser K`ang-hsi, (1654–1722), der zunächst dem Christentum positiv gegenüberstand, verschloss sich daraufhin der christlichen Lehre, seine Nachfolger bekämpften es sogar vehement, was teilweise zu einem fanatischen Antichristentum bei vielen Chinesen führte.
Als intelligentere Christenführer ihre Fehler einsahen und erneut die chinesische Tradition bestätigten, gewann das Christentum wieder an Boden.
Wir lernen:

Axiom
Eine neue Religion kann eine alte Religion umso leichter überwinden, je toleranter sie alten Sitten und Gebräuchen gegenübersteht.

Heute unterscheidet man in China streng zwischen dem Katholizismus und dem Protestantismus, beides offiziell zugelassene Religionen, aber es gibt auch christliche „Hauskirchen", die von der kommunistischen Clique nach wie vor in die Illegalität abgedrängt werden. Das heißt, nicht registrierten Christen droht immer noch die Folter, Gefängnis und Verfolgung.
Heute gibt es trotzdem in China rund 130 Millionen Christen, jedenfalls nach offizieller Leseart.

DER ISLAM IN CHINA
Seit dem 7. Jahrhundert n. Chr. bereits lebten auf chinesischem Boden viele Muslime, denn die Missionstätigkeit der Nachfolger Mohammeds war intensiv!
Speziell während der mongolischen Herrschaft in China, im 13. und 14. Jahrhundert also, wurde das „Reich der Mitte" von gläubigen Mohammedanern schließlich regelrecht überschwemmt. Muslime leben heute in

jeder Region Chinas, speziell jedoch in den nordwestlichen Provinzen. Aber die Kommunisten bekämpften auch die Anbeter Allahs bis aufs Messer. Ihre Klöster und Moscheen wurden im 20. Jahrhundert zerstört, Ausgaben des Korans vernichtet und die Gläubigen unter Druck gesetzt. Erst in jüngster Zeit gestattet die kommunistische Diktatur auch dem Islam ein Stückchen Öffentlichkeit. Man geht heute davon aus, dass inzwischen rund 130 Millionen Muslime in China leben.

SPIRITUALITÄT CONTRA MATERIALISMUS

Wie viel „Religion" gibt es also heute im Reich der Mitte?
Jeder ist mit dieser Frage überfordert, man ist auf Mutmaßungen angewiesen. Nichts ist heute in China so unzuverlässig wie eine öffentliche Verlautbarung oder eine offizielle Statistik, aber auch westliche Schätzungen variieren stark. Konsultiert man fünf verschiedenen Quellen, so erhält man sechs unterschiedliche Antworten. Zum Teil haben die unterschiedlichen Angaben mit der Angst des Kommunismus vor der Religion an sich zu tun – die Lehren sind zu gegensätzlich. Marx und Mao, Lenin und Stalin sind mit Lao-Tse und Konfuzius, Buddha und Christus einfach nicht zu vereinbaren. Speziell religiös-politische Geheimgesellschaften fürchten die Kommunisten wie der Teufel das Weihwasser. Das kommunistische Regime führte und führt deshalb bis heute erbitterte Kämpfe gegen diese Geheimgesellschaften, noch im Jahre 1999 wurde eine Kampagne „zur Bekämpfung von Irrlehren" ins Leben gerufen.
Und trotzdem! Selbst nach offiziellen Untersuchungen der Universität Shanghai[6] bezeichnen sich 31,4 % der gesamten Bevölkerung Chinas als „religiös". Bei 1,4 Milliarden Menschen – bald 1,5 Milliarden – wären das fast 500 Millionen Chinesen, wobei wir glauben, dass damit deutlich zu kurz gegriffen wird.
Betrachtet man die Geschichte Chinas mit ihren reichhaltigen religiösen Traditionen, und stellt man weiter die beispiellose Unterdrückung durch die Kommunisten in Rechnung, so glauben wir, dass immer noch 60 – 70 % aller Chinesen heimlich oder offen eine Religion favorisieren oder spirituell orientiert sind.
Der Anschlag des Kommunismus auf die Seele ist damit im Reich der Mitte bis heute fehlgeschlagen.
„Offiziell" hängt jedoch „nur" ein rundes Drittel der Chinesen einer Religion an.

Die (Zahlen-) Hierarchie liest sich wie folgt:

1. Muslime (130 Millionen)
2. Christen (130 Millionen)
3. Buddhisten (100 Millionen)
4. Taoisten (60 Millionen)
5. Anhänger des Konfuzius (verlässliche Statistiken fehlen)

All diesen Religionen oder Philosophien ist gemeinsam, dass sie die spirituelle Seite des Menschen betonen, die „alten Tugenden" preisen und einer hohen Ethik das Wort reden. Aber viele sind auch in abergläubische Praktiken abgesunken. Trotzdem stehen sie in vollständigem Gegensatz zu dem materiell orientierten Kommunismus, der jedoch gerade einmal ein paar Jahrzehnte in China am Ruder ist. Dem Kommunismus gegenüber steht damit eine spirituelle Tradition von mindestens 2.600 Jahren, wahrscheinlich jedoch reicht die Tradition sehr viel weiter zurück.
Wir lernen erneut:

Axiom
Unterdrückt der Staat eine Religion, so blüht sie im Verborgenen und bildet eine Gegenbewegung/Opposition.
Folgesatz
Starke Oppositionen verweigern sich dem Staat oder bekämpfen ihn, was den Staat schwächt und auf Dauer gesehen sogar den Untergang der momentanen Regierung herbeiführen oder dazu beitragen kann.
Folgesatz
Religiöse Toleranz führt zur Blüte, religiöse Intoleranz zum Niedergang.

MENCIUS
Lao-tse und Konfuzius schlugen eine erste Bresche, was „Gesetze der Geschichte" anging, aber auch *Mencius* (ca. 372–289 v. Chr., gelegentlich *Mong-ko* oder *Mong-tse* genannt) verdient der Erwähnung, der allgemein als der zweitgrößte politische Denker nach Konfuzius gilt. Mencius empfahl den Herrschern, Krieg nicht gegen andere Länder zu führen, sondern nur gegen die Armut und Unwissenheit. Er bezeichnete den Krieg als ein Verbrechen und behauptete, dass es nie einen gerechten Krieg gegeben habe. Er rügte die Prunksucht an den chinesischen Höfen,

die Verschwendungssucht und die Ruhmessucht. Er tadelte die Fürsten, die sich edle Hunde hielten und sie gut fütterten – aber das Volk vor Hunger umkommen ließen. Ein Fürst, der keine Hungersnot verhindern könne, forderte der Philosoph, müsse abdanken. Mencius: „Das Volk ist am wichtigsten, … und der Fürst ist am unwichtigsten.“[7] Weiter sprach sich Mencius gegen zu hohe Steuern aus, für die Abschaffung der Zölle, die den Handel und die Wirtschaft behindern und für eine intensive Förderung der Erziehung. Und also lautet

das Axiom des Mencius:
Eine gute Regierung verzichtet auf Kriege, senkt die Steuern, gebietet der Verschwendung Einhalt und fördert die Wirtschaft an allen Ecken und Enden, ebenso wie die Erziehung.

Wie sich die Lehren doch ähneln!
Aber betrachten wir nun auch zumindest einige wenige konkrete, chinesische Experimente im politischen Raum.

DER GRÖSSTE DER HAN-HERRSCHER
Kaiser Wu-ti (140–87 v. Chr.) wird allgemein als der bedeutsamste Herrscher der Han-Dynastie bezeichnet. Und so viel ist wahr: Er beschützte seine Untertanen vor eindringenden Völkerschaften und nutzte die Macht des Schwertes, um die Grenzen Chinas weit, weit nach außen zu schieben – bis nach Korea und Indochina. Aber innenpolitisch – scheiterte er! Warum?
Nun, um plötzliche Preisänderungen zu verhindern, fror er die Preise ein und kaufte Güter, wenn sie im Überschuss vorhanden waren, rasch auf, um sie später, wenn eine Knappheit bei eben diesen Gütern herrschte, wieder auf den Markt zu werfen und dem Volk also zu helfen. Weiter etablierte er wichtige Regierungsmonopole, sprich er riss ganze Wirtschaftszweige an sich (Salz, Eisen, Alkohol, Transport), spülte damit Unmengen von Geld in die Staatskasse und belegte die Händler und Unternehmer mit satten Steuern.
Um den Warenumlauf zu verschnellern und zu erhöhen, gab er neue Silbermünzen heraus, wodurch mehr Geld in den Wirtschaftskreislauf gepumpt wurde. Wu-ti „druckte“ also Geld nach, wie wir heute sagen würden.

Wiederholen wir: der Kaiser

- ♦ erhöhte die Steuern,
- ♦ sicherte dem Staat wichtige Monopole,
- ♦ entwertete das Geld und suchte den Wert des Geldes gleichzeitig per Gesetz einzufrieren.

Zunächst blühte China in unvorstellbarem Maße auf. Der Handel nahm einen Umfang an wie nie zuvor, in die entferntesten Länder wurden nun Waren exportiert. Die Geldtresore der Regierung waren bis zum Platzen angefüllt und konnten jeder Not ein schnelles Ende bereiten. Da Wu-ti zusätzlich die Literatur, die Kunst und das Gelehrtentum förderte, erlebte China eine kurzfristige Blüte. *Zunächst!*

Aber ach! Die Regierungsprinzipien funktionierten nicht!

Was also passierte?

Nun, die Menschen beschwerten sich nach einiger Zeit über die erhöhten Steuern und weigerten sich schließlich sogar, sie zu zahlen.

Die staatlichen Monopole erstickten weiter das Unternehmertum, würgten die Eigeninitiative ab und verärgerten die Geschäftsleute.

Obwohl per Gesetz dem entwerteten Geld eine bestimmte Kaufkraft zugesprochen wurde, hielt dieses Gesetz schlussendlich niemand mehr ein. Sprich die Preise schossen in schwindelerregende Höhen, zu denen auch Naturkatastrophen (wie Überschwemmungen) beitrugen. Wirtschaft und Geld folgen offenbar ihren eigenen Gesetzen, das wichtigste davon ist das Gesetz von Angebot und Nachfrage. Das heißt, die Preise schnellen *immer* nach oben, wenn Güter knapp werden, daran kann auch eine staatliche Verordnung nichts ändern, eine solche Maßnahme funktioniert bestenfalls kurzfristig.

Wir erkennen:

Axiom

Um auf *Dauer* einen blühenden Staat zu schaffen, muss die Regierung auf Wirtschaftsmonopole verzichten und die Steuern senken, weiter darf sie Geld nicht inflationieren.

Der „kaiserliche Sozialist" scheiterte also auf der ganzen Linie. Selbst die Geschenke, die er der Menge machte, schützte Wu-ti nicht, im Volk wurden im Gegenteil schließlich sogar Stimmen laut, die forderten, Wu-ti bei lebendigem Leib zu kochen.

Aber der Han-Kaiser beging weitere bedeutende Regierungsfehler:
Die Korruption hielt bei Hof Einzug. Weiter wurden verdiente Beamte rasch fallen gelassen, wenn der Kaiser glaubte, sie würden zu viel Einfluss und Macht gewinnen, wodurch er fähige Mitstreiter verlor. Seine Anordnungen hatten schließlich oft nur kurzzeitig bestand, der Kaiser schwankte oft in seinen Bestimmungen, die Marschrichtung wurde ständig geändert, die Regierung wusste offenbar selbst nicht, was „richtig" war. Es fehlte mit anderen Worten echte Führung, es fehlte Regierungs-Know-how, es fehlte eine axiomatische Geschichtswissenschaft.
Wu-ti scheiterte schlussendlich auf der ganzen Linie.
Sage einer, man könne aus der Geschichte nichts lernen!

ZWISCHENSPIEL

Trotzdem folgten Wu-ti noch einige weitere Han-Kaiser auf dem Thron, ausnahmslos jedoch schwache Regenten, schwankende Rohre im Wind, wie uns chinesische Historiker versichern. Über die große Mauer drangen eines Tages die Tataren ein und eroberten weite Teile Chinas. Die chinesische Kultur erfuhr zunächst einen empfindlichen Rückschlag, aber als sich die Tataren mit den Chinesen vermischten, entstand eine neue, stärkere Rasse. Heirat und Liebe haben schon so manchen Eroberer gezähmt, und so eilte China ungebrochen einem neuen Höhepunkt entgegen.

T'AI-TSUNG, DER SOHN DES HIMMELS

Verzichten wir darauf, alle Dynastien fein säuberlich aufzulisten, mit der Akribie eines Kopisten, denn tatsächlich nützt uns Wissen, das uns keine Erkenntnisse bringt, nicht viel. Dynastien verschwanden und wuchsen empor, „Unsterbliche" auf dem Thron regierten und starben und Namen, die man heute noch mit zitternder Ehrfurcht aussprach, fielen morgen schon wieder dem Vergessen anheim und interessierten nicht einmal mehr den Bettler auf der Straße.
Die verschiedenen Religionen erhielten zu verschiedenen Zeiten unterschiedliche Unterstützung, doch nie starb der Taoismus, der Konfuzianismus oder der Buddhismus, sie eroberten im Gegenteil mehr und mehr die Herzen der Menschen. Die meisten Herrscher hinterließen keinen bleibenden Eindruck und regierten nicht übermäßig intelligent. Früh, zu früh verbanden sich lästige Traditionen mit dem Drachenthron.

Doch eines Tages erschien wieder eine Lichtgestalt auf dem Thron Chinas, die es wert ist, genauer untersucht zu werden: T`ai Tsung.
Als ein Mann der Tat lachte er sich privat ins Fäustchen über die Versuche seiner kaiserlichen Vorgänger, das Leben mittels eines magischen Elixiers künstlich zu verlängern[8], er ließ sich von abergläubischen Variante des Taoismus nicht für dumm verkaufen. Gleichzeitig empfand er ehrliche Zuneigung zu den Menschen. So erkannte er: „Ein Herrscher hängt vom Staate ab, und ein Staat hängt von seinen Menschen ab. Wenn man die Menschen unterdrückt, damit sie dem Herrscher dienen, so ist das, als ob man sein eigenes Fleisch abschneidet, um den Magen damit zu füllen.“[9]
Wichtig dünkte ihm, *jedem* Menschen seinen Stellenwert zu lassen, und *jeden* Menschen einen Beitrag leisten zu lassen. „Der erleuchtete Herrscher nimmt von dem weisen Mann die Pläne; von dem törichten Mann nimmt er die Stärke; von dem tapferen Mann benutzt er den Mut; von dem Feigling nimmt er die Vorsicht. Gleichgültig, ob weise, töricht, tapfer oder feige, jeder kann benutzt werden gemäß seinen Fähigkeiten.“[10]
Nachdem T´ai-Tsung dem Krieg eine Absage erteilt hatte, stürzte er sich in das Abenteuer einer vollständigen innenpolitischen Reorganisation seines Landes. Eine seiner „Heldentaten“ bestand darin, dass er klug genug war, fähige Leute um sich zu scharen. Nicht die Menge, sondern die Qualität der Leute war für ihn bei der Besetzung wichtiger Posten entscheidend. Man kann ohne Übertreibung von regelrechten Verwaltungsgenies sprechen, die T´ai-Tsung fand und mit Aufgaben betraute – einige gingen in die Geschichte. So sind Fang Hsüan-ling zu nennen und Tu Ju-hui, beides hocheffiziente Administratoren, oder auch Wie Cheng, der „Unbestechliche“ mit dem unerbittlichen Gewissen und Hsia Yü, der zeitweilige Erste Minister, der ebenfalls von unbedingter Moralität und unkorrumpierbar war. Jede einzelne dieser Figuren wäre eine kleine Doktorarbeit wert, aber halten wir nur so viel fest, dass der Kaiser Männer mit hohen moralisch-ethischem Anspruch und großen Fähigkeiten um sich scharte. Die Beziehung des Kaisers zu seinen Ministern und Beamten war dabei stets von Vertrauen geprägt. T´ai-Tsung war offenbar ein Kaiser, der delegieren konnte.
Während seiner Regierungszeit überprüfte, rationalisierte und verbessere er die Administration gemeinsam mit seinen Vertrauten unaufhörlich. Dabei darf man Vokabeln wie *Administration* oder *Verwaltung* nicht

missverstehen. T'ai-Tsung war ständig darauf bedacht, die Bürokratie zu verkleinern, Auswüchse zu beschneiden und Überflüssiges auszumerzen. Offenbar erkannte er bereits, dass *Administration* auch Exzess bedeuten und *Verwaltung* ein Geschwür sein kann und oft so überflüssig ist wie ein Kropf.

Das Reich unerteilte T'ai-Tsung in neue administrative Regionen, denen „Präfekte" vorstanden, die zu unregelmäßigen Zeiten von Boten kontrolliert wurden. Er ernannte diese Präfekte persönlich oder entließ sie. Bei der Auswahl achtete er streng darauf, dass ausschließlich das Beurteilungskriterium des *Verdienstes* angelegt wurde. Modern ausgedrückt würde man sagen, er ließ nicht zu, dass zweitklassige oder unfähige Personen die Chance bekamen, in hohe politische Stellungen aufzurücken. Armselige Administratoren wurden auf der Stelle entlassen. Wir kennen sogar sieben Beamte, die aufgrund konkreter Übeltaten hingerichtet wurden!

Der Korruption wurde Einhalt geboten, indem man den Präfekten zum Schein Bestechungsgelder anbot, um zu testen, wie standfest sie waren. Versagte ein Administrator und nahm er Geld, ging er seines Postens unmittelbar verlustig. Die Folge war, dass die Provinzen einen unwahrscheinlichen Aufschwung nahmen. Da nicht nach „Parteipräferenzen", nach „Beziehungen", nach „Geburt" oder anderen zweifelhaften Kriterien politische Ämter besetzt wurden, sondern nur nach *Fähigkeit* und *Ethikniveau,* wurde das Land innerhalb kürzester Zeit zu einer erstaunlichen Blüte geführt.

Sicherlich mitverantwortlich für diese Blüte waren die neuen Gesetze. Unter dem Zepter des energischen Kaisers wurde das Gesetz vollständig revidiert. Verschiedene Gelehrte machten sich an das ungeheure Unterfangen, alle alten Gesetzestexte zusammenzutragen, zu vereinheitlichen und zu verbessern. Die generellen Richtlinien, die kultiviert wurden, können wie folgt umschrieben werden:

- Die allzu harten Gesetze wurden abgemildert. Brutale Bestrafungen lehnte der Kaiser völlig ab. (So wurde etwa die Amputation der Füße aus dem Gesetzeskanon ersatzlos gestrichen.)
- Überhastete Exekutionen und Urteilsfindungen wurden nicht mehr toleriert, wodurch Ungerechtigkeiten der Justiz verhindert werden konnten. Die Todesstrafe beispielsweise durfte nur verhängt werden, wenn dem Thron über den betreffenden Fall dreimal separat hinterei-

nander ein entsprechendes Gesuch eingereicht worden war. Im Prinzip lief dies auf eine Abschaffung der Todesstrafe hinaus.

- Übeltaten, auf denen vorher der Tod gestanden hatte, wurden mit geringeren Strafen belegt, aber auch unbedeutendere Verbrechen wurden mit weniger harten Strafen geahndet.

Soweit einige grundsätzliche Richtlinien. Zahlreiche Anekdoten ranken sich um die Etablierung dieser neuen Prinzipien. „Als seine Minister ihm *strenge* Gesetze zur Bekämpfung der Verbrechen anempfahlen, entgegnete er ihnen: `Wenn ich die Ausgaben einschränke, die Steuern ermäßige, ehrliche Beamte einstelle, so dass das Volk genug Nahrung und Kleidung erhält, dann wird dies mehr dazu beitragen, verbrecherischen Übergriffen ein Ende zu setzen, als es die Anwendung der strengsten Strafen je tun könnte.`"[7] Tatsächlich leitete T'ai-Tsung förmlich eine Revolution des Strafwesens ein. Einmal schickte der Kaiser Sträflinge, die bereits zum Tode verurteilt waren, auf die Felder, um sie zu bestellen und verließ sich auf ihr Ehrenwort, dass sie zurückkehren würden. Als sie tatsächlich zurückkehrten, freute sich T'ai-Tsung so sehr darüber, dass er sie freiließ.

Ein eigenes Kapitel schließlich war das Thema *Wirtschaft.* Unser Gewährsmann Will Durant schreibt hierzu:

„Nie zuvor hatte China einen derartigen Reichtum erlebt, nie zuvor hatte es im Lande Lebensmittel in solcher Hülle und Fülle gegeben, so viele bequeme Häuser und eine so ausgesuchte Kleidung. Während die Seide in Europa nach ihrem Gewicht für Gold verkauft wurde, war sie für die halbe Bevölkerung der größeren Städte hinaus ein gangbarer Kleidungsartikel. In der Stadt Ch'angan wurden im 8. Jahrhundert mehr Pelzmäntel getragen als in New York im 20. Jahrhundert" [11]

Tatsächlich wuchs die Wirtschaft unter T'ai-Tsung unaufhörlich. Dabei kümmerte sich der Kaiser offenbar um *alle* Schichten. Für die Minderbemittelten wurde eine Art Versicherung gegen Naturkatastrophen geschaffen, indem man Korn für Notzeiten hortete. Preisregulationen, die in einigen größeren Städten eingeführt wurden, halfen zunächst, dieses Grundnahrungsmittel der Bevölkerung immer zugänglich zu halten. Historiker sprechen von riesigen Reserven und berichten, dass die Preise schließlich sogar *ohne* staatliche Intervention in vernünftigem Rahmen blieben.

Den wirklichen Reichtum brachte natürlich der Handel. Handelskarawanen zogen bis nach Indien, zum Indischen Ozean, zum Persischen Golf, ja selbst bis nach Europa! Wir können diese Handelsbeziehungen im Geiste nachvollziehen, die über riesige Entfernungen reichten, einen unvorstellbaren Warenreichtum ins Land brachten und die Exporttätigkeit ankurbelten. Wir wissen, dass Reis, Getreide, Seide und Gewürze exportiert wurden. Wir wissen ferner von Seidenfabriken im eigenen Land, von denen einige hunderttausend (!) Menschen Arbeit und Brot gaben. Wir wissen von Importen, die an Luxus jede Vorstellung übersteigen, die man sich von dem alten China macht. Selbst Särge wurden mit Perlen ausgelegt, gleich kostbarer Betten. Wichtiger aber waren die politischen Maßnahmen, die diesen Überfluss kreieren halfen.
Und so lautet

das Axiom T`ai Tsungs:
Zur Blüte führt eine Politik der Sparsamkeit, Steuersenkungen, eine höhere Gerechtigkeit, drastisch reduzierte Militärkosten, die Förderung der Ausbildung, die Förderung der Wirtschaft und die Sorge um den Wohlstand *aller* Gruppierungen.

Soweit, so gut!
Werfen wir nun noch rasch einen kurzen Blick auf die Gegenwart und den Kommunismus.

DER KOMMUNISMUS IN CHINA
Zunächst: Worum handelt es sich eigentlich bei dem „Kommunismus“? Führen wir uns vorderhand einige ausgewählte Originalzitate Maos zu Gemüte, direkt aus der „Mao-Bibel“[12], die bis heute in China gelesen werden muss, sie ist Pflichtlektüre im „Reich der Mitte“ und ist milliardenfach verbreitet; die Zitate verraten eigentlich alles:

„Die theoretische Grundlage, von der sich unser Denken leiten lässt, ist der Marxismus-Leninismus.“[13]

„Die Theorie von Marx, Engels, Lenin und Stalin hat universelle Geltung.“[14]

„Will man die Revolution, dann muss man eine revolutionäre Partei haben. Ohne eine revolutionäre Partei... ist es unmöglich, die Arbeiterklasse und die breiten Volksmassen zum Sieg über den Imperialismus und seine Lakaien zu führen."[15]

„Die Basis der demokratischen Diktatur .. ist das Bündnis der Arbeiterklasse, der Bauernschaft und des städtischen Kleinbürgertums."[16]

„In der Klassengesellschaft sind Revolutionen und revolutionäre Kriege unvermeidlich."[17]

„Jeder Kommunist muss diese Wahrheit begreifen: Die politische Macht kommt aus den Gewehrläufen."[18]

„Die zentrale Aufgabe und die höchste Form der Revolution ist die bewaffnete Machtergreifung, ist die Lösung des Problems durch den Krieg. Dieses revolutionäre Prinzip des Marxismus-Leninismus hat allgemeine Gültigkeit, es gilt überall, in China wie im Ausland."[19]

„Vom Standpunkt der marxistischen Lehre vom Staat ist die Armee die Hauptkomponente der Staatsmacht. Wer die Staatsmacht ergreifen und behalten will, der muss eine starke Armee haben."[20]

„Wenn die monopolkapitalistischen Gruppen der USA darauf beharren, ihre Aggressions- und Kriegspolitik zu betreiben, werden sie zwangsläufig eines Tages von den Völkern der Welt an den Galgen gebracht werden. Dasselbe Schicksal erwartet die Komplizen der USA."[21]

Wir brauchen dieser Ideologie nichts hinzuzufügen, sie spricht für sich selbst.
Sie ist militant, verherrlicht die Revolution und den Krieg.
Und sie widerspricht zahlreichen Gesetze der Geschichte!
Maos Regime zeichnete, wie der Historiker inzwischen weiß, für rund 70 Millionen Tote verantwortlich, was ihn zu einem der größten Polit-Verbrecher des 20. Jahrhunderts abstempelt.
Eine Weile schien Mao (1893–1976) mausetot zu sein. Eine neue kommunistische Clique ergriff im Jahre 1977 das Ruder, die jedoch Mao

nach wie vor als ihren Urvater verehrt, wenn sie auch die Wirtschaft inzwischen teilweise von der Leine gelassen hat und einigen „urkommunistischen" Prinzipien zähneknirschend untreu geworden ist. *Nach wie vor* regiert in China also der Marxismus/Leninismus/Maoismus, der in gnadenloser Manier mittels Propaganda und Gewalt herrscht, dem ein Menschenleben nichts gilt und der ohne zu zögern Soldaten aufmarschieren und Panzer anrollen lässt, wenn die Machtfrage gestellt wird.

Jede andere Beurteilung wäre Augenwischerei.

Der Kommunismus versuchte zunächst, die verschiedenen Religionen beiseite zu schieben, er tötete und mordete deren Anhänger und Priester, bevor er sie in der nachmaoistischen Ära wieder tolerierte und zuließ, sicherlich nicht aus Zuneigung, sondern aus kalter Berechnung.

Was aber wird das Ergebnis sein?

Stellen wir uns an dieser Stelle nun die hoch interessante Frage, ob uns unsere Axiome helfen können, die Zukunft Chinas zumindest ansatzweise hochzurechnen und begeben wir uns auf das gefährlich glatt gebohnerte Parket der Prophetie.

GESAMT-BEURTEILUNG

Fassen wir zunächst zusammen: China besaß einst die höchste Kultur auf Planet Erde, wenn man vorgibt, Indien und Ägypten nicht zu kennen. Die chinesische Kultur ist 20.000 Jahre alt – sie besaß lange Zeit einen zivilisatorischen Vorsprung von mindestens 300 bis 500 Jahren vor Europa. Seine Kaiser begingen jedoch einen entscheidenden Fehler, als sie im 17. 18. und 19. Jahrhundert die Demokratie nicht rechtzeitig etablierten, ihr Land gegen äußere Einflüsse abzuschotten versuchten und die überlegene Technologie des Westens ignorierten, was China das Genick brach. Es gilt das

Axiom:

Wenn sich ein Land dem Fortschritt verschließt und versucht, sich abzukapseln, wird es unweigerlich ins Hintertreffen geraten.

Beispiele: Die Osmanen im 16. Jahrhundert, Japan im 17. Jahrhundert, China im 17., 18. und 19. Jahrhundert, einige Staaten mit arabisch-muslimischer Bevölkerung in der Neuzeit

Gierig versuchten viele Westmächte, aber auch Russland und Japan, die zeitweilige Schwäche Chinas auszunutzen.
Inmitten der Verwirrung und aufgrund der militärischen und propagandistischen Aktivitäten der Sowjetunion drang der Kommunismus schließlich in das Reich der Mitte ein. Aber der Kommunismus fußt auf Prinzipien, die im 18. Jahrhundert von Marx ,im 19. Jahrhundert von Lenin und im 20. Jahrhundert von Stalin und Mao formuliert worden waren, er passte in gewissem Sinne nicht zu China.
Und so kann man das Statement wagen, dass das riesige Land heute, im 21. Jahrhundert, von einer veralteten Polit-Philosophie regiert wird, die nie in der Realität funktionierte oder vernünftige Resultate zeitigte und die dem Charakter der Chinesen im Grunde genommen nicht entspricht.
Vergessen wir nicht: Eine mindestens 2.600 Jahre alte religiöse Tradition steht in China heute dem Kommunismus gegenüber, der dort gerade einmal ein paar Jahrzehnte alt ist. Tief verwurzelt waren und sind der Taoismus, der Konfuzianismus, der Buddhismus und mittlerweile auch das Christentum und der Islam.
China ist noch immer hoch religiös, der Kommunismus hat nie wirklich die Herzen der Menschen ergriffen. Der Kommunismus ist nicht „chinesisch", er ist aufgepfropft, es handelt sich um ein künstliches Gebilde, er hat nie als Ersatzreligion dienen können.
In seinen Wurzeln ist das chinesische Volk der Religion und der Philosophie zugeneigt, es liebt weiter die Geschichtsschreibung, die Poesie, die Literatur, die Malerei und die Gelehrsamkeit.
Auch in punkto Wirtschaft-Philosophie ist der Kommunismus eine zweifelhafte Angelegenheit, trotz all der Erfolge in der jüngsten Vergangenheit, die man jedoch höchst differenziert betrachten muss und die nur deshalb Platz greifen konnten, weil *im Ansatz* einige wenige demokratische, freiheitliche Prinzipien plötzlich akzeptiert wurden.
Die Kommunistische Partei Chinas befindet sich hinsichtlich ihrer Wirtschaft außerdem inzwischen in einer entsetzlichen Zwangslage. Um diese Zwangslage erneut zu illustrieren, müssen wir ein Axiom zitieren, das wir teilweise bereits etabliert haben, aber im nächsten Kapitel noch ausführlicher belegen werden. Es lautet:

Axiom
Freiheit ist die wichtigste Voraussetzung, wenn man einen Staat zur Blüte führen will.
Der Umkehrsatz gilt ebenfalls:
Wenn bestimmte Gruppierungen eines Staates von wirklicher Freiheit ausgeschlossen werden und keine Stimme besitzen, was die politische Zukunft eines Landes angeht, verzichtet der Staat auf wichtige Kräfte, was zum Niedergang des Staates führt.

Und so befindet sich China mittlerweile in einem echten Dilemma:
Die klügsten Köpfe der kommunistischen Riege wissen längst ebenfalls, dass *Freiheit* die notwendige Voraussetzung dafür ist, um die Wirtschaft anzukurbeln, die sie mehr und mehr von der Leine gelassen hat, wodurch der Aufschwung überhaupt möglich wurde. Aber mit eben dieser Freiheit kommen der Kontakt und die Kommunikation mit den „Kapitalisten" zustande. Doch auf Grund dieses Kontaktes realisiert der Chinese, trotz aller Gegenpropaganda, dass es diesen verschrienen „Kapitalisten" ungleich besser geht als dem eigenen Volk. Trotzdem kommt die KP mittlerweile nicht mehr umhin, sogar weitere *Freiheiten* zuzulassen, will sie weiteren wirtschaftlichen Aufschwung, auf den sie in Wahrheit längst nicht mehr verzichten kann. Jedes Stückchen Freiheit bezahlt die KP jedoch mit einer aufgeklärteren Bevölkerung, mit mehr Aufständen und der panischen Angst, dass die Wahrheit über den Massenmörder Mao und die verheerenden Ergebnisse des Kommunismus zunehmend durchsickert.
Je mehr Freiheit gewährt wird, um so wahrscheinlich wird damit die Abschaffung des Kommunismus.
Verhindert die KP jedoch die Freiheit und regiert wie zuvor nur mit Waffen und Panzern, zerstört sie die jüngsten, wirtschaftlichen Erfolge und lässt China erneut weit hinter den Westen zurücksinken; außerdem riskiert sie dadurch einen Bürgerkrieg.
Ein unlösbares Dilemma!
Die erste mögliche Gleichung oder Logigkette lautet also: Mehr Freiheit = mehr Wirtschafserfolg = mehr Kommunikation = noch mehr Freiheiten = Revolten = Abschaffung der KP.
Die zweite mögliche Gleichung lautet: Abschaffung der Freiheit = geringerer Wirtschaftserfolg = noch sehr viel mehr Revolten, Aufstände und Unruhen = Bürgerkrieg = Abschaffung der KP.

In jedem Fall wird die Kommunistische Partei Chinas also verlieren, die Niederlage ist bereits jetzt abzusehen.
Unter religiösen, politischen und wirtschaftlichen Gesichtspunkten ist der Kommunismus in China ein Gebilde, das zum Sterben verurteilt ist. Aber wie wird der Tod inszeniert werden? Und wann wird er eintreten?

DIE ZUKUNFT CHINAS

Aller Wahrscheinlichkeit wird die KP den Weg wählen, mehr und mehr Freiheiten zuzulassen, es ist kaum möglich, den einmal eingeschlagenen Weg wieder zurückzugehen und das Rad zurückzudrehen. Weitere Freiheiten werden deshalb eingefordert und zugestanden werden. Diese aber werden wie gesagt immer mehr die KP in Bedrängnis bringen.
Wie wird die kommunistische Partei Chinas zunächst reagieren?
Man gebe sich keinen Illusionen hin! Der Mao-Kommunismus räumte *immer* der militärischen Gewalt den ersten Platz in seiner Ideologie ein! Die KP wird am Anfang mit Panzern und Gewehren antworten, wenn es um ihre Existenz geht, die Beute (= China) ist zu fett. Weiter ist der Kommunismus unglaublich anpassungsfähig – bis hin zur Verstellung. Er wird sich vielleicht an hundert Strömungen geschickt anschmiegen, bevor der Schrei nach Freiheit überlaut werden wird. Die Kommunistische Partei wird anfänglich mit allen Mitteln der Heimtücke und der Brutalität ihren Platz zu behaupten versuchen, mit allen Methoden der Propaganda und der Lüge. Sie wird vielleicht sogar versuchen, Kriege mit anderen Mächten vom Zaun zu brechen, denn Kriege sind ein probates Mittel für Diktaturen, von den hauseigenen Problemen abzulenken.
Der Westen ist also gut beraten, sich nicht auf kriegerische Auseinandersetzungen mit China einzulassen, und vor allem China nicht als Bedrohung und Buhmann aufzubauen, denn das würde die KP nur stärken.
Druck von außen wird die chinesische Nation nur fester zusammenschmieden, die noch heute unter den Demütigungen leidet, die ihr einst von England, US-Amerika, Frankreich, Deutschland, Russland und vor allem Japan zugefügt worden sind. *Wenn* der Westen zum Sturz der kommunistischen Politclique beitragen will, sollte er weiter prächtige Geschäfte mit dem Riesenland machen, das allein wird ausreichen, um zumindest den Geruch der Freiheit in das Reich der Mitte hineinzutragen, und kein Duft ist verführerischer.

Weiter ist es richtig, wieder und wieder die Menschenrechte einzufordern.
Erst wenn der innere Druck übermächtig wird, werden sich die Kommunisten beugen und rasch zum Wendehals werden, wie wir es in der vormaligen DDR erlebten oder auch in anderen Ländern, in denen der Kommunismus stürzte. Aber die KP Chinas wird das Reich der Mitte nicht ohne Blutvergießen aus ihren Zähnen lassen.
Bevor sich jedoch die Chinesen massenhaft erheben, kann einige beträchtliche Zeit vergehen, denn Chinas ursprünglichste Religion, der Taoismus, predigt die Bescheidenheit und die Geduld, und seine ursprünglichste Staatsphilosophie, der Konfuzianismus, die Unterordnung und die Einordnung. Außerdem fürchten viele Chinesen den Umsturz, nicht wenige argumentieren, dass 1,4 Milliarden Menschen eine starke Hand und Ordnung brauchen, um reibungslos zusammenleben zu können.
Trotzdem gilt: Handel und Kommunikation werden den Kommunismus zu Fall bringen. Der Kommunismus in China gräbt sich momentan somit sein eigenes Grab, ohne es zu wissen. Während er über die Gelder und Güter jubelt, die er gerade zusammenrafft, während er über den törichten West-Kapitalisten hinter vorgehaltener Hand seine Witze reißt, der auf seine Finten hereinfällt und ihm billig sein Know-how überlässt, bemerkt er nicht, dass die Idee der Freiheit damit gleichzeitig durch die Hintertür in das Reich der Mitte Einzug hält, eine Idee, die unwiderstehlich ist. Der Freiheitsgedanke hat die größten Reiche zu Fall gebracht, viele hundert Male im Laufe der Geschichte!
Der Anfang vom Ende mag in verschiedenen Provinzen eingeläutet werden, die die ewige Kontrolle und Bevormundung satt haben – vielleicht hebt dort ein innerchinesischer Bürgerkrieg an.
Das Fass zum Überlaufen bringen werden die laufenden Ungerechtigkeiten:
Eine winzig kleine, fette Oberschicht besitzt in China heute alles und regelt alles. Eine breite Mittelschicht, die schon immer maßgebend für den Aufschwung und Wohlstand eines Landes war, ist nicht vorhanden. Die Korruption ist allgegenwärtig und demonstriert dem Chinesen die offenkundige Ungerechtigkeit jeden Tag. Zu allem Überfluss wird der Chinese selbst zudem täglich in eine Theorie hineinvergewaltigt, die nie funktioniert hat und die nie wirklich seinen ureigensten Empfindungen und Vorstellungen entsprach.

Der zündende Funke im Pulverfass wird wahrscheinlich eine schreiende Ungerechtigkeit sein oder die unverschämte Bereicherung eines KP-Funktionärs, der sich offenkundig bestechen ließ. Je korrupter eine Regierung ist, umso leichter kommt sie zu Fall. Ungerechte Regierungen werden von der Bevölkerung abgrundtief gehasst, es gibt hierfür ebenfalls zu viele Beispiele in der Geschichte, als dass man sie ignorieren könnte.

Axiom
Revolutionen werden ausgelöst durch Hungerrevolten, Armut, offensichtliche Ungerechtigkeiten, zu hohe Steuern, generelle Unterdrückung und den Freiheits-Gedanken.
Beispiele: Die Französische Revolution 1789, die Loslösung der USA von Großbritannien 1776, der Fall des Zarenreiches 1917, der Fall der DDR, die Revolution in Syrien im Jahre 2012

Auch in dieser Beziehung legt der Kommunismus also gewissermaßen Hand an sich selbst.
China ist ein schlafender Riese, der, wenn er aufwacht, zuerst seine eigene Regierung und mit ihm den elenden Kommunismus mit Haut und Haaren verschlingen wird.
Wenn sich nicht ein ebenso hoch intelligenter wie mutiger chinesischer Gorbatschow findet, der versucht, das Riesenland in die Freiheit zu führen, ohne blutige Revolutionen, ohne Aufstände und Kriege, so wird sich China in nicht allzu ferner Zukunft einem beträchtlichen Chaos gegenübersehen. So oder so tickt die Uhr, und während die KP-Funktionäre saufen, fressen, huren und lachen, zerstört sich der Kommunismus in China momentan gerade selbst.

Soweit einige wenige ausgewählte Spotlights der Geschichte Chinas und ein kleiner Blick in die Zukunft.
Betrachten wir nun übergangslos die axiomatische Geschichte Deutschlands, fassen wir uns jetzt also wieder an unsere eigene Nase und fassen wir uns kurz.

2. DEUTSCHLAND UND DIE AXIOMATISCHE GESCHICHTSWISSENSCHAFT

Will man die Geschichte Deutschlands auf einige Axiome reduzieren, so sieht man sich auch in diesem Fall einer Fülle von Daten ausgesetzt, die man kaum bewältigen kann. Man muss sich also konzentrieren – auf die „großen Linien", wenn man nicht in diesem Meer von Informationen ertrinken will.

Glücklicherweise wurde das Experiment, die Geschichte Deutschlands axiomatisch auszuwerten, bereits unternommen. Die Ergebnisse legten wir nieder in dem Buch: „Die geheim gehaltenen Geschichte Deutschlands"[1] Es ist also in Ordnung, an dieser Stelle nur auf die wichtigsten Axiome aufmerksam machen, denn alles andere würde den Rahmen des vorliegenden Buches sprengen.

Beschränken wir uns mithin auf einige wenige Zeiten und zusätzlich noch auf einige Spezial-Themen!

Doch bevor wir uns einige Lehren, die man aus Deutschlands Geschichte herausdestillieren kann, zu Gemüte führen, sollten wir wieder zunächst etwas „Butter bei die Fische" tun. Nehmen wir einmal die wildeste und interessanteste Periode der Historie Deutschlands aufs Korn, und betrachten wir übergangslos

DIE WEIMARER REPUBLIK (1918–1933).

Nachdem Deutschland den Ersten Weltkrieg (1914–1918) verloren hatte, war die Verwirrung vollkommen. Kaiser Wilhelm hatte sich wenig heroisch aus dem Staub gemacht und nach Holland abgesetzt. General Ludendorff hatte seine Entlassung eingereicht. Die politische und die militärische Führung waren also von der Bildfläche verschwunden.

Es entstand ein Machtvakuum.

Dieses Vakuum suchten nun alle möglichen politische Parteien und Strömungen auszufüllen. Kommunisten, ehemalige Offiziere der Armee, deutschtümelnde Zeitgenossen und Demokraten kämpften jetzt darum, den führungslosen Staat zu regieren, die Scherben aufzulesen und Deutschland in einer neuen Zeit ankommen zu lassen.

Der Sozialdemokrat Philipp Scheidemann rief am Ende des Jahres 1918 die *Republik* aus – was bedeutete, dass das alte autoritäre Kaiserreich offiziell zu Grabe getragen wurde und die *Demokratie* Einzug hielt.

Die Wahl zu einer Verfassunggebenden Deutschen Nationalversammlung, bei der die neuen Rechte des Volkes festgeschrieben werden sollten, fand im Januar 1919 statt. Jeder wartete voller Spannung auf das Ergebnis.
Das Resultat? Die gemäßigten Kräfte siegten, sprich die SPD, das Zentrum und die Liberalen erhielten 76 % aller Stimmen. Damit war dem Sozialismus-Kommunismus eine klare Absage erteilt worden.
Trotz wilder Turbulenzen – die führenden Köpfe der kommunistischen Partei Rosa Luxemburg und Karl Liebknecht wurden von Offizieren der alten Kaiser-Armee heimlich ermordet – trat die neue Nationalversammlung in *Weimar* zusammen, um eine Verfassung aus der Taufe zu heben. Weimar war deshalb gewählt worden, weil hier die berühmtesten Schriftsteller Deutschlands, Goethe und Schiller, gelebt und gewirkt hatten und die Stadt gewissermaßen Vernunft, Intelligenz, Mäßigung und Freiheit verkörperte.
Auf diese Weise entstand die sogenannte „Weimarer Republik".
Das allgemeine, gleiche und geheime Wahlrecht wurde festgeschrieben, für Männer *und* Frauen, weiter stand nun ein sogenannter „Reichspräsident" dem Staate vor, der besonders in Krisenzeiten bedeutende Befugnisse besaß. Ein „Reichskanzler" erledigte die Regierungsgeschäfte, mit Hilfe seiner Minister. Darüber hinaus gab es jetzt unabhängige Gerichte, Gleichheit vor dem Gesetz, viele Freiheiten und kurz gesagt die erste wirkliche Demokratie auf deutschem Boden.
Aber diese „Weimarer Republik" mit ihrer fabelhaften Verfassung hatte eine schwere Bürde zu tragen: Die Vergangenheit war längst noch nicht tot, und obwohl sich die freiheitlichen Kräfte momentan durchgesetzt hatten, bedeutete das nicht automatisch, dass die demokratischen Werte auch in den Köpfen fest etabliert und verankert waren. Tatsächlich schlitterte Deutschland in seine unstabilste Periode seiner gesamten Geschichte, denn man hatte einen entscheidenden Fehler begangen: Man hatte auch den Kräften, die *gegen* diese neuen Freiheiten waren, Freiheit eingeräumt!

DER VERSAILLER VERTRAG

Die erste Kraftprobe, die diese neue „Weimarer Republik" zu bestehen hatte, bestand darin, den sogenannten „Versailler Vertrag" zu schlucken. Der Versailler Vertrag, genannt nach dem Ort *Versailles* bei Paris, wo die Siegermächte tagten und sich um Kriegsentschädigungen und die

Bestrafung Deutschlands stritten, war in erster Linie ein Werk Präsident Wilsons (USA), Clémenceaus (Frankreichs Staatschef) und Lloyd Georges (Englands Premierminister), obwohl 32 Staaten bei der Pariser Friedenskonferenz anwesend waren. Die USA jedoch zogen sich in der Folge mehr und mehr aus Europa zurück. England wiederum war nur mehr daran interessiert, ein gewisses Gleichgewicht auf dem Kontinent zu etablieren. Übrig blieb Clémenceau, der plötzlich der starke Mann und federführend wurde.

Frankreich aber hatte durch den Ersten Weltkrieg entsetzlich gelitten; entsprechend groß waren die Rachegefühle. Frankreich stellte jetzt jedenfalls schier unerfüllbare Forderungen.

Deutschland sollte rund ein Siebtel seines Gebietes verlieren, ein Zehntel seiner Bevölkerung und drei Viertel der Erz- und ein Drittel der Steinkohleförderung. Die gesamte Handelsflotte sollte ausgeliefert werden und Deutschland sollte seine überseeischen Besitzungen verlieren. Weiter sollte es diesem Nachkriegsdeutschland nur noch erlaubt sein, 100.000 Mann unter Waffen stehen zu haben und auf allen möglichen Gebieten abrüsten. Und: Es sollte mit seinen Verbündeten die vollständige „Kriegsschuld“ auf sich nehmen, das heißt die Verantwortung, dass der Erste Weltkrieg überhaupt ausgebrochen war (Kriegsschuldartikel 231).

In Deutschland stand die neue Politikerkaste Kopf. Das konnte, das durfte nicht wahr sein! Empörung und Wut machten sich breit. Man bestand auf Nachverhandlungen, aber die Siegermächte waren nicht dazu bereit und drohten mit der Fortsetzung des Krieges. Der neue Reichskanzler Scheidemann weigerte sich schlicht, den Versailler Vertrag zu unterschreiben und trat zurück.

Reichspräsident Ebert suchte zu vermitteln, scheiterte aber ebenfalls.

Schließlich mussten die Deutschen klein beigeben, der Vertrag wurde zähneknirschend unterzeichnet.

Sofort begann in Deutschland die Hetze gegen die Demokraten. Demagogen rissen das Maul himmelweit auf und sprachen von einem „Schandfrieden“ und der „Schmach von Versailles“. Man nannte die neuen Politiker „Vaterlandsverräter“ und behauptete plötzlich, das deutsche Militär sei im Felde stets unbesiegt geblieben und nur ein Dolchstoß von hinten, verpasst von den Demokraten, die nicht stramm an der Seite des Kaisers und des Militärs ausgeharrt hätten, habe den Sieg verhindert. Die „Dolchstoßlegende“ entstand.

Die Atmosphäre in diesem neuen demokratischen Deutschland war aufgeheizt, um das mindeste zu sagen.

UMSTURZVERSUCHE

Es mangelte in dieser Periode nicht an verräterischen Umtrieben und sogar an mehreren gewaltsamen Umsturzversuchen. Aufgrund der Massenpropaganda gegen den Versailler Vertrag stürzten die demokratischen Parteien bei der Reichtagswahl im Jahre 1920 von 76 % auf magere 43% ab. Damit waren sie auf die Unterstützung von „rechts" oder „links" angewiesen, sprich entweder auf nationalistische Krakeeler oder durchtriebene Kommunisten. Sie hatten die Wahl zwischen dem Teufel und dem Beelzebub!
Tatsächliche wechselten die Regierungen während der Weimarer Republik nun ständig, was zu einer gefährlichen Destabilisierung führte. Keine Regierung konnte sich länger als neun Monate an der Macht halten!
Ein Aufstand und Putschversuch folgte auf den anderen, Attentate wurden verübt und heimlich oder auf offener Straße gemordet. 376 politische Morde sah diese Zeit, 354 von rechtsradikalen Tätern, 22 von linksradikalen.
Im Jahre 1920 versuchte ein ehemaliger Marineoffizier namens Hermann Ehrhardt (1881–1971) sogar einen Staatsstreich. Der konservative Politiker Wolfgang Kapp (1858–1922) sollte neuer Regierungschef werden. Ehrhardt marschierte mit seinen Mannen in Berlin ein, aber die Regierung wich nach Stuttgart aus. Von hier aus organisierte sie den Widerstand, Gewerkschaften und Beamten schlugen sich glücklicherweise auf die Seite der rechtmäßigen Regierung. Der Putsch brach zusammen, Kapp wurde ins Gefängnis gesteckt und starb in Untersuchungshaft.
Aber die Hetze hörte nicht auf. Gegen Walter Rathenau (1867–1922), den Außenminister, der jüdischer Abstammung war, machte man so mobil:
„Schlagt tot den Walther Rathenau, die gottverdammte Judensau!"
Rathenau wurde 1922 im offenen Fond seines Wagens durch eine Handgranate und mehrere Schüsse aus einer Maschinenpistole getötet – von Rechtsextremisten. Der Tod löste ein mittleres Erdbeben in der jungen Republik aus, das Abgeordnetenhaus tobte und glich zeitweilig einem Tollhaus.
Aber gegen Attacken von rechts wurde erstaunlich wenig unternommen. Das zeigte sich erneut, als im Jahre 1923 ein Mann namens Adolf Hitler

im Verbund mit dem Militär Ludendorff und ein paar tausend Anhängern die Republik aus den Angeln heben wollte. Der „Hitler-Putsch" misslang ebenfalls, Hitler kam mit einer gnädigen Gefängnisstrafe davon.
Vielleicht noch destabilisierender jedoch war die wirtschaftliche Entwicklung in diesem auf die Schnelle demokratisierten Deutschland, das verzweifelt versuchte, republikanisch denken zu lernen. Betrachten wir hier Ursachen und Wirkungen deshalb einmal etwas genauer.

INFLATION UND HYPER-INFLATION

Eine der größten Hürden für die Weimarer Republik war die ständige Entwertung des Geldes.
Der *wirkliche* Grund für die Hyper-Inflation während der Weimarer Republik, der gerne verschwiegen wird, bestand in dem Umstand, dass das Kaiserreich während des Ersten Weltkrieges unvorstellbare Schulden angehäuft hatte. Der Krieg, der Deutschland insgesamt rund 160 Milliarden Mark kostete, war durch sogenannte *Kriegsanleihen* finanziert worden, nicht über Steuern – was der solide Weg gewesen wäre. Noch deutlicher gesagt, das Deutsche Reich hoffte, nach dem Kriege die Schuldenlast ganz oder zum Teil auf Frankreich und die anderen Gegner abwälzen zu können. Die Kriegskosten sollte der „Feind" tragen. Ha, der „Feind" stellte ähnliche Überlegungen an, nur mit umgekehrten Vorzeichen! Auf gut deutsch: jeder der am Krieg beteiligten Mächte pokerte auf einen Sieg. Der Verlierer sollte schlussendlich die Zeche bezahlen. Als Deutschland verlor, schob man ihm den Schwarzen Peter zu.
Deutschland musste also nicht nur für seine eigenen Kriegskosten aufkommen, sondern nun wurden ihm auch noch die Kosten der anderen Nationen aufgebürdet. Reparationsnutzer sollten vor allen Dingen Frankreich, Belgien und England sein, die wiederum bei den USA in der Kreide standen.
Nun, Deutschland gelang es natürlich nicht, die unweltliche Summe von 269 Milliarden Goldmark aufzubringen, die von den Siegerländern gefordert wurden; Zahlungsverzögerungen waren die Folge.
Dies schürte auf der anderen Seite den Hass vor allem Frankreichs. So kam es zu dem sogenannten „Ruhrkampf", sprich Frankreich besetzte im Jahre 1922 nach der zeitweiligen Einstellung der (deutschen) Reparationszahlungen das Ruhrgebiet, um sich „produktive Pfänder" (wie etwa Kohle) zu sichern. Das Ergebnis auf Seiten der Deutschen war eine

nationale Empörung. Die deutsche Reichsregierung erklärte den passiven Widerstand, sprich es wurde dafür gesorgt, dass keine „produktiven Pfänder„ an die Franzosen von Seiten der Deutschen geliefert wurden. Die Regierung verordnete im Gegenteil sogar einen unbefristeten Generalstreik. Aber schon 1923 zeichnete sich ab, dass dieser passive Widerstand zum Scheitern verurteilt war; denn der Streik musste finanziert werden. Die „Lösung“: man ließ sehr einfach in Deutschland die Gelddruckerpressen schneller laufen.

Das Ergebnis: *Inflation.*

Genaugenommen handelte es sich bei den Jahren 1914 bis 1924 um ein ganzes Inflationsjahrzehnt. Letztlich führte die Inflation in eine katastrophenartige Hyperinflation, die am Schluss den völligen Kollaps der deutschen Währung zur Folge hatte.

Aber bleiben wir der Chronologie treu: Mit dem Ruhrkampf standen wie gesagt plötzlich die Banknotenpressen nicht mehr still, denn der passive Widerstand musste finanziert werden. Gleichzeitig geriet die Wirtschaft ins Stocken, denn Geld wurde auch an anderen Ecken und Enden gebraucht: Die Besatzungsarmee musste von Deutschland finanziert werden, und die Kriegsheimkehrer stellten einen weiteren Kostenfaktor dar, denn sie mussten unterstützt werden.

Außerdem sank nun die industrielle Produktion, aufgrund der Abtretung wichtiger Gebiete. Parallel dazu stieg die Zahl der Arbeitslosen. Die ständig zunehmende Inflation und schließlich die Hyperinflation verunsicherte Unternehmen und Menschen mehr und mehr. Das Geld verlor in einem unvorstellbaren Ausmaß an Wert, von Woche zu Woche und von Tag zu Tag endlich. Bemühen wir uns um einige konkrete Zahlen, die diese Hyperinflation illustrieren.

Eine Tageszeitung kostete ursprünglich 40 Pfennige. Am Schluss kostete sie 100.000.000.000 Mark!

DIE KOSTEN EINER TAGESZEITUNG

1. Jan. 1922	0,40 Mark
1. Jan. 1923	30,00 Mark
1. Apr. 1923	200,00 Mark
1. Juli 1923	700,00 Mark
1. Sept. 1923	150.000 Mark
1. Okt. 1923	10.000.000,00 Mark
22. Nov. 1923	100.000.000.000,00 Mark

Wichtiger als eine Tageszeitung waren natürlich die Lebensmittelpreise. Auch hierzu ein Beispiel. So entwickelte sich der Brotpreis:

1 KG BROT KOSTETE IM

Dezember 1919	-,80 Mark
Dezember 1920	2,37 Mark
Dezember 1921	3,90 Mark
Dezember 1922	163,15 Mark
Januar 1923	250,00 Mark
April 1923	474,-- Mark
Juli 1923	3.465,-- Mark
August 1923	69.000,-- Mark
September 1923	1.512.000,-- Mark
Oktober 1923	1.743.000.000,-- Mark
November 1923	201.000.000.000,-- Mark
Dezember 1923	399.000.000.000,-- Mark

Abenteuerlich!

Das Spiel erreichte schließlich karikatureske Züge. Nicht weniger als 132 private Druckereien mussten neben der Reichsdruckerei zusätzlich angeheuert werden, weil man so viel Papiergeld brauchte. Diese Firmen ließen 1.723 Druckerpressen Tag und Nacht rattern. Am 15. November 1923 wurden ca. 10 Milliarden Banknoten im Nennbetrag von 3.877 Trillionen DM gedruckt. Eine Groteske! Aber für die Betroffenen selbst handelte es sich um alles andere als eine lustige Angelegenheit; denn das Geld lief dem Besitzer praktisch davon. Im Juni 1922 bestand die größte Geldnote in einem 10.000-DM-Schein. Ein Jahr später erschien eine Banknote über 500.000 DM. Schließlich wurde ein 50-Millionen-DM-Schein gedruckt. Und am 11. November 1923 brachte die Reichsbank eine Note über 1.000 Milliarden DM heraus. Des Spaßes aber noch nicht genug. Am Ende wurden Geldscheine über 2.000, 5.000, 10.000 und 100.000 Milliarden DM gedruckt, die allerdings nur von einer Seite bedruckt waren. Theoretisch hätten den Komödiendichtern die Griffel nicht mehr still stehen dürfen. Es wurde in astronomischen Ziffern gerechnet. Geschäftsbanken mussten neue Mitarbeiter einstellen, die nichts anderes zu tun hatten, als Geld zu zählen. Ephraim Kishon würde vielleicht kommentieren, dass ständig mehr Nullen gezählt werden mussten. Zitieren wir den exzellenten Kenner Fritz Blaich:

„Nach Geschäftsschluss trugen die Einzelhändler ihre Tageskasse in Waschkörben zur Bank, wo sie immer öfter erleben mussten, dass die tagsüber eingenommene Summe innerhalb weniger Stunden spürbar an Wert verloren hatte. Für eine Kiste Margarine zu 30 Pfund musste der Lebensmittelkaufmann Anfang August 1923 rund 57 Millionen Mark aufbringen. Anfang September aber schon 247 Millionen. Der Einstandspreis für 1 Pfund Zucker stieg im gleichen Zeitraum von 11.000 auf 480.000 Mark. Der Metzger musste erkennen, dass der Erlös aus dem Ladenverkauf des Wochenendes schon bei Beginn des Viehmarktes am folgenden Montag fast entwertet war."

Wie sah es bei dem normalen Gehaltsempfänger aus?

Die Lohn- und Gehaltsempfänger erlebten, wie die Notenpresse die Tugenden des Fleißes und der Ehrlichkeit zur Dummheit abstempelte. Zu Wohlstand gelangten auf einmal Devisenspekulanten und Warenschieber, die vor allem in den großen Städten mit ihrem Reichtum prahlten.

„Die 'Schieber', die ihre Geschäfte oft hart am Rande der Kriminalität an den Devisen-, Produkten- und Wertpapierbörsen abwickelten, verdrängten den seriösen, sorgfältig kalkulierenden Kaufmann. Zu ihnen gesellte sich eine Schar kleiner und großer Aufkäufer, vom Volksmund 'Raffkes' getauft, die möglichst preiswert Buntmetalle, Gold- und Silbermünzen, Gebrauchsgegenstände aller Art, ganze Nachlässe und Wohnungseinrichtungen, Grundstücke, Häuser und Fabrikbetriebe aufkauften, die sie dann ganz oder in Teilen möglichst teuer weiterveräußerten." (Blaich)

Was war nun das Ergebnis, was die Währung selbst anbelangte?

Natürlich flüchteten immer mehr Anleger in den Dollar. Mit anderen Worten: das Heilmittel bestand in der Flucht in das US-Zahlungsmittel. Damit verlor die deutsche Währung ihre Funktion als Recheneinheit. Industrielle, Großhändler, Kleinhändler und auch der sogenannte einfache

Mann von der Straße - alle gingen sie zunehmend dazu über, in ausländischen Währungseinheiten, vorzugsweise wie gesagt in Dollar, aber auch in britischen Pfund, holländischen Gulden oder Schweizer Franken, ihr Geld zu sichern. Die Papiermark hatte ausgedient.
Der Komödie letzter Akt fand statt, als die Preise für praktisch alle Gebrauchsgüter hoffnungslos verrücktspielten. Auch hierzu einige konkrete Zahlen aus dem Jahre 1923:

DIE KOSTEN IM JAHRE 1923:

Stichtag	1 kg Roggenbrot	1 kg Rindfleisch	1 Zentner Briketts
3.1.	163	1.800	1.865
6.8.	8.421	440.000	227.000
3.9.	273.684	4.000.000	3.314.000
1.10.	9.474.000	80.000.000	82.430.000
5.11.	78 Mrd.	240 Mrd.	198 Mrd.
19.11.	233 Mrd.	ca. 5 Bio.	1 Bio. 372 Mrd.

Quelle: Blaich

Die deutsche (Papier-)Mark wurde zuletzt in rasender Geschwindigkeit entwertet. Wollte man mit der Berliner Straßenbahn fahren, so kostete das am 28. Juli 1923 noch 5 Mark. Am 30. November zahlte man für einen Fahrschein jedoch 150 Milliarden DM. Den Leuten selbst war nicht danach zumute, über diese Tragikomödie zu schmunzeln, denn es fand eine gigantische Geldvernichtung statt. Der Spuk fand erst ein Ende, als eine neue Währung eingeführt wurde.

URSACHENFORSCHUNG

Die deutsche Reichsführung hatte, wie schon erwähnt, darauf gepokert, dass ihre Gelder nach dem gewonnenen Krieg in ihre Kassen zurückzufließen würden. Da der Krieg jedoch verloren worden war, ging die Rechnung nicht auf. Wenn man also für die Inflation und die Hyperinflation einen einzigen Beelzebub ausmachen will, so waren es die gewissenlosen Kriegstreiber, die den Krieg im Jahre 1914 vom Zaun gebrochen hatten. Die *wirkliche* Zeche des Krieges wurde indes erst sehr viel später bezahlt; sie wurde bezahlt von der Generation *nach* dem Kriege.

Wiederholen wir: Es waren also in erster Linie die Militaristen, die für diesen Zusammenbruch der deutschen Wirtschaft verantwortlich gemacht werden müssen.
Die Reparationsforderungen waren nur eine *Folge* des verlorenen Krieges. Die wirklich Schuldigen waren die, die den Ersten Weltkrieg angezettelt hatten.
Während der Weimarer Republik wurden dagegen die Reparationszahlungen
(der „Schuldenknechtsdienst“) als der *Grund* für die schlechten Verhältnisse ins Feld geführt. Noch einmal, es kann nicht oft genug wiederholt werden, die Inflation und die Hyperinflation waren in letzter Konsequenz *kriegsbedingt*. Die deutsche Währung 1922/1923 zerstört wurde im Schlepptau des Ersten Weltkrieges.

DIE GANZ GROSSEN GEWINNER

Wer aber waren die großen Gewinner in Deutschland selbst? Nun abgesehen von den Immobilienbesitzern verdienten die Unternehmer satt. In dieser Zeit und das ist heute kaum bekannt – wurden zum Teil die *ganz* großen Vermögen gemacht. Zum Teil beherrschen sie *bis heute* (!) das Wirtschaftsgeschehen in Deutschland.
Einige industrielle, clevere Unternehmer machten sich daran, „vertikal“ einzukaufen. Das heißt, Betriebe, die ihrer Firma vor- und nachgelagert waren hinsichtlich Produktion, Zulieferung oder Verkauf, wurden schlichtweg aufgekauft. Dadurch erhielten diese Unternehmen einen enormen Vorsprung gegenüber ihrer Konkurrenz. Während die Mark ständig weiter verfiel, verfügten sie über Sachwerte, die niemand vernichten konnte.
Krupp, Hoesch, Henschel, Thyssen und Mannesmann etwa kauften „vertikal“ ein. Hugo Stinnes schusterte sich ein ganzes Imperium zusammen, bestehend aus Bergbau, Eisen- und Stahlerzeugung sowie der Elektroindustrie. Da Hugo Stinnes nahezu kostenlos Kredite von der Reichsbank erhielt, kaufte er alles ein, was nicht niet- und nagelfest war. Er kaufte nach einiger Zeit nahezu wahllos Firmen auf, gleichgültig, ob sie schließlich mit seinem ursprünglichen Gewerbe etwas zu tun hatten oder nicht. Man muss sich folgende Zahl vor Augen halten: 1924 umfasste das Stinnes-Imperium 1.664 rechtlich selbständige Unternehmungen mit 4.554 Betrieben. Betrachten Sie heute das Stinnes-Imperium und staunen Sie!

Aber ein großer Inflationsgewinnler war auch der Tuchfabrikant Günther Quandt. Er kaufte ebenfalls praktisch alles auf, was ihm in die Hände fiel. Schon legendär geworden, weil er bis heute zu den reichsten Leuten Deutschlands zählte, ist der Name Friedrich Flick, ehemals nur Direktor einer kleinen Eisenhütte. Ihm gelang es, Kredite, Kredite und noch einmal Kredite zu erhalten. In der Folge hamsterte er sich ein unvorstellbares Wirtschafts-Imperium zusammen. Desgleichen nutzten die Eisenhändler Otto Wolff und Peter Glöckler die Gunst der Stunde und kauften ein, was das Zeug hielt.

Man sollte sich damit also noch einmal in aller Schärfe vor Augen halten, wie viele der heutigen großen Vermögen in der Bundesrepublik Deutschland ehemals entstanden sind...
Betrachtet man das ganze positiv und nicht nur mit dem Blick des Neides, so muss man folgendes konstatieren: diese Unternehmer, wie immer man über sie moralisch urteilen mag, waren immerhin clever genug zu erkennen, dass sie kontinuierlich und systematisch vom „Vater Staat" betrogen wurden. Sie hatten erkannt, dass man *einem* Menschenschlag gegenüber ganz sicher skeptisch eingestellt sein muss: den meisten Politikern. Diese Unternehmer waren vorausschauend genug, um zu sehen, wohin die Inflation führte. Und sie waren vor allen Dingen aktiv genug, um zu entscheiden, wie sie handeln mussten. Sie griffen mit einer unvorstellbaren Geschwindigkeit zu. Hugo Stinnes mag als Prototyp für diese Art Unternehmer gefeiert oder geschmäht werden, je nachdem welchen Standpunkt man vertritt. Er erstand unvorstellbar hohe Summen zu günstigsten Zinsen und kaufte dafür Sachwerte ein. Er kaufte Firmen, er kaufte Fabrikbetriebe und er kaufte Unternehmen, die in finanzielle Schwierigkeiten geraten waren. Schon nach wenigen Wochen zahlte er seine Kredite mit inflationiertem Geld zurück, ein Kinderspiel! Die Unternehmen jedoch, die einen Sachwert darstellten, blieben erhalten.
Sachwert schlägt Geldwert!
Können die Lehren aus der Geschichte eindeutiger sein?

DIE WENDE

Kehren wir nun zu der Geschichte der Weimarer Republik zurück, die ja gerade erst ihren Anfang genommen hatte, aber trotzdem bereits in diese unvorstellbaren Turbulenzen gestürzt war.

Die Wende gelang im Jahre 1924. Die Wirtschaft erholte sich, langsam kehrte zumindest eine gewisse Ruhe ein. Die überragende Figur, die zahlreiche Verbesserungen herbeiführte, war Gustav Stresemann (1878–1929).

- Das Währungsproblem konnte natürlich nur durch die Einführung einer neuen stabilen Währung gelöst werden. Und also erblickte schließlich die „Rentenmark“ das Licht der Welt, deren Gegenwert durch industriellen und landwirtschaftlichen Grundbesitz abgestützt wurde. Eine Rentenmark entsprach einem Gegenwert von 1000 Milliarden Papiermark! Immerhin war damit das ärgste Problem Ende 1923 aus der Welt geschafft.
- Gleichzeitig wurde die Reparationsfrage erneut auf den Prüfstand gestellt.
  Ein neuer Reparationsplan, benannt nach dem US-Vizepräsident Charles Gates *Dawes*, wurde aus dem Zylinder gezaubert, der sehr viel bessere Bedingungen für Deutschland enthielt.
- Weiter wurde Deutschland ein Kredit zur Verfügung gestellt, mit dessen Hilfe endlich die Industrie modernisiert und die Produktionsmethoden verbessert werden konnten.
  Da die Gier Frankreichs außerdem auf wenig Gegenliebe auf Seiten der Engländer und Amerikaner gestoßen war, befanden sich die Franzosen nun sogar in einer gewissen Isolation – was die Verhandlungsbedingungen für Deutschland verbesserte.
- Aber es sollte sogar noch besser kommen: In Frankreich kam 1924 Premierminister Édouard Herriot (1872–1957) an die Macht, der die deutsche Klassik liebte und damit die Deutschen überhaupt:
  Das Ruhrgebiet wurde von den Franzosen geräumt.
- Weiter wurden von dem klugen Stresemann Verträge abgeschlossen, die darauf abzielten, dem Sicherheitsbedürfnis vieler Länder gerecht zu werden, wie Frankreich oder Belgien. Mit den Russen wurde sogar ein regelrechter Freundschaftsvertrag ratifiziert.
- Im Jahre 1926 nahm man Deutschland in den Völkerbund auf, der mit der Absicht gegründet worden war, ähnlich verheerende Kriege in Zukunft zu verhindern.

Als der Franzose Aristide Briand (1862 – 1932) sogar noch Außenminister (und zeitweiliger Regierungschef) in Frankreich wurde, ein weitsichtiger und durch und durch konstruktiver Politiker, schlugen die Hoffnungen die höchsten Wellen.
Der Verzicht auf die Kontrolle der Abrüstung in Deutschland wurde erklärt und gemeinsam unterzeichneten Frankreich, die USA, Deutschland und 15 Nationen eine „Rechtloserklärung des Krieges"!
1928 wurde erstmals offiziell zwischen gerechten und ungerechten Kriegen unterschieden. Ein entscheidender Fortschritt in Richtung Zähmung der *Bestie Krieg* war getan worden, der schließlich der wahre Verursacher all der unendlichen Leiden gewesen war, herbeigeführt allerdings von konkreten Figuren!

- ♦ Im Jahre 1929 wurden erneut die Reparationszahlungen Deutschlands auf den Prüfstand gestellt. Wieder wurden verbesserte Bedingungen für Deutschland ausgehandelt, dieser Stresemann war ein Genie!

Briand, mit Stresemann zweifellos die überragende konstruktive Persönlichkeit im politischen Raum in dieser Zeit, begann sogar erstmals einen „Plan für die Vereinigung Europas" zu entwerfen. Dies hätte, in letzter Konsequenz, natürlich eine Verhinderung aller künftigen europäischen Kriege bedeutet!
Alles, alles bewegte sich in die richtige Richtung, Deutschland verfügte nun über eine Demokratie, wichtige Freiheiten waren garantiert, es gewann den Respekt der anderen Nationen zurück und erholte sich wirtschaftlich … als es unversehens von zwei gigantischen Schicksalsschlägen heimgesucht wurde:

1. Stresemann starb und
2. die Weltwirtschaftskrise begann ihr hässliches Gesicht zu zeigen.

Untersuchen wir dieses Phänomen genauer!

DAS WIRTSCHAFTLICHE SZENARIO 1929 – 1933

Geschichte kann *spannend* sein wie ein Krimi, wenn man sie richtig liest und wenn man daraus zu lernen versteht. Betrachten wir in diesem Sinne die zweite Währungskrise in deutschen Landen in dieser Periode, denn erneut können wir höchst wichtige Einsichten gewinnen.
Wiederholen wir: Die Geldentwertung hatte 1923, wie wir gesehen haben, katastrophale Ausmaße angenommen. Aber durch die Einfüh-

rung der Rentenmark war die Währungsgroteske auf einmal vorüber. Aber in wirtschaftlicher Hinsicht war die Weimarer Republik noch keineswegs stabil, trotz der beträchtlichen Erfolge Stresemanns. Der kleinste Lufthauch konnte die junge Demokratie umblasen.
Und es kam ein Wirbelsturm! Er trat auf in Gestalt der sogenannten „Weltwirtschaftskrise“ im Jahre 1929.
Die Aktien stürzten damals in US-Amerika ins Bodenlose. Die Folge war ein Sturz der Aktien auch in anderen Ländern – unter anderem in Deutschland, denn die Katastrophe schwappte über den großen Teich bis nach Europa. Eine Kettenreaktion war die Folge: Die Verschuldung der Unternehmen stieg. Zwangsversteigerungen feierten Hochkonjunktur. Die Landwirtschaft geriet in Not. Landwirtschaftliche Nutzflächen mussten enteignet werden. 1930 wechselten 130.404 ha den Besitzer, 1931 rund 178.000 ha und 1932 rund 154.000 ha – Zahlen, die man sich vor Augen halten muss.
Parallel dazu gingen die Reallöhne zurück, das heißt, Lohn- und Gehaltskürzungen wurden „normal“. Kurzarbeit entstand. Und fast überall zog der Hunger ein. Vielerorts ernährte man sich nur noch von Brot und Kartoffeln, Margarine und Malzkaffee waren bereits Luxusgüter. Auch an der Bekleidung wurde gespart. Am schlimmsten war die Massenarbeitslosigkeit. Ende Juli 1932 gab es rund 1,8 Millionen offiziell gemeldete Arbeitslose, was jedoch nur einem Drittel der tatsächlichen Zahl entsprach. Das heißt, rund 5,4 Millionen Menschen hatten weder Arbeit noch Brot. Rechnet man zu den Arbeitslosen noch die Familienangehörigen hinzu, dann ergibt sich, dass im Herbst 1932 36 % des deutschen Volkes, also 23,3 Millionen Menschen, nur von öffentlichen Mitteln ihr Leben fristeten. Natürlich versuchte man, Abhilfe zu schaffen: Es gab „Volksküchen“ und „Wärmehallen“, laufende „Mietzuschüsse“ und „Minderbeihilfen“ sowie die „kommunale Sozialfürsorge“.
Ein Horrorszenario!

Wie konnte es zu dieser Krise kommen?
Nennen wir zumindest vier Gründe:

(1) Eine offensichtliche Ursache für die Krise war der Umstand, dass das internationale Währungssystem ins Wanken geraten war. Betrachten wir die Hintergründe genauer.

Zunächst so viel: Es war *nicht* der später sprichwörtliche *Schwarze Freitag*, an dem die Krise ausgelöst wurde. Die Krise begann am *Donnerstag*, dem 24. Oktober 1929. An diesem Tag stürzten die Aktienkurse an der New Yorker Börse. In den Vorjahren war durch eine hektische, verantwortliche Spekulationsorgie die Börse angeheizt und überreizt worden. Am Freitag, dem 25. Oktober 1929, scheiterte endgültig der Versuch, die Lawine der Angst aufzuhalten. Diese Vorgänge an der New Yorker Börse gelten seither als der Beginn der Wirtschaftskrise 1929, die meist als die Weltwirtschaftskrise bezeichnet wird, was aber ebenfalls falsch ist. Denn die Krise erfasste nicht die gesamte Welt. Die Sowjetunion blieb beispielsweise verschont. Wie auch immer, die Amerikaner sprachen künftig vom „black thursday", die Deutschen vom „Schwarzen Freitag".

Aber noch einmal: vorher hatten regelrechte Spekulationsorgien in New York stattgefunden. Geld war von allem und jedem auf Pump „gekauft" und an der Börse investiert worden.

Geld ließ sich offenbar sehr leicht verdienen – glaubte man! Die Kurse waren daraufhin in schwindelerregende Höhen geschossen und in der Folge zusammengebrochen. Viele Spekulanten, zu denen auch der „einfache Mann von der Straße gehörte", erfasste Panik. Die badnews liefen wie in Wellen über den ganzen Kontinent und erreichten schließlich auch Europa. Verantwortungslose Geldhaie, Spekulanten und Aktienbroker hatten also die Menschen motiviert, das „schnelle Geld" zu suchen.

Wenn man so will, trägt dieser Typus Mensch einen Gutteil der Mitverantwortung für die damalige sogenannte Weltwirtschaftskrise. (Er treibt noch heute sein Unwesen!)

(2) Was war die Folge? Probleme in ganz Europa, also auch in Deutschland. Das ganze System geriet ins Wanken, als die größte Geschäftsbank Österreichs am 11. Mai 1931 eingestehen musste, dass sie immense Verluste eingefahren hatte. Andere Banken folgten. Nun setzte ein Ansturm der Sparer und Gläubiger auf ihre Guthaben und Kredite ein. Ausländische Gläubiger begannen, ihr Geld aus Österreich und Deutschland zurückzurufen. Bei den Großbanken entstand ein Ansturm auf Kapital, was zur Folge hatte, dass sie immer illiquider wurden. Zwei Berliner Großbanken und die Dresdner Bank standen

plötzlich am Abgrund. Die Danatsbank und die Landesbank der Rheinprovinz wurden zahlungsunfähig.
Die Banken versuchten zwar, die Sparer verzweifelt zu überzeugen, dass sie die Situation im Griff hätten, aber es gelang ihnen natürlich nicht. Zu tief steckte dem Menschen die Hyperinflation von 1923 noch in den Knochen. Panikartig verlangte jeder sein Geld zurück.

(3) In der Folge gerieten speziell die Unternehmen in Bedrängnis, die stark kreditabhängig waren. Der Warenhauskonzern *Karstadt* und der Versicherungskonzern *Nordstern* etwa kollabierten. Der *Nordwollekonzern* brach zusammen. Die *Norddeutsche Wollkämmerei* in Bremen krachte, sowie andere Unternehmen mehr. Eine Kettenreaktion wurde ausgelöst.

(4) Nun zog die Reichsbank die Schraube an. Die Folge: die Zinssätze in Deutschland stiegen im internationalen Vergleich rasant an, Kapital wurde damit jedoch teurer. Die hohen Zinsen animierten zunächst ausländische Anleger, Geld in Deutschland zu investieren, um in den Genuss einer schönen Rendite zu gelangen. Als es jedoch kriselte, zogen genau diese Anleger ihr Geld wieder ab. Kapital wurde noch knapper.

UNINTELLIGENTE LÖSUNGSVERSUCHE

Um den Abstrom des Geldes ins Ausland zu bremsen, hob die Reichsregierung den freien Devisenverkehr am 1. August 1931 auf. Das trug jedoch nur zu noch weiteren Irritierungen auf den internationalen Geldmärkten bei, wie auch in Deutschland selbst.
Greifen wir der politischen Entwicklung ein wenig vor und berichten wir, wie man an der Spitze des Staates agierte.
Die Reichsregierung unter dem Kanzler Brüning verordnete nun verbissen einen rigorosen Sparkurs. Es wurde mit anderen Worten törichterweise keine Rücksicht auf die Konjunkturlage genommen. *Sparen* und *den Gürtel enger schnallen* waren die einzigen Lösungen, die die Politiker in dieser Situation anbieten konnten. Im Zuge dessen wurden Löhne, Gehälter und Ruhegelder der Staatsbediensteten gesenkt und gekürzt. Die Leistungen der Arbeitslosenversicherung, der Fürsorge, der sozialen Rentenversicherung und der Kriegsopferfürsorge wurden herabgesetzt.

Umgekehrt erhöhte man bestimmte Steuern, wie etwa die Tabaksteuer. Das Ergebnis in dieser Branche: In der Folge kam fast die ganze Tabakverarbeitung zum Erliegen. Um die Einkommen der Landwirtschaft zu verbessern, wurden die Lebensmittelpreise zudem erhöht. Schließlich erhöhte man sogar die Einfuhrzölle. Das Resultat? Da die Einfuhr von Getreide und Futtermitteln plötzlich mit schweren Zöllen belastet war, gab es weniger zu beißen.
Wie unintelligent können die Beschlüsse einiger Politiker sein?

ENDGÜLTIGE ANALYSE

Auf einen einfachen Nenner gebracht, war
(1) die Weltwirtschaftskrise kombiniert mit der
(2) ohnehin schwierigen Situation in Deutschland (politisch, wirtschaftlich, gesellschaftspolitisch), das noch immer unter dem Schock des Ersten Weltkrieges stand, die Ursache für diese zweite Katastrophe während der Weimarer Republik.

Es steht außer Frage, dass der *Auslöser* die sogenannte Weltwirtschaftskrise war. Eine Überschätzung der Möglichkeiten an der Börse heizte in den USA die Aktienspekulation an, die die Aktien in eine Höhe trieb, die einfach unrealistisch war. Als die Aktienkurse in US-Amerika in die Tiefe stürzten, löste das eine Flut von schlechten Nachrichten aus. Die stürmische Entwicklung im Automobilbau, in der Film- und Fotoindustrie und der elektronischen und technischen Industrie in Deutschland hatte eine Weile die Illusion genährt, dass das Goldene Zeitalter angebrochen sei. Als die Aktienkurse fielen, kolportierten die Medien diese schlechten Nachrichten in rasender Geschwindigkeit weiter. Das Medienwesen hatte einen immensen Aufschwung genommen und *lebte* von Katastrophenmeldungen! Letztlich lösten die schlechten Nachrichten einen Strudel aus, der nur nach unten führen konnte. Jedes Teilchen stieß das andere an, so dass es ebenfalls in Konfusion geriet. Wir erleben es nebenbei bemerkt bis heute immer wieder, dass Horrormeldungen gewaltige Bewegungen auf den Finanzmärkten auslösen können. Sie sind lediglich psychologisch deutbar, oft nicht wirtschaftlich begründbar oder gar rationaler Natur.

Mit Sicherheit war weiter die Politik Brünings falsch. 1922 war das Pendel zu weit nach der einen Seite ausgeschlagen, jetzt schlug es zu weit nach der anderen Seite aus. Geld wurde knapp, mit einer deflatorischen

Politik glaubte man, der Situation Herr zu werden. ABER: Beide Strategien versagten, beide führten in eine Sackgasse, sowohl die Deflation als auch die Inflation.

Regierungen und Politiker hatten noch nicht gelernt, intelligent mit den verschiedenen Wirtschafts-Instrumenten umzugehen, die ihnen zur Verfügung standen.

Die Wahrheit und nichts als die Wahrheit ist natürlich, dass ein ganzes Bündel von Maßnahmen, sorgfältig aufeinander abgestimmt, eine Lösung hätte herbeiführen können. Wenn die Massen hungern, so ist die Inflation, die sicherlich nicht positiv zu bewerten ist, sicherlich immer noch das geringere Übel.

Diese Einsicht besaß Brüning nicht.

Weiter hätten Steuern *gesenkt* werden müssen. Gehälter hätte man nicht weiter kürzen dürfen, und die Lebensmittelpreise zu erhöhen, war etwa so klug, wie einem Verdurstenden Essig zu trinken zu geben.

GEWINNER UND VERLIERER

Auch die Krise von 1929 bis 1933 zeitigte wieder Gewinner und Verlierer.

Was also war das Resultat? Die Sparer stürmten die Banken, um ihre letzten Notgroschen in Windeseile abzuheben. Geldwerte taugten auch jetzt nichts, obwohl das Geld „stark“ war; denn der Sparer, sofern er überhaupt sein Geld zurückerhielt, was beileibe nicht immer der Fall war, konnte keine *Waren* kaufen. Warum? Sie waren einfach nicht vorhanden!

Der Verlierer war also *wieder* der Zeitgenosse, der auf das Papiergeld, auf die Währung, gesetzt hatte.

Wer dagegen stillhalten konnte und Grundbesitz und Sachwerte besaß, ohne dass damit große Verpflichtungen einhergingen, konnte (kurzzeitig) gewinnen.

Aber verweilen wir noch einen Augenblick lang bei den Verlierern: zu ihnen zählte der Bauer, der Arbeiter, der Angestellte und der Beamte. Verlierer war damit praktisch das *gesamte* deutsche Volk. Es gab kaum eine Schicht, die in dieser Zeit *nicht* verlor – was auch den Aufstieg der Nazis begründet.

Da im Anschluss das Dritte Reich folgte, wo ohnehin jeder seines Vermögens beraubt werden konnte, wenn er nicht im Gleichschritt mit den Nazis marschierte, waren die Folgen letztlich für *jeden* katastrophal. Wer

transportable Sachwerte besaß (Gold, Diamanten usw.) und wer damit außer Landes floh, kam leidlich ungeschoren davon.
Nach 1945 forderten viele ehemalige Immobilienbesitzer ihre Sachwerte wieder ein. Wenn man so will, gab es also auch in dieser Periode wieder „Gewinner". Aber wer kann – angesichts der menschlichen Verluste und des Aufstiegs der verbrecherischen Nazi-Bande – ernsthaft noch von einem „Gewinn" reden?

DIE DESTRUKTIVE PERSÖNLICHKEIT IN IHREM ELEMENT

Drehen wir das Rad nun wieder zurück und tauchen wir erneut in die wildeste aller Epochen Deutschlands ein. In Deutschland wusste man weder ein noch aus. Es war der ideale Nährboden für Volksverhetzer wie Adolf Hitler, der sich inzwischen an die Spitze der Nationalsozialistischen Arbeiterpartei (NSDAP) gesetzt hatte. Hitler machte das „internationale Finanzjudentum" für die Krise verantwortlich, aber auch die anderen demokratischen Parteien – Analysen, die natürlich völlig fehl gingen, aber dem Volk eine „einfache" und „verständliche" Lösung präsentierten. Die ganze Weimarer Republik sei „verjudet", tönte er, weiter sei der „Schandvertrag von Versailles" letztlich nur „Judenmache". Nie in der gesamten Geschichte wurde eine Fehlanalyse in so bereitwilliger Weise von einem ganzen Volk geschluckt.
Je dramatischer die Probleme in der Weimarer Republik wurden, umso größeren Zulauf erhielt Hitler. Hitler und seine Schergen hetzten nun in einem Umfang in einer Größenordnung, die phantastisch war. Hitlers Sturmabteilung (SA) und seine Schutzstaffel (SS) marschierten jetzt beeindruckend stramm durch die Straßen, schüchterten Gegner ein, lieferten sich mit „Feinden" Straßenkämpfe, zu denen auch die Kommunisten gehörten und trug zur allgemeinen Verunsicherung weiter bei.
Die demokratischen Parteien lieferten gleichzeitig ein erbärmliches Schauspiel, denn sie hielten nicht etwa wie Pech und Schwefel zusammen, wie es in einer solchen Situation notwendig gewesen wäre, sondern intrigierten gegeneinander schlimmer als eifersüchtige Schwiegermütter.
Im Juli 1932 erhielt die NSDAP, die sich als Retter in der Not präsentierte, 37,3 % aller Stimmen. Damit stieg sie zur stärksten Partei im Reichstag auf. Die KPD konnte 14,2 % aller Stimmen auf sich vereinigen, wodurch auf einmal die radikalen Parteien die Mehrheit besaßen!

Die Kommunisten und die Nazis bekämpften sich in der Folge bis aufs Messer, im Reichstag, in Straßenschlachten und in privaten Häusern. Im Januar 1933 beherrschten Hitlers Schlägertruppen die Straße. Politische Gegner wurden verprügelt und ermordet, in aller Öffentlichkeit. Das Chaos, gezielt herbeigeführt, war jetzt vollkommen.
Hitler, eine der destruktivsten Persönlichkeiten der gesamten Geschichte, wusste, dass er sich den Staat zur Beute machen konnte.

DER ANFANG VOM ENDE

An der Spitze der sterbenden Weimarer Republik bekämpften sich bis zuletzt Parteien und Personen.
Höchst bedeutsam war mit einem Mal das Amt des Reichspräsidenten, der in chaotischen Zeiten, per Verfassung garantiert, besondere Vollmachten besaß. Hindenburg, der Reichspräsident, gedachte, seine Karten auszuspielen.
Der „Hungerkanzler" Brüning, wie man ihn nannte, wurde zunächst abgelöst von dem ehemaligen Kavallerieoffizier Franz von Papen, ein Aristokrat und Monarchist im Herzen; Brüning war bei dem Reichspräsidenten Hindenburg in Ungnade gefallen.
Aber selbst der findige und wendige Franz von Papen wurde wenig später schon wieder ausgebootet, und zwar von General Schleicher. Am 2. Dezember 1932 ließ Hindenburg von Papen fallen wie eine heiße Kartoffel, weil er glaubte, General Schleicher besäße in dieser brenzligen Situation das notwendige Format.
Franz von Papen, der so kaltblütig ausgepokert worden war, schäumte. Rachsüchtig schloss er sich hinter dem Rücken Hindenburgs und Schleichers mit Hitler kurz.
Schließlich fungierte Papen in Berlin als Mittelsmann zwischen Hindenburg und Hitler … bis Schleichers Stellung nicht mehr zu halten war. Hindenburg versagte ihm die Vollmachten. Am 28. Januar 1933 trat Schleicher zurück. Am 30. Januar ernannte Hindenburg Hitler zum Kanzler.
Hitler befand sich an der Macht.
Die erbittertste Schlacht, die je in Deutschland um die Freiheit geführt worden war, war verloren.

AXIOME RUND UM DAS THEMA *WEIMARER REPUBLIK*

Was können wir nun aus dieser Periode lernen?

Auch aus der Weimarer Republik können wir wichtige Lehren ableiten. Es handelte sich hierbei um eine der turbulentesten Zeiten Deutschlands, die letztlich in die Diktatur und in den Abgrund führte. Die Lehren sind also von besonderer Bedeutung. Diese Gesetze kann man unter anderem ausmachen:

Axiom
Wenn ein Volk in einem „Frieden" zu sehr gedemütigt, in seinem Stolz verletzt und/oder sein Selbstbestimmungs-Recht zu sehr ignoriert wird, kreiert das politischen Sprengstoff.
Beispiel: Der Versailler Friedensvertrag nach dem Ersten Weltkrieg

Axiom
Wenn die Leitung eines Staates in zu kurzen Abständen kontinuierlich wechselt, kann keine Stabilität eintreten und Chaos ist die Folge.

Axiom
Radikale Kräfte werden alles tun, um das Chaos zu schüren, denn darin besteht ihre einzige Chance, die Macht zu ergreifen.
Folgesatz
Es ist ein Fehler, politisch-radikalen Kräften Freiheiten zuzugestehen, denn sie werden eben diese Freiheiten nur dazu missbrauchen, die Demokratie (und damit die Freiheit selbst) auszuhebeln.
Wenn demokratiefeindlichen Gruppierungen die Vorteile der Demokratie gewährt werden, riskiert man die Demokratie.
Beispiel: Das Verhalten der Nazis und der Kommunisten während der Weimarer Republik.

Axiom
Wenn Demokraten in einer chaotischen Situation nicht zusammenstehen und ihre Differenzen beilegen, riskieren sie die Demokratie.

Axiom
Das Wichtigste, was die Bürger von einem Staat erwarten, sind wirtschaftliche Erfolge, an denen alle teilhaben können.
Um sich greifende Armut wird als Nichterfolg in den Augen der Regierten gewertet, sich mehrender Wohlstand dagegen als Erfolg.

Bleibt der wirtschaftliche Erfolg aus, wird eine Regierung abgewählt. Beispiele: Die ständig wechselnden Regierungen in der Weimarer Republik.

Axiom
Militaristen, Militärs, Heerführer und Generale denken fast immer in Kategorien, die demokratischen Kategorien teilweise oder vollständig entgegengesetzt sind.
Aktionspostulat
Militärs müssen aus den Spitzenzirkeln der Politik vollständig verbannt werden, denn die Mehrzahl ihrer Vertreter wird jede Gelegenheit nutzen, um einen Krieg herbeizureden.

Axiom
Wenn das Chaos in einem Staate zu groß ist, wird der Ruf nach einem „starken Mann" laut.

Sicherlich kann man noch weitere Axiome oder Lehren formulieren, was die *Weimarer Republik* angeht, aber begnügen wir uns an dieser Stelle mit einer kleinen Ausbeute.
Stellen wir nun übergangslos weitere Gesetze vor, die wir aus der Geschichte Deutschlands herauslesen konnten – und die vom Mittelalter bis zur Neuzeit reichen. Interessant sind beispielsweise einige erste

AXIOME RUND UM DAS THEMA *MACHT*
Grundsätzlich muss man differenzieren zwischen der mentalen Macht (= Geist, Gedanken, Intelligenz, Charisma, Religion, Wissen und so weiter) und der physischen Macht (= Soldaten, Besitz, Geld). In diesem Sinne gilt zunächst dieses:

Axiom:
Über der militärischen Macht steht fast immer die Macht der Gedanken und des Geistes, mentale Macht triumphiert gewöhnlich über physische Macht.
Soldaten und Gewehre können Körper kontrollieren, aber niemals den Geist.

Beispiele: Viele Päpste, Bischöfe, Äbte und Priester im deutschen Mittelalter und in der frühen Neuzeit. Martin Luther. Der Einfluss der Aufklärung, repräsentiert unter anderem durch Lessing, Fichte, Schiller, Wissenschaftler und Universitätslehrer.

Axiom
Wer durch Verrat regiert, erntet Verrat.
Der Umkehrschluss gilt ebenfalls:
Loyalität erzeugt Loyalität.
Beispiel: Heinrich V., viele Könige des Mittelalters

Axiom
Im Kampf um die Macht muss man einen Vielfrontenkrieg vermeiden (im Innern wie im Äußern), denn er ist zu riskant und wird gewöhnlich verloren.
Die erste Aktion beim Spiel um die Macht muss darin bestehen, eine sichere Basis (Hausmacht) zu etablieren.
Beispiele: Die Geschicke zahlreicher Könige im deutschen Mittelalter, in übertragenem Sinne gilt dieses Axiom auch hinsichtlich der Schicksale zahlreicher Politiker heute

Axiom
Zeremonien (= Krönungen, Ernennungen z.B.) besitzen bedeutsamen Symbolcharakter, die eine enorme Kommunikationskraft besitzen und rigoros im Mächtepoker genutzt werden müssen, will man das Spiel um die Macht gewinnen.
Beispiel: Die zahlreichen Krönungen Friedrich II., des Staufers, generell Inthronisierungen, Segnungen und Eidformeln

Axiom
Sofern höchste Staatskunst darin besteht, den eigenen Machtbereich zu erweitern, so sind die intelligentesten Methoden Neugründungen, Erbschaften, Heiraten, verlockende Kaufangebote, die Mittel der Diplomatie, Vereinbarungen, Bündnisse und die Nutzung der Phantasie.
Beispiel: Die Operationsweise vieler Habsburger

Axiom
Die Förderung der Wirtschaft, eine höhere Gerechtigkeit, Ordnung, eine Spitzenverwaltung, geschickte Bündnisse und Frieden sind die wichtigsten Bestandteile, um einen Staat nach „oben“ zu katapultieren und die Grundlage für die „Macht“ zu legen.
Beispiel: Friedrich II. , der Staufer, Rudolf von Habsburg

AXIOME RUND UM DAS THEMA *RELIGION*
Auch für Deutschland gilt, dass das Thema „Religion“ zwei Seiten besitzt: Die christliche Religion zivilisierte einst die alten Germanen, vermittelte ihnen eine höhere Ethik (= Nächstenliebe, Friede), ihre Vertreter halfen Kranken, Witwen und Waisen, sie kümmerten sich um Erziehung und Ausbildung und hoben das Niveau der Heilkunst.
Als der Aberglaube überhandnahm und Geld-, Macht- und Sexgier in der Priesterkaste Einzug hielten, degenerierte „Religion“ und führte in den Abgrund.
Darüber hinaus bietet die deutsche Geschichte noch weiteres Anschauungsmaterial für einige Axiome in punkto *Religion.*

Axiom
Religiöse Toleranz führt zur Blüte.
Beispiele: Der Staufer Friedrich II., die Toleranz der Preußenkönige
Folgesatz: Religiöse Intoleranz führt zu Krieg, Elend, Armut und Niedergang.
Beispiele: Die Kreuzzüge, die Luther-Periode, der Dreißigjährige Krieg

Axiom
Eine in ihren Ursprüngen friedfertige Religion kann in ihr völliges Gegenteil verwandelt werden, sobald sich destruktive Persönlichkeiten an ihre Spitze setzen.
Beispiele: Die verschiedenen Kreuzzüge, mit einigen Päpsten (wie Urban II.) und verschiedenen Predigern (wie Bernhard von Clairvaux) an der Spitze

Axiom
Kriegstreiber und destruktive Persönlichkeiten verstecken sich gern hinter Religionen und benutzen diese schamlos, eiskalt und völlig ge-

wissenlos, um ihren eigenen Machtbereich zu vergrößern.
Beispiele: Richelieu, der Habsburg-Kaiser Ferdinand II., einige Könige und Päpste
Folgesatz
Der „richtige" Glaube wird gern vorgeschoben und missbraucht, um Kriege zu rechtfertigen.
Beispiele: Die Kreuzzüge, die Ausrottung vieler Sekten, der Kampf gegen die Juden, der Dreißigjährige Krieg

AXIOME RUND UM DAS THEMA *PREUSSEN*
Die Preußen-Könige leiteten eine neue Periode der Blüte in Deutschland ein, von Ausnahmen abgesehen. Wichtige Lehren, die man ausmachen kann:

Axiom
1 **Fleißige, gut ausbildete Menschen, die nicht mit Steuern traktiert werden,**
2 **religiöse Toleranz und**
3 **eine exzellente Infrastruktur führen zu einer Blüte.**

Beispiel: Friedrich Wilhelm, der Große Kurfürst

Axiom
Die intelligentesten Regierungsmethoden taugen nichts, wenn sie auf ein destruktives Ziel hin ausgerichtet werden, auf den Krieg.
Wenn ein Staat fast seine gesamten Anstrengungen, Ersparnisse und ökonomischen Gewinne in ein Heer steckt, wird zudem ein Krieg unvermeidlich, denn er wird bereits visioniert und postuliert.
Folgesatz
Die Existenz eines starken Heeres allein verführt bereits zum Krieg, denn Soldaten wollen sich auszeichnen und ihren Sinn erfüllen, und ihre Führer wollen das „Kapital" arbeiten lassen.
Beispiel: Friedrich I. und Friedrich II., der Große

Axiom
Der größte Schaden, den ein gewonnener Krieg anrichtet, ist der Hass der Verlierer, die, sofern sie nicht ausgerottet und völlig vernichtet oder intelligent integriert werden, gewöhnlich nur auf die

nächstbeste Gelegenheit warten, um wieder zurückzuschlagen.
Beispiel: Die Schlesischen Kriege

Axiom
Kriege sind immer destruktiv, sogar wenn sie gewonnen werden, denn sie schaffen falsche Ideale und falsche Helden, an denen sich kommende Generationen orientieren.
Beispiel: Die Vergötterung Friedrichs des Großen, die Idealisierung Moltkes, des Älteren und die positive Beurteilung Bismarcks

Axiom
Der Aufschwung eines Staates beginnt mit einer Reform der Schulen und Universitäten. Wenn sie allen zugänglich sind und höchstes Niveau haben, so löst das eine intellektuelle und wirtschaftliche Explosion aus.
Die Wirtschaft/der Staat nimmt weiter einen enormen Aufschwung, wenn man die Infrastruktur (Flüsse, Kanäle, Straßen usw.) ausbaut, von Hindernissen befreit (Zölle, Abgaben usw.), liberal ist in Wirtschaftsfragen und Wirtschafts-Kommunikation verschnellert und erleichtert.
Folgesatz
Alle gesetzlichen Regelungen, die die Wirtschaft behindern, führen zu einem Niedergang der Wirtschaft und damit des gesamten Landes. Je mehr Freiheiten in der Wirtschaft existieren, umso schneller kann in einem Land eine Blüte herbeigeführt werden.
Folgesatz
Eine kleine, kompetente politische Verwaltung, die wirtschaftsfreundlich ist, führt zur Blüte, eine ausufernde, zu große, inkompetente (oder gar korrupte)Verwaltung mit zu vielen Gesetzen, Kompliziertheiten und Regelungen zum Niedergang.
Beispiel: Die Anstrengungen von Humboldt, Stein und Hardenberg

Axiom

Freiheit ist die wichtigste Voraussetzung, wenn man einen Staat zur Blüte führen will.

Beispiele: Die neuen „Freiheiten“ in Preußen: Die Bauernbefreiung, die Aufhebung der Leibeigenschaft, die Gleichstellung der Juden, die Selbstverwaltung der Städte, die Gewerbefreiheit, die Berufsfreiheit, die Lernfreiheit

Der Umkehrsatz gilt ebenfalls:

Wenn bestimmte Gruppierungen eines Staates von wirklicher Freiheit ausgeschlossen werden und keine Stimme besitzen, was die politische Zukunft eines Landes angeht, verzichtet der Staat auf wichtige Kräfte, was zum Niedergang des Staates führt.

Folgesatz

Nichts ist wichtiger für das Wohlergehen eines Volkes als eine Verfassung, die die verschiedenen Freiheiten unabänderlich festschreibt.

Soweit einige Erkenntnisse aus der deutschen Geschichte, die man freilich um viele Axiome erweitern könnte. Deshalb werden wir, speziell was den Ersten und Zweiten Weltkrieg und das Thema *Krieg und Frieden* angeht, in einem späteren Kapitel einiges nachtragen.

Doch konzentrieren wir uns nun auf das hoch explosive Thema *Steuern.* Tatsächlich können wir in einigen wenigen Lehrsätzen und auf ein paar Seiten zusammengepresst ein Wissen über Steuer-Fragen etablieren, das es in sich hat.

3. STEUERN: DIE VERSCHWIEGENE WAHRHEIT

Wir haben in den vorangegangen Kapitel bereits etabliert, dass niedrige Steuern ein Land nach oben führen, hohe Steuern dagegen in den Abgrund.
Das Thema ist für den Wohlstand eines Volkes jedoch so wichtig, dass wir es noch einmal gesondert betrachten müssen.
Glücklicherweise haben wir das Experiment, Steuern zu verschiedenen Zeiten und in verschiedenen Ländern eingehend zu beobachten, ebenfalls bereits gewagt, so dass wir an dieser Stelle lediglich die Ergebnisse und Axiome vorzustellen brauchen. Eine höchst umfangreichere Recherche existiert also auch zu diesem Thema; sie ist zu finden in dem Buch mit dem Titel: Die Steuer-Tyrannei[1]
Welches sind also die Gesetze der Geschichte, wenn es um das Thema *Steuern* geht?
Nun, betrachtet man beispielsweise das Römische Weltreich, so erkennt man sehr rasch dies: Die *besten* Männer Roms, das heißt die besten Kaiser/ Staatenlenker (Augustus, Nerva, Trajan, Hadrian, Marc Aurel) redeten immer *niedrigen Steuern* das Wort! Die schlechtesten Herrscher Roms dagegen (Caligula, Commodus sowie der *späte* Nero, der die Staatskassen leerte und Bürger und Priester gleichermaßen bestahl) setzten sich für *hohe Steuern* ein und suchten immer neue Gelder aus dem Volk herauszupressen. Wenn sie nicht von Haus aus ohnehin Verschwender und armselige Gestalten waren, so verstanden sie einfach nicht, dass hohe Steuern das Wirtschaftsleben behindern und zum allgemeinen Niedergang führen.
Die Lehren in punkto Steuern aus dem Römischen Reich, das immerhin rund tausend Jahre Bestand hatte, sind jedenfalls so eindeutig, dass man nur staunen kann!
Reiches Anschauungsmaterial für die königliche Dummheit in Sachen Steuern bieten uns weiter viele spanische Herrscher, konkret Philipp II., Philipp III. und Philipp IV., die im 16. und 17. nichts weniger als ein ganzes *Weltreich* verspielten – auch weil sie ständig unverschämt hohe Steuern aus dem Volk herauspressten.
In den Zeugenstand kann man weiter den Untergang des Byzantinischen und des Osmanischen Weltreiches sowie sogar den Niedergang des britischen Weltreiches im 19. Jahrhundert rufen, weiter törichte Kaiser des

alten China: Hohe Steuern führten immer und ausnahmslos in den Abgrund!
Umgekehrt sind die Beispiele zahlreich, da niedrige Steuern die Wirtschaft fördern und zu einer Blüte führen; denken wir nur noch einmal erneut an Tai T`sung oder den intelligenten Friedrich Wilhelm von Preußen. Auch den griechischen Herrscher Periandros (625–585 v. Chr.) könnte man zitieren oder die niedrigen Steuern auf der griechischen Insel Rhodos in der Antike. Zahlreiche Vergleichsdaten lassen immer wieder nur einen einzigen Schluss zu:

Axiom
Niedrige Steuern verursachen, dass ein Land, eine Nation oder eine Weltmacht blüht und gedeiht. Hohe Steuern führen zum Niedergang und sind ein Indiz, dass es mit einem Land, einem Reich oder einer Nation bergab geht;
sie beschleunigen den Verfall.
Folgesatz
Die Erhöhung der Steuern und die Definition neuer Steuern sind das Kennzeichen arroganter, törichter und verantwortungsloser Staatenlenker.
Die Herabsetzung der Steuern kennzeichnet dagegen den weitblickenden, klugen und verantwortungsvollen Staatenlenker.

Vergessen sollte man weiter nicht die wahren Ursachen für die Französische Revolution (1789).
Erinnern wir uns in aller Kürze: Der französische König Ludwig XVI. verspielte damals immerhin einen der mächtigsten Throne Europas!
Worin sind die Ursachen zu suchen?
Nun, es war ein *Fehler* Ludwigs XVI., Bauern und Arbeitern, kurz gesagt dem einfachen Volk, nicht größere Rechte einzuräumen und ihnen nicht unter die Arme zu greifen. Es war ein *Fehler*, *immer neue und höhere Steuern* aus dem Volk herauszupressen. Es war ein *Fehler*, die mächtige, reiche Bourgeoisie nicht an dem Spiel, das da heißt „Staat", wirklich teilnehmen zu lassen und ihr nicht konkrete Titel und Machtbefugnisse zu übertragen. Es war ein *Fehler,* die Ausgaben des Hofes nicht zu beschneiden und stattdessen den Reichtum und die Pracht des Königtums überall gut sichtbar prahlerisch vorzuzeigen, was letztlich

durch die *Steuern* des Volkes finanziert wurde – während große Teile des Volkes nichts zu beißen hatten; Neid und Hass wurden dadurch heraufbeschworen. Es war ein *Fehler*, der verkommenen Aristokratie, aber auch den kirchlichen Würdenträgern, nicht die Nägel kurz zu schneiden und ihre *Steuer-Privilegien* nicht zurückzunehmen. Vielleicht der größte Fehler aber war es, *die Steuern erhöhen* zu wollen, wodurch die Not im Volk noch größer wurde. Eines Tages, kurz vor der Revolution, forderte Ludwig XVI., dieser Narr, also sogar noch höhere Steuern ein!
Die meisten Fehler Ludwig XVI. liegen also *vor* der Französischen Revolution.
Wir lernen:

Axiom
Zu hohe Steuern können zu einer Revolution führen; ja sogar allein die Androhung und Ankündigung, Steuern erhöhen zu wollen, kann eine Revolution auslösen.

Als Ludwig XVI. also weitere Steuern einforderte, war das der sprichwörtliche Tropfen, der das Fass zum Überlaufen brachte.
Natürlich gab es noch andere Gründe, aber halten wir dennoch fest, dass die Steuerfrage zumindest eine der Ursachen sowie der Auslöser der Französischen Revolution war!

„STEUER-BERATUNG“ FÜR DEUTSCHLAND
Zu wertvollen Einsichten gelangt man weiter, wenn man nur ein einzelnes Land, wie Deutschland etwa, genau untersucht, in seinen verschiedenen geschichtlichen Perioden, wenn es um das Thema *Steuern* geht.
In diesem Fall lernen wir dies:

Axiom
Je mehr Gruppierungen/Institutionen zugestanden wird, Steuern zu erheben, umso drückender sind die Steuern und umso schneller geht es mit einem Land, Volk oder Reich bergab.
Beispiele: Die zusätzliche Kreuzzugssteuer im Mittelalter, sowie überhaupt Steuern/Abgaben, die der *Papst* aus Deutschland herauspresste.
Die zusätzlichen (Kirchen-)Steuern, mit denen *Bischöfe* und geistliche Herren Deutschland traktierten.

Heute: Die Steuern, die von mehreren staatlichen Institutionen gleichzeitig erhoben werden können – inzwischen dürfen Städte, Bundesländer und der Bund Steuern einziehen, weiter gibt es die Kirchen-Steuer. Vielleicht steht eines Tages sogar eine Europa-Steuer vor der Tür.

Folgesatz

Je weniger Gruppierungen/ Institutionen zugestanden wird, Steuern zu erheben, umso besser floriert die Wirtschaft und umso leichter lässt sich ein Aufschwung inszenieren.

Folgesatz

Steuerlich gesehen ist es *im Allgemeinen* vorteilhafter für ein Volk, in kleineren Staatsgebilden zu leben als in größeren Staatsgebilden: Die Anzahl der Institutionen, die Steuern erheben können, ist geringer.

Beispiel: die Schweiz

Aktionspostulat

Will man ernsthaft einen Aufschwung herbeiführen, darf man es nur einer einzigen Institution erlauben, gemäßigte Steuern zu erheben.

Axiom

Werden Steuern missbraucht und/oder verschwendet, schürt das den Hass des Volkes und führt zu Protesten und manchmal Revolutionen.

Beispiel: Die Kreuzzugssteuern und Kirchensteuern im Mittelalter, die beide oft missbraucht und für ganz andere Zwecke eingesetzt wurden als propagiert. Das Ergebnis: Die Reformation, Luther, verschiedene Bauernaufstände, Krieg, Mord und Totschlag.

Axiom

Steuern besitzen die fatale Eigenschaft, dass sie sich verselbständigen und automatisch erhöhen; selten oder nie wird jedoch die Erhöhung einer Steuer oder eine neue Steuer, die einst aus „guten Gründen" eingeführt wurde, zurückgenommen; sie wird im Gegenteil bei jeder sich bietenden Gelegenheit erhöht.

Aktionspostulat

Die Erhöhung einer Steuer oder neue Steuern sollten immer einer zeitlichen Begrenzung unterliegen.

Axiom

Steuern machen Steuer-Behörden notwendig. Diese Steuer-Behörden haben die Tendenz, sich ebenfalls zu verselbständigen, ja aufzublähen, so dass riesige Bürokratien entstehen, die unglaubliche Kosten verursachen und von dem Volk als Unterdrückung empfunden werden.

Beispiel: Zacharias Geizkofler, der von 1598 – 1604 als führender Steuerbeamter des Heiligen Römischen Reiches tätig war, um den „Gemeinen Pfennig" einzufordern, standen nur 30 Beamte und 300 Federkiele zur Verfügung. Trotzdem trieb er ehemals 88 % der gesamten Reichssteuern ein. Man vergleiche dies mit dem Umfang der heutigen Finanzämter!

Axiom

Einige Methoden, Steuererhöhungen durchzuführen, bestehen darin,

1. **neue, „heimliche" Steuern zu definieren und einzuführen, die unsichtbar bleiben,**
2. **„Abgaben" nicht mit dem Wort „Steuer" zu bezeichnen, obwohl es sich um nichts anderes als eben um *Steuern* handelt,**
3. **Steuern auf Steuern zu erheben oder**
4. **bereits versteuerte Gelder erneut zu besteuern.**

Beispiele: Die indirekten Steuern in Deutschland. Die Mehrwertsteuer. Spezial-Steuern.

Steuern auf Steuern: Auf 10 Euro für Benzin werden etwa 20 Euro Energiesteuer aufgeschlagen – und noch einmal 19 % Umsatzsteuer auf jetzt 30 Euro! Der Verbraucher zahlt dann 35,70 Euro.

Folgesatz

Irreführende oder verheimlichende Begriffe oder „intelligente" Methoden, Steuern zu erheben, dienen nur dazu, dem Bürger und Verbraucher Sand in die Augen zu streuen. Es handelt sich um eine Vernebelungstaktik seitens des Staates. Das Ergebnis: Wirtschaft wird ausgebremst und Blüten werden verhindert.

Axiom

Der Staat ist ein Meister darin, Steuervorteile für bestimmte Gruppierungen zu verschleiern und trotz hoher Steuern, mit der die Allgemeinheit gequält wird, den gerade Herrschenden unanständig hohe steuerliche Vorteile zu gewähren.

Beispiele:

1. Die Steuervorteile des Adels und der Kirche im Mittelalter.
2. Die Steuervorteile Bismarcks im 19. Jahrhundert.
3. Die Diäten der Abgeordneten heute: Man spricht in diesem Zusammenhang von „Abgeordnetenentschädigungen", die im Jahre 2003 bereits rund 7.000 Euro pro Nase im Monat betrugen. Im Jahre 2009 betrug die „Abgeordnetenentschädigung" bereits 7.668 Euro! Diese Entschädigung ist von Rentenbeiträgen und Rentenabzügen dabei noch befreit. Der deutsche Abgeordnete erhält Tagegeld, Reisekostenersatz, Aufwandsentschädigungen und eine Mitarbeiterpauschale – bis zu 14.978 Euro pro Monat sind erlaubt. Der Abgeordnete darf weiter staatliche Verkehrsmittel frei nutzen, er erhält eine Netzkarte der *Deutschen Bahn* als Freifahrtschein, auch werden ihm die Kosten für Flüge und Schlafwagen im Inland erstattet. Er erhält überdies einen Zuschuss zur Krankenversicherung und er zahlt keine Beiträge zur Arbeitslosen- und Rentenversicherung. Weiter gibt es für ihn eine „Hinterbliebenenversorgung" und er erhält „Übergangsgelder", sollte er nicht wiedergewählt werden oder aus dem Parlament ausscheiden. Der Abgeordnete erhält obenauf noch eine „Altersentschädigung" – und darf dabei noch bezahlte Nebentätigkeiten in der freien Wirtschaft ausüben, etwa in hoch dotierten Aufsichtsräten.

Betrachten wir nun einmal die Steuer-Progression.
Unter *Progression* versteht man in unserem Zusammenhang sehr einfach die Steigerung, die Zunahme, den „Fortschritt" des prozentualen Steuersatzes, wenn die versteuernden Werte/das Einkommen ebenfalls „fortschreiten". Im Lateinischen bedeutet *progressio* „Fortschritt", aber eigentlich handelt es sich hierbei um einen „Rückschritt".
Die Ursprungsidee bestand darin, nur die „Reichen" richtig zur Ader zu lassen. Mit diesem faulen Argument konnte man herrlich an den Neidfaktor appellieren. Bei Licht betrachtete handelte es sich jedoch nur um eine Methode, das Volk nach allen Regeln der Kunst auszunehmen. Das heißt, selbst der Normalverdiener in Deutschland ist inzwischen aufgrund der Inflation längst in höhere Steuerstufen gerutscht, wo er unverhältnismäßig viel zahlen muss: Mit anderen Worten, auch Otto Normalverbraucher wird heute geschröpft wie ein „Reicher", obwohl er alles anderes als „reich" ist.

So sahen die verschiedenen Einkommens-Steuer-Tarife in Deutschland im Jahre 2014 aus:

- Zu versteuerndes Einkommen 8 500 Euro,
- effektiver Steuersatz = 0,24 %
- Zu versteuerndes Einkommen 12 000 Euro,
- effektiver Steuersatz = 5,33 %
- Zu versteuerndes Einkommen 24 000 Euro,
- effektiver Steuersatz = 15,62 %
- Zu versteuerndes Einkommen 48 000 Euro,
- effektiver Steuersatz = 24,95 %
- Zu versteuerndes Einkommen 120 000 Euro,
- effektiver Steuersatz = 35,13%

Und so gilt dieses Axiom
Mittels der „progressiven Besteuerung“ wird eine höhere Steuer-Gerechtigkeit suggeriert, aber die Realität beweist, dass dadurch auf Dauer die Mehrzahl der Bürger höhere Steuern zahlen.
Folgesatz:
Um zu vermeiden, in höhere Steuerklassen zu rutschen, verzichten viele Bürger auf Produktion; Arbeit wird aktiv verhindert.
Folgesatz
Um eine höhere Steuerklasse zu vermeiden, hinterziehen viele Bürger Steuern oder favorisieren die Schwarzarbeit; dadurch werden Bürger kriminalisiert.
Folgesatz
Durch die Steuer-Progression schadet sich der Staat selbst, denn auf lange Sicht gesehen verzichtet er damit auf Einnahmen.
Nie ist etwas Törichteres erfunden worden, speziell wenn der Normalbürger sehr leicht in eine höhere Progression rutschen kann. Ehe er es sich versieht, gehört er zu den „Reichen“ – aber die „Reichen“ müssen ordentlich geschröpft werden, so lautet das politische Credo.
All das ist das Ergebnis der „progressiven Steuer“, die einst als Allheilmittel gefeiert wurde, obwohl sie langfristig gesehen geradewegs in den Sumpf führt.

Axiom
Das sind die beiden Hauptgründe für zu hohe Steuern, die vorgeschoben werden und dem Volk propagandistisch verkauft werden müssen: Der Krieg und der angeblich notwendige Wohlfahrtsstaat.

Axiom
Das ist der Preis, den ein Land für zu hohe Steuern zahlt: Kapitalflucht, Unternehmens-Auslagerungen, in der Folge eine höhere Arbeitslosigkeit und ein genereller Niedergang der Wirtschaft.

Man könnte noch sehr viel mehr hinzufügen, aber die wichtigsten Steuer-Axiome sind damit etabliert.
Betrachten wir nun zu guter Letzt das Thema *Krieg und Frieden.*
Auch in diesem Zusammenhang können wir uns auf einige Überraschungen gefasst machen.

4. KRIEG UND FRIEDEN

Aber bevor wir auf die Axiome bezüglich Krieg und Frieden genauer eingehen, sollten wir uns einen kleinen Ausflug in eine der interessantesten Perioden der Geschichte gönnen – die Renaissance. Sie bietet uns bereits die wichtigste Erkenntnis, die man hinsichtlich des Krieges überhaupt gewinnen kann.

DIE RENAISSANCE

Eine der aufregendsten und begeisterndsten Kapitel der gesamten Historie ist die *Renaissance*, ein Begriff, der wörtlich so viel wie *Wiedergeburt* bedeutet. Sie erreichte im 15. und 16. in Italien ihren Höhepunkt. Die prächtige griechische und römische Antike und Kultur wurde scheinbar „wiedergeboren", ein Höhenflug der allgemeinen Stimmung, eine Aufbruchsstimmung, ging damit einher. Atemnehmende Kunstwerke erblickten plötzlich das Licht der Welt. Gipfelpunkte in der Malerei wurden erreicht, mit Leonardo da Vinci zum Beispiel, und schier bis heute unerreichte Bauwerke und Skulpturen geschaffen – Michelangelo mag nur als ein Gewährsmann hierfür in den Zeugenstand gerufen werden. Entdeckungen und Erfindungen in reicher Zahl wurden gemacht. Der Mensch erwachte förmlich wieder, bedeutende Schriftsteller, wie Dante oder später Shakespeare in England, wetzten ihre Griffel und verspritzten so eifrig und begeistert ihre Tinte über die Blätter wie nie zuvor. Ein freier Geist wehte plötzlich allenthalben durch die Straßen und Gassen, anfänglich besonders in Rom, Mailand, Neapel, Venedig und Florenz, denn bella Italia, das schöne Italien, war der Ausgangspunkt für diesen Aufbruch. Die größten Geister der Menschheit schienen sich in dem sonnigen Italien ein Stelldichein zu geben. Der Mensch, mit seinen verschiedenen unglaublichen Fähigkeiten, begann wieder mit den Göttern selbst um die Gunst der Musen zu wetteifern. Man entdeckte, dass es auch schon vor und neben dem Christentum die erlauchtesten Geister gegeben hatte, im alten Griechenland und im alten Rom etwa, ja man interessierte sich auf einmal brennend auch für die arabische Gelehrsamkeit, die dem europäischen Wissen in vielen Hinsichten weit voraus war. Die Welt wurde weit und hell, spannend und aufregend, sie war voller intellektueller und künstlerischer Abenteuer. Die herrlichsten Kreationen entstanden, unübertroffen bis heute, Künstler, Entdecker und Genies überschlugen sich förmlich.

Bis heute rätseln viele Historiker, wie dieses Phänomen der Renaissance zustande kommen konnte. Nun, sie war natürlich der Freiheit des Denkens und des Geistes zu verdanken, die unversehens allenthalben um sich griff. Aber übersehen wurde und wird in gängigen Analysen zu oft, dass es außerdem *konkrete Einzelpersonen* waren, die die Renaissance ermöglichten, ja sie eigentlich erst aus der Taufe hoben und diesen kreativen Überschwang förderten. Einer der hervorragendsten und edelsten Gestalten unter diesen Begründern oder Förderern der Renaissance war Lorenz il Magnifico, Lorenzo, der Prächtige.

LORENZO I. DE´ MEDICI UND PAPST SIXTUS IV.

Lorenzo der Großartige oder der Prächtige (1449–1492), der in Florenz bis zu seinem Tod die Zügel in der Hand hielt, förderte nicht nur die Meister des Pinsels und die Titanen des Tintenfasses, sondern er stand eines Tages auch vor einem schier unmöglich zu bewältigendem Problem. Einem *Krieg,* einem eigentlich nicht zu verhindernden Krieg, sollte, ja musste unbedingt Einhalt geboten werden, wenn Florenz nicht schweren Schaden nehmen sollte.

Aber Florenz stand mit niemand geringerem als dem Papst selbst im Krieg, dem *papa,* dem Oberhaupt der gesamten Christenheit! Die Herausforderung war immens, sie war ungeheuer!

Auf der einen Seite befand sich also Lorenzo de Medici, der Herr von Florenz, ein Kaufmann, Kunstförderer und Renaissance-Mensch vom Scheitel bis zur Sohle, auf der anderen Seite der Papst, Sixtus IV., der Herr Roms, des Kirchenstaates und aller Christen, der mit unglaublichen Machtbefugnissen ausgestattet war, mit geistlicher und weltlicher Macht. Der Papst verfügte über Geld, Verbündete und Heere schier ohne Ende und der Möglichkeit, einen Widersacher mit dem Bannstrahl zu belegen, der eine Person innerhalb eines Augenblicks gewissermaßen zu einem Aussätzigen degradierte.

Beschreiben wir die beiden Kontrahenten noch genauer:

Lorenzo verfügte über einen athletischen, zähen, gestählten Körper, er hatte sogar einige sportliche Turniere in Florenz gewonnen, in einem Kampf prangte auf seiner Rüstung das Motto *Le temps revient – Die [Goldene] Zeit kehrt wieder* – wenn man so will der Leitspruch der gesamten Renaissance. Weiter verfügte Lorenzo über feingliedrige, aber starke Hände, wenn wir den Gemälden Glauben schenken dürfen, die uns überkommen sind, und ein Gesicht, das nicht schön war, aber ungemein ausdrucksstark: Es handelte sich um einen Charakterkopf. Über einer ausgeprägten, scharfrückigen Nase thronten zwei große, sprechende, fröhlich dreinblickende Augen. Das Kinn war energisch und der Mund lächelte oft, denn Lorenzo liebte den Scherz. Der Florentiner war von heiterer Gemütsart, er feierte gern, obwohl er gleichzeitig ein Vielarbeiter war. Die schwarze, in der Mitte sorgfältig gescheitelte Pagenfrisur bedeckte die Ohren und die gesamten Wangen des oval-länglichen Gesichtes, in dem sich Sinnlichkeit, Intelligenz und Stärke zugleich widerspiegelten.

Lorenzo war hoch gebildet. Schon als Knabe hatte er Griechisch und Latein erlernt und sich mit Politikern, Dichtern, Gelehrten, Philosophen und Künstlern unterhalten. Als er heranwuchs, genoss er die sorgfältigste Erziehung. Er schrieb ausgezeichnete Gedichte und interessierte sich für die Botanik und seinen Garten genauso wie für die Philosophie. Gleichzeitig erbte er eines der größten Vermögen seiner Zeit. Seine Macht und seinen Reichtum, versichern uns Zeitzeugen, vergaß man jedoch in seiner Gegenwart sofort. Er besaß die Begabung, andere sich unmittelbar wohlfühlen zu lassen, sobald er erschien und sich mit ihnen unterhielt. Weiter war er freigiebig wie kein zweiter und großzügig, ja er „ruhte nie, bis er ein Geschenk, das er empfangen, mit einem noch kostbareren vergolten hatte“.[1] Lorenzo finanzierte religiöse Stiftungen, kümmerte sich um Kirchen, unterstützte Künstler und Gelehrte, sorgte für herrliche Stadtfeste und half Florenz wieder und wieder bei finanziellen Engpässen aus der Patsche. Er hielt die Zinsen niedrig, förderte den Handel und gab Tausenden Arbeit und Brot. Entgegen anderen reichen Familien in Florenz galt seine besondere Sorge auch den Armen, niemand half mehr und war wohltätiger. Gleichzeitig kurbelte er die Wirtschaft an, Florenz stieg unter seiner Regierung auf zu einer der reichsten Städte Italiens. Die Verbrechensrate in der Stadt sank auf einen absoluten Tiefpunkt, und allenthalben herrschte Ordnung und Frieden. Nie wieder erreichte Florenz eine solche kulturelle, literarische, gesellschaftliche und politische Höhe wie unter Lorenzo, den man schon zu Lebzeiten mit dem Beinamen *Il Magnifico*, den Großartigen, ehrte.

Fast wider Willen geriet er aneinander mit Papst Sixtus IV. (1414 – 1484), einer verbissenen, hinterhältigen, macht- und besitzgeilen Priesterseele. Sixtus war schon als Kind in geistliche Obhut gegeben worden, er hatte die Theologie mit der Muttermilch eingesogen und früh gelernt, die Bibel gegen alle und jeden zu verteidigen. Systematisch war er die Karriereleiter innerhalb der Kirchenstruktur nach oben gefallen. Gute Konnexionen ermöglichten es, dass er schließlich sogar den Papstthron ergatterte. Er erwies sich als einer der übelsten Päpste, die je Petris Stuhl innehatten, denn er raffte Besitztümer mit einer Gier zusammen, die man so vorher selten oder nie gesehen hatte. Weiter war er verschlagen, wortbrüchig und liebte den Krieg. Sixtus IV. war beleibt, besaß eine spitze Nase und ein fliehendes Kinn und zeigte sich gern in vollem Prunk-Ornat, wie uns Gemälde heute noch verraten. So es passte, versuchte er einen erhabenen, ja heiligmäßigen Ausdruck in sein Gesicht zu drücken, aber er war bekannt dafür, Tobsuchtsanfälle zu haben, wenn etwas nicht nach seinem Willen ging. Der Mann mit den zwei Gesichtern und den kleinen, tückischen Augen hatte unmittelbar nach seiner Papstwahl seine Neffen und Verwandten höchste geistliche Ämter, Pfründe und Pöstchen zugeschustert und damit auf unrechtmäßige Weise seine eigene Hausmacht vergrößert. Ein Neffe seiner Schwester, in Wahrheit vielleicht sein Sohn, war besonders reichhaltig bedacht worden. 1478 hatte er den Papst, sich selbst also, wieder über alle Konzile und Konzilsbeschlüsse gesetzt und die Wieder-Einführung der Inquisition durch eine Bulle (= Urkunde zur Verkündung wichtiger Rechtsakte des Papstes) vorangetrieben, die vor allem die spanische Inquisition erneut aufleben ließ. In theologischer Hinsicht war er ein vehementer Verfechter der Lehre von der Unbefleckten Empfängnis Marias, obwohl er selbst, zumindest dem Gerücht nach, sowohl Frauen als auch Knaben in sein heiliges Bett zerrte. Historiker urteilten, dass in Sixtus IV. „keine Liebe zu seinem Volk … gewesen sei, nur Wollust, Geiz, Prunksucht, Eitelkeit; aus Geldgier habe er alle Ämter verkauft, mit Korn gewuchert, Abgaben auferlegt, das Recht feilgeboten; treulos und grausam … zahllose Menschen durch seine Kriege umgebracht.“[2] Sein Pontifikat trug zum Niedergang der gesamten Kirche bei, urteilen heute selbst katholische Geschichtsschreiber.

Aber was war eigentlich passiert, so dass diese beiden Gestalten, die nicht gegensätzlicher hätten sein können, mit voller Wucht aufeinanderprallten?

Und auf welch unglaublich intelligente, mutige und einmalige Art verhinderte Lorenzo schließlich den Krieg?

DAS VORSPIEL

Kriege entstehen nie aus dem Nichts. Selbst wenn die Anlässe noch so aufschlussreich sind, so stehen hinter Kriegen doch immer konkrete Persönlichkeiten, die sie schüren.

Der konkrete Anlass für den Krieg zwischen Lorenzo de Medici, dem Renaissance-Menschen und Sixtus, dem Papst, bestand darin, dass der Florentiner eines Tages nicht mehr nach der Pfeife des Kirchenfürsten tanzte und dessen Besitz- und Raffgier einen Riegel vorschob. Die Medici waren unter dem Großvater Lorenzos zu den Bankiers der Päpste aufgestiegen, aber es gab auch andere reiche Familien in Florenz, wie die Pazzi, die den Medici dieses Geschäft neideten.

Was also geschah?

Nun, Sixtus IV. versuchte sich im Jahre 1473 eine oberitalienische Stadt unter den Nagel zu reißen und sie einem seiner „Neffen“ zuzuschustern – wofür ein paar Truhen voll Geld notwendig waren, um die Entscheider zu kaufen. Lorenzo de` Medici verweigerte jedoch diesmal den Kredit, der für diesen Coup notwendig war. Die Pazzi dagegen, die alten Feinde der Medici, nutzten schnell die Gunst der Stunde und schoben dem Papst (mit anderen Geldgebern) die nötige Summe in den gefräßigen, nimmersatten Priester-Rachen.

Sixtus beschloss, die Weigerung Lorenzos nicht zu vergessen, sein heiliger Zorn war entfacht.

1474, nur ein Jahr später, richtete der Papst sein habgieriges Auge auf eine andere Stadt, die den Medici/Florenz einst von einem früheren Papst zur Begleichung der vatikanischen Schulden übereignet worden war. Plötzlich jedoch wollte Sixtus IV. von den früheren Vereinbarungen nichts mehr wissen. Wieder gerieten der Papst und Lorenzo aneinander, erst im letzten Moment konnte eine kriegerische Auseinandersetzung vermieden werden. Von Stund` an begann Sixtus Lorenzo zu hassen. Plötzlich war ihm der Medici ein Dorn im Auge, denn dieser kleine Krämer und Geldwechsler wagte es, ihm, dem Mittler zwischen Gott und den Menschen, zu widersprechen und seine Pläne zu durchkreuzen!

Der Streit zwischen dem Papst/Sixtus und Florenz/Lorenzo kulminierte schließlich, als es um den neuen Bischof von Pisa ging, eine Stadt, die zum Einflussbereich von Florenz zählte. Florenz besaß ein verbrieftes Vorschlagsrecht, was den künftigen Bischof von Pisa anging. Sixtus IV. jedoch ignorierte dieses Vorschlagsrecht und schickte ohne vorherige Absprache

seinen (Bischofs-)Kandidaten nach Pisa, auf dass er das Amt ergreife. Die Florentiner jedoch verweigerten ihm kurzerhand den Zugang nach Pisa.
Nun schäumte der Papst. Obwohl er selbst es war, der zweimal bestehendes Recht gebrochen hatte, machte er nun gegen Florenz und Lorenzo de´ Medici mobil. Es konnte, es durfte nicht sein, dass dieser Dukatenzähler Lorenzo es wagte, sich gegen das Oberhaupt der Christenheit aufzulehnen!
Hinter den Kulissen rieben sich Pazzi die Hände. Wenn es ihnen gelang, die Medici als Bankiers des Papstes auszubooten, würden sie zu der einflussreichsten Familie in Florenz aufsteigen und hier das Ruder in die Hand nehmen können. Heimlich und ungesehen von allen schlossen Sixtus IV. und die Pazzi einen teuflischen Pakt.

DIE VERSCHWÖRUNG DER PAZZI

Sixtus IV. analysierte haarscharf, dass nur die reichen Medici mit diesem Lorenzo an der Spitze dafür verantwortlich waren, dass er seine Herrschaftsgelüste und seine Besitzgier nicht voll ausleben konnte. Und so beschloss er, im Verbund mit den Pazzi, Lorenzo und seinen Bruder ermorden zu lassen. Mit von der Partie war Girolamo Riario della Rovere (1443–1488), ein Günstling, Neffe oder möglicherweise sogar der Sohn Sixtus IV., der mit den Pazzi den Plan zur Ermordung der beiden Medici ausheckte. Ein Machtwechsel sollte, ja musste in Florenz in Szene gesetzt werden, die Medici mussten „entfernt" werden und die Pazzi an ihre Stelle treten. Montesecco, eine Kreatur des Papstes, ein Kondottiere, Söldner und professioneller Meuchelmörder, sollte die Untat ausführen. Aber Montesecco bestand darauf, vom Papst persönlich im Voraus die Absolution für die geplanten Morde zu erhalten, schließlich wollte er sich nicht das Himmelreich verscherzen – oder sich auch nur rückversichern.[3] Der Papst lehnte vornehm mit Hinweis auf sein hohes Amt ab, machte aber deutlich, dass er beide Augen zerdrücken würde, wenn die beiden Medici auf welche Weise auch immer aus dem Weg geräumt werden würden.
Der Plan bestand sehr einfach darin, Lorenzo nach Rom vorzuladen und ihn dort festnehmen zu lassen; in der Folge konnte man ihn bequem in einem Verlies beseitigen, während man gleichzeitig seinen Bruder in Florenz einen kleinen Stich in die Brust versetzte.

Aber Lorenzo roch den Braten und schlug die Einladung nach Rom aus, was ihm (wie später Luther) die Haut rettete.
Der nächste Plan, der von den Verschwörern ausgeklügelt wurde, bestand darin, Lorenzo und seinen Bruder bei einem Bankett zu vergiften. Das Italien des 15. Jahrhunderts war berühmt für seine Giftmorde, es existierte ein eigenständiges Know-how hierfür. Aber auch dieser Plan schlug fehl, denn in letzter Minute sagte der Bruder Lorenzos seine Teilnahme an dem Bankett ab, so dass das Attentat erneut verschoben werden musste.
Aber am folgenden Tag, am Sonntag dem 26. April 1478, sollten die Würfel endgültig fallen. Während einer heiligen Messe, die im Dom von Florenz zelebriert wurde, so der Plan, würde man die beiden Medici ermorden. Aber Montesecco, der professionelle Meuchelmörder, erhob Einwände, indem er argumentierte, es sei falsch, an einem so heiligen Ort wie in der Kirche Blut zu vergießen, es wäre nicht nur gegen das Gesetz, sondern gegen jede moralische Vorstellung . Schließlich weigerte er sich offen. An seine Stelle traten zwei Priester, die offensichtlich weniger Skrupel besaßen als der Auftragsmörder. Damit der Plan nicht wieder scheiterte, holten einige Verschwörer diesmal den Bruder Lorenzos persönlich zu der Messe ab und überzeugten ihn, wie wichtig es sei, der religiösen Zeremonie im Dom beizuwohnen. Als sie gemeinsam mit ihm die Kirche betraten, hatte die Messe bereits begonnen. Genau in dem Augenblick, da die Hostie, Christi Fleisch und Blut, gut sichtbar in die Höhe gehoben wurde, warfen sich die Verschwörer auf die beiden Medici-Brüder. Sie stachen wieder und wieder auf Lorenzos Bruder ein, bis dieser den Geist aufgab. Lorenzo selbst wurde jedoch nur an der Schulter verwundet. Es gelang ihm, zu entkommen und in die Sakristei zu flüchten. Ein Freund versperrte den Meuchelmördern den Weg mit seinem eigenen Körper und wurde an seiner Stelle niedergemacht. Lorenzo aber entkam. Obwohl die Ermordung Lorenzos damit misslungen war, führten die Verschwörer sofort den zweiten Teil des Planes aus. Einige jagten auf Pferden in wildem Galopp durch Florenz und suchten den Rat und das Volk mit dem Schlachtruf „Freiheit!" aufzustacheln und auf ihre Seite zu ziehen. Aber niemand wünschte „Freiheit" von den Medici, die einen solchen Wohlstand in Florenz herbeigeführt hatten. Vergebens suchten die Verschwörer Unterstützung. Der Zorn der Volkes und des Rates wandte sich im Gegenteil wider sie. Sie wurden getötet, aus Fenstern gestürzt

oder (später) gehängt. Die Florentiner selbst, nicht nur die politische Klasse, ergriff klar Partei für den beliebten Lorenzo.

LORENZOS GEGENSCHLAG

Der Coup der Pazzi und des Papstes scheiterte vollständig. Selbst der gedungene Profikiller Montesecco, obwohl er im letzten Augenblick einen Rückzieher gemacht und sich von der Verschwörung zurückgezogen hatte, wurde gefasst. Er gestand unter der Folter die Einzelheiten des Mordkomplottes und gab alle Namen preis. Er verriet, dass der Papst der eigentliche Urheber des Anschlages war. Der Mob lynchte Montesecco trotz seines Geständnisses.

In Florenz selbst öffnete sich nur Stunden nach dem Anschlag der Schlund der Hölle. Der Mob tötete tagelang unkontrolliert und zornig verschiedene, verdächtige Figuren, in denen sie die Rädelsführer für die Verschwörung vermuteten. Lorenzo sandte Frau und Kinder an einen anderen sicheren Ort, aber der Hass der Menge richtete sich nicht gegen ihn, sondern gegen die Pazzi, den Papst und seine Helfershelfer.

Ein Pazzi wurde des Nachts aus dem Bett gerissen und aufgeknüpft. Einen Erzbischof ließ die aufgebrachte Menge ebenfalls baumeln. Das Familienoberhaupt der Pazzi, ein greiser, würdiger Herr, wurde nackt durch die Straßen geschleift; danach wurde sein Körper, tot oder halbtot, voller Verachtung in einen Fluss geworfen. Lorenzo tat alles, um den Blutdurst der Florentiner einzudämmen, aber vergebens.

Von einem Moment auf den anderen änderte sich sein gesamtes Leben. Er war nach wie vor die unumstrittene Führerfigur in Florenz. Doch was war jetzt das Gebot der Stunde?

DIE MEDICI

In jungen, blutjungen Jahren, wenig über 20 Jahre alt, kurz nach dem Tode seines Vaters, hatte Lorenzo bereits die Zügel in Florenz in die Hand genommen, aber er musste gleichzeitig auch auf das Haus Medici achten, er stand im Banne der Familientradition und hatte den Reichtum seiner Sippe zu mehren, wie es ihm sein Großvater, Cosimo Medici, und seine Vorfahren überhaupt vorexerziert und gelehrt hatten. Cosimos Urgroßvater hatte durch kühne Unternehmungen den Reichtum der Medici begründet, aber auch immer eine Politik vertreten, die den finanziell weniger Begünstigten in Florenz entgegenkam, er war, wie alle Medici, ein Fürsprecher der Armen, Arbeiter und Bauern. Die Medici standen also bemerkenswerterweise stets auf Seiten der Minderbemittelten, nicht der Reichen, obwohl sie selbst inzwischen zu den vielleicht wohlhabendsten Geschäftsleuten Italiens aufgestiegen waren. Genau dieser Umstand rettete ihnen jedoch in dieser Situation das Leben.

Der Ursprung des Namens „Medici“ lag im Dunkeln, man vermutete, dass die Vorfahren Ärzte gewesen waren, aber nichts war sicher. Selbst die Bedeutung des berühmten Wappens der Medici, sechs rote Kugeln in einem goldenen Feld, war unklar. Später wurden die sechs Kugeln auf drei reduziert und zum Wahrzeichen aller Pfandleiher.

Weitgespannte Unternehmungen, die bis nach Russland, Spanien, Schottland, Syrien und den gesamten Vorderen Orient führten, hatten die Medici unendlich reich gemacht. Sie waren im Bankengeschäft tätig, in der Landwirtschaft, in der Seiden- und Wollwaren-Industrie und im Handel. Natürlich wurden ihnen ihr Reichtum von vielen geneidet, aber da sie sich bemühten, jeden Stand und jede Klasse zu unterstützen, da sie in einem ungeahnten Ausmaß Künstler und Gelehrte förderten, die Kirche bedachten, für Arbeit und Brot sorgten, reichhaltige Geschenke nach allen Seiten hin austeilten, die Wohltätigkeit auf ein nie zuvor gesehenes Niveau hoben und offenbar das Glück und den Wohlstand der Mehrzahl der Florentiner im Auge behielten, konnte man nichts oder wenig gegen sie einwenden. Die Medici herrschten höchst geschickt mit Hilfe und durch die sogenannte *Signoria.* Der Begriff bezeichnete ursprünglich den Umstand, dass ein „Herr“ (Signore) an der Spitze der Regierung stand, ein „starker Mann“. Mit *Signoria* bezeichnete man jedoch eigentlich die gesamte Ratsversammlung, die politische Klasse würde man heute sagen, die Florenz regierte. Die meisten Mitglieder des Rates hatten den Medici zu viel zu verdanken, als dass sie einem Umsturz leichtfertig zugestimmt hätten. Weiter hatte Lorenzo persönlich unter anderem einer Hungersnot im Jahre 1472 Einhalt geboten, indem er die Getreide-Einfuhr sicherstellte. Er hatte einen Dreibund mit Venedig und Mailand abgeschlossen, um den Frieden in Norditalien aufrechtzuerhalten. Und er hatte nur die Interessen der Florentiner vertreten, als er den Papst daran gehindert hatte, sich einen Bischofssitz unrechtmäßig unter den Nagel zu reißen. Grundsätzlich waren seine Entscheidungen hoch intelligent und förderten stets das Glück und Wohlergehen von ganz Florenz. Aber selbst er hatte nicht mit der Intriganz, der Besitzgier und der völligen Skrupellosigkeit des Papstes gerechnet.

DER KALTE KRIEG

Die Florentiner schrien nach Rache, als allenthalben bekannt wurde, dass der Papst selbst hinter dem Anschlag auf die Medici-Brüder stand. Obwohl Lorenzo alles tat, um den Zorn der Menge einzudämmen, schlugen seine Anstrengungen fehl. Die Wut der Florentiner richtete sich nun auf den heuchlerischen Sixtus IV., der selbst vor einem Meuchelmord auf heiligem Boden nicht zurückschreckt war. Doch noch bevor Lorenzo aktiv werden konnte, schlug der Papst erneut zu, hart und hinterhältig zugleich, an verschiedenen Fronten.

Sixtus IV., wohl wissend, dass er in höchste Bedrängnis geraten und sein Komplott aufgedeckt worden war, schleuderte unversehens die mächtigste Waffe wider Lorenzo, die er besaß: Er exkommunizierte den Medici, mit dem Vorwand, dass er die Verschwörer getötet habe und ein Bischof dabei zu Tode gekommen sei, gleichzeitig bannte er auch einige weitere führende florentinische Politiker, die sich auf die Seite Lorenzos geschlagen hatten. Zudem verbot er, künftig den Gottesdienst auf florentinischem Territorium abzuhalten, um die Kirche und die Gläubigen aufzuhetzen. Weiter fror er alle Besitztümer der Medici in Rom ein, so dass Lorenzo keinen Zugang mehr zu seinen Geldern und Besitztümern dort besaß. Selbst die Medici-Bank in Rom musste ihre Pforten schließen. Daraufhin forderte der neapolitanische König, der natürlich von Sixtus IV. dazu angestachelt worden war, frech die Florentiner Signoria auf, Lorenzo dem Papst zu überstellen oder ihn zumindest in die Verbannung zu schicken, wobei er auf die päpstliche Autorität verwies; schließlich sei Sixtus IV. der Stellvertreter Gottes auf Erden.

Der großherzige Lorenzo stellte es dem Urteil der Signoria anheim, ihn an den Papst auszuliefern oder nicht. Der Florentiner Rat ließ dem König von Neapel und durch ihn dem Papst jedoch mitteilen, dass er eher bereit sei, die furchtbarsten Konsequenzen auf sich zu nehmen, als ihren Führer zu verraten. Die Signoria lehnte das Ansinnen also entrüstet ab.

Viele Priester weigerten sich zudem, auf die Gottesdienste auf florentinischem Territorium zu verzichten und stellten sich gegen den Papst, ja verfassten sogar Schmähschriften wider ihn.

Ganz Florenz stand wie ein Mann hinter Lorenzo. Ja der Rat in Florenz verteidigte nun Lorenzo sogar vor allen Augen der Welt. Ein Geniegehirn brütete die Idee aus, die vollständige Wahrheit überall publik zu machen. Es wurde ein großartig angelegtes Dokument aufgesetzt, in dem der

wahre Hergang über den Komplott niedergeschrieben und festgehalten wurde. Daraufhin wurde eben dieses Dokument zu den höchsten italienischen Gerichtshöfen gesandt sowie an andere wichtige europäische Gerichtshöfe!
Ein Geniestreich der Public Relations! Die Wahrheit wurde nicht unter den Teppich gekehrt, sondern überall verbreitet. Jedermann erfuhr nun, wie hinterhältig Sixtus IV. operiert hatte, plötzlich stand der Papst nackt und ohne Kleider dar, vor der gesamten Weltöffentlichkeit. Sixtus befand sich in äußersten Schwierigkeiten.
Für ihn gab es nur eine Antwort.

DER KRIEGSTREIBER

Sixtus überlegte sich das heilige Gehirn wund, wie er sich aus der Affäre ziehen konnte. Aber er vermochte nur in bestimmten Kategorien zu denken. Selten oder nie gab er der Diplomatie den Vorzug, denn er liebte den Krieg. Sofort machte er sich auf die Suche nach Verbündeten. Er richtete sein Augenmerk auf jeden Stadtstaat, der die wachsende Macht Florenz fürchten konnte und säte den Samen des Zwiespaltes aus, gemäß dem alten Motto *Divide et impera*! – Teile und herrsche. Die teuflische, unchristliche Berechnung bestand sehr einfach darin, Unfrieden zwischen den verschiedenen italienischen Stadt-Staaten zu säen, vor allem sollte sich die Angst und der Zorn gegen Florenz richten. Und so überzog er viele italienische Stadtstaaten mit einem Schwarzen-Propaganda-Feldzug und blies allen in die Ohren, wie gefährlich Florenz sei.
Die päpstlichen Botschafter waren plötzlich an allen wichtigen Höfen Italiens zu sehen. Gleichzeitig trieb Sixtus die Kriegsvorbereitungen voran. Zuerst wurden die Städte, die ohnehin von dem Papst und dem Kirchenstaat abhängig waren, ins Gebet genommen. Doch der größte Hecht im Karpfenteich war zweifellos das mächtige Neapel.
In Neapel war das Geld, der Reichtum und die Macht zu Hause. Der König von Neapel verfügte außerdem über gut ausgebildete Soldaten. Neapel wurde von dem berüchtigten Ferrante (Ferdinand) von Aragón (1424–1494) regiert, der selbst ein kleines Problem hatte. Als unehelicher Sohn Alfons V. von Aragón (Spanien) hatte er Zeit seines Lebens darum kämpfen müssen, als König von Neapel akzeptiert zu werden. Ein Papst hatte ihn schließlich offiziell anerkannt, ein anderer Papst vor den Augen der Öffentlichkeit mit dem Königreich Neapel belehnt, aber

immer wieder hatte Ferrante gegen Rivalen ankämpfen müssen. 1465 jedoch gelang ihm ein Coup ganz eigener Güte: Er verheirate seine Tochter mit einem Neffen Sixtus IV. – Ferrante von Aragón war damit mit dem gegenwärtigen Papst verwandt! Es verstand sich mithin von selbst, dass Ferrante, der König von Neapel, sich auf die Seite des römischen Hohepriesters schlug.

Überraschend erklärten nun Sixtus IV. mit Ferrante von Aragón im Verbund den Florentinern den Krieg. Das päpstliche Heer und die neapolitanische Armee marschierten gegen Florenz.

DER FRIEDENSFÜRST

Wenn Sixtus IV. den Krieg vergötterte, so liebte Lorenzo den Frieden. Entsetzt musste der junge Medici jedoch zusehen, wie auf einmal fremde Heere in das florentinische Territorium einmarschierten. Ferrantes Sohn, der das neapolitanische Heer anführte, verwüstete das Land und brachte der florentinischen Armee, die Lorenzo sofort den Eindringlingen entgegenschickte, zudem eine empfindliche Niederlage bei.

In Florenz stand man Kopf. Die feindlichen Armeen waren der eigenen hoffnungslos überlegen. Zudem musste man zusätzliche Steuern erheben, denn ein Krieg verschlingt immer Unsummen von Geld. Außerdem wurde die Wirtschaft empfindlich gestört. Kriege zeitigen stets Chaos, und Chaos ist schlecht für die Ökonomie, die auf friedliche, sichere Handelsstraßen angewiesen ist sowie ein stabiles Ordnungsgefüge. Die Florentiner begannen schon bald, zu murren und ihre Stimme gegen Lorenzo zu erheben. Ja, er führte vielleicht einen gerechten Krieg, aber selbst ein gerechter Krieg konnte nicht verhindern, dass ihnen die Felder verwüstet und das Vieh aus dem Stall gestohlen wurde.

Und so entschied der Medici kurzentschlossen, die unglaublichste Friedensinitiative in Gang zu setzen, die vielleicht die gesamte Geschichte kennt.

Lorenzo überlegte haarscharf: Mit dem Papst konnte man nicht reden, genauso gut konnte man Perlen vor die Säue werfen, denn Sixtus liebte den Krieg und war expansionsbesessen. Aber der Papst war nichts oder jedenfalls sehr viel ungefährlicher ohne die Unterstützung der Neapolitaner, ohne König Ferrante. Und so entschied sich Lorenzo, Ferrante persönlich einen Besuch abzustatten. Er ritt nach Pisa, bestieg dort ein Schiff, segelte nach Neapel und verlangte eine Audienz mit dem König!

Man muss es sich wirklich vor Augen halten: Lorenzo begab sich damit auf feindliches Territorium und in die Höhle des Löwen, ohne Soldaten und ohne Begleitschutz! Ferrante konnte ihn ohne mit der Wimper zu zucken einkerkern oder sogar töten lassen, schließlich stand man mitten im Krieg.

Weiter ging diesem Ferrante von Aragón ein höchst zweifelhafter Ruf voraus.

Ja, zugegeben, Ferrante verfügte über ein hohes Maß an Staatsklugheit, er war unermüdlich tätig und hatte die Wirtschaft auf ein höheres Niveau gehoben.

Er besaß das Regierungsmonopol auf dem Korn- und Ölhandel, und indirekt, durch einen Vertrauten, einen Großkaufmann, sogar auf allen wichtigen Handels-Aktivitäten, einschließlich der neapolitanischen Schifffahrt, so dass ihm niemand in die Suppe spucken konnte. Ferrante galt außerdem als Förderer der Wissenschaften und der Jurisprudenz; unklug war er sicher nicht.

Aber dieser König besaß auch eine düstere, grausame und dunkle Seite. Er war bekannt dafür, im Falle eines Falles einen Gegner schnell hinrichten zu lassen und seine Güter zu konfiszieren. Darüber hinaus frönte Ferrante einem ganz absonderlichen Vergnügen: Gern ließ er einen Gegner, sobald er das Zeitliche gesegnet hatte, einbalsamieren und ihn genau in der Tracht, die er zu seinen Lebzeiten gern getragen hatte, in seiner Nähe wie ein Museumsstück aufstellen. Mit der Zeit verfügte über eine hübsche Mumienkollektion, an der er sich immer wieder ergötzte. Teilweise hatte er diese Männer sogar an seiner königlichen Tafel in den Tod befördern lassen, nachdem er sie durch Verrat und Vorspiegelungen falscher Tatsachen in seinen Palast gelockt hatte. Während üppige Speisen und Getränke aufgetragen wurden, wurde also ein Gegner zuerst ermordet und später einbalsamiert, so dass Ferrante jederzeit den Sieg über ihn erneut genießen konnte. Freudvoll blickte er dann zu den einbalsamierten Leibern, seinem Gruselkabinett und bewies damit gleichzeitig jedem Besucher, wie gefährlich es war, sich seinen Unmut zuzuziehen.[4]

Um es noch deutlicher auszudrücken: Ferrante von Aragón, der König von Neapel, war ein wenig verrückt, wenn es um seine Feinde ging, er war geisteskrank. Genau in dessen Krallen begab sich jedoch Lorenzo, unbewaffnet und ohne Begleitschutz, um das unglaublichste Kabinettstückchen der Geschichte zu inszenieren, das man sich vorstellen kann.

Als man Ferrante die Ankunft Lorenzos meldete, war er zunächst sprachlos. Er konnte nicht umhin, den Mut des Medici zu bewundern. Die beiden Herrscher führten Krieg miteinander, ihre Soldaten schlachteten einander ab – und hier begab sich der Führer des Feindes direkt in seine Hände! Entweder war er so töricht wie ein Frosch, der einem Storch vorschlägt, gemeinsam den Sonnenaufgang zu bewundern – oder er war von einer unglaublichen Tapferkeit beseelt. Lorenzo verfügte über keinen Schutzbrief, keine Waffen, kein Geld – nichts. Und alle Welt wusste, dass er, Ferrante, nicht zimperlich war, wenn es galt, einen Gegner in seinem Hause kurzerhand ins Jenseits zu befördern, wie er es erst vor kurzem mit einem bekannten Kondottiere getan hatte. Aber Ferrante besaß eine Achillesferse: Er war ebenfalls ein Renaissance-Mensch, wie Lorenzo, und es war ihm unmöglich, den Schneid, den Lorenzo an den Tag legte, keinen Respekt zu zollen. Das war das bewunderungswürdigste, tapferste, mutigste Verhalten, das ihm je untergekommen war.
Und so gewährte er Lorenzo neugierig eine Audienz und hörte seinem erlauchten Gast zu.
Lorenzo sprach zunächst in aller Offenheit über die Schwierigkeiten, die der Krieg den Florentinern bereitete, er nahm kein Blatt vor den Mund. Daraufhin aber machte er den König darauf aufmerksam, wie gefährlich und unvorteilhaft es für ihn, für Ferrante, wäre, wenn der Papst gegen Florenz den Sieg davontragen würde. Das Papsttum würde einen unendlichen Machtzuwachs erfahren und eines Tages mit Sicherheit auch seine Klauen nach Neapel ausstrecken. Er, Ferrante, der König von Neapel, hätte dann seinen eigenen Feind gefüttert und groß und stark und mächtig gemacht. Der Papst würde mit Sicherheit eines Tages Neapel als tributpflichtiges päpstliches Lehen beanspruchen und alte Ansprüche geltend machen. Zudem müsste man stets die Türken in Rechnung stellen, die gerade mobil machten und jeden Moment in Italien einfallen könnten. Ferrantes Besitz im Süden Italiens, seine Provinzen dort, seien bedroht, in dem Augenblick, da die Türken ihren Fuß auf den italienischen Stiefel setzen würden. Indizien gebe es genug! In diesem Fall, im Fall eines Krieges mit den Türken, sei es jedoch sehr viel klüger, wenn Italien nicht zerstritten sei und wenn man dem Feind einig, gemeinsam und stark entgegentreten würde.
Soviel ist durch die Geschichte selbst überliefert.[5] Aber man kann davon ausgehen, dass Lorenzo, der über weitgespannte Handelsbeziehungen

verfügte, seine Worte mit konkreten Belegen unterfütterte, über die er durch seine Späher und Handelspartner verfügte, und dass er Beweise für seine Analyse der geopolitischen Situation vorlegte. Jedenfalls gelang es Lorenzo, den König von Neapel zumindest nachdenklich zu stimmen. Trotzdem ließ ihn Ferrante zunächst gefangen nehmen, aber mit den entsprechenden Rücksichten. Lorenzo wurde nicht in einen Kerker geworfen, sondern es wurde ihm erlaubt, sich frei zu bewegen, er war gleichzeitig Gast und Gefangener.

Drei Monate lang blieb Lorenzo in Neapel, während der Papst in Rom jubilierte:

Ha, der gefährlichste Feind, das Haupt der Medici, befand sich in den Händen seines stärksten Verbündeten, jetzt war es ein Leichtes, Lorenzo an den Kragen zu gehen und vollständig auszuschalten. Hinter den Kulissen drang er auf unheilige Maßnahmen, er drang darauf, ihm Lorenzo auszuliefern.

Aber auf der anderen Seite konnte der Medici nun in Neapel aktiv werden. Lorenzo nutzte die Gunst der Stunde: Er lud zu Gastmählern ein und gab kleine geschmackvolle Feste, die er wie kein zweiter zu arrangieren verstand. Zu den Gastmählern lud er die wichtigsten politischen Meinungsführer Neapels, unter anderem auch den Staatsminister des Königs. Und so schmauste, lachte und trank er zusammen mit der Elite der Stadt und sprach und redete und parlierte freundlich und fleißig nach allen Seiten hin. Lorenzo, ein Mann, der immer zu Späßen und Scherzen aufgelegt, gewann auf diese Weise unendliche Sympathien, es war unmöglich, ihn nicht zu lieben. Er zog eine Person nach der anderen in sein Lager, nicht zuletzt weil er zudem freigiebig mit Geschenken war. Es war eine Lust, eine Wonne und ein Privileg mit ihm zu plaudern, er war ein Renaissance-Mensch, ja er war einer der größten Förderer der freien, neuen Gedanken, so dass ihm die Herzen nur so zuflogen. Er konnte über die gegenwärtige Politik genauso ungezwungen plaudern wie über Platon, er sprach über die Philosophie und die Dichtkunst, über das Haus Medici und den Handel, denn er kannte zahlreiche fremde Länder persönlich und war ein glänzender Unterhalter. Seinem Charme und seinem Charisma, seiner Persönlichkeit und seinem Witz konnte man unmöglich entrinnen.

Auf der anderen Seite aber tobte der Papst vor Zorn. Wieder und wieder drängte er Ferrante, ihm Lorenzo auszuliefern. Wiederholt hatten neapolitanische Heere die Florentiner inzwischen besiegt. Die Waagschale neigte sich längst zu Gunsten Sixtus IV., aber das Haar in der Suppe war immer noch dieser verdammte Lorenzo, der es sich Neapel gutgehen ließ und ihm einfach nicht ausgehändigt wurde, obwohl seine Botschafter sich den Mund fusselig redeten.

Lorenzo aber fuhr fort, gegen jedermann freigiebig zu sein, er gab Gastmähler auf seine Kosten, seine noble Gesinnung und seine Zuneigung zu allen Arten von Menschen, hoch oder niedrig, waren meilenweit von dem zerstörerischen Hass dieses Papstes entfernt, er operierte gewissermaßen auf einem ganz anderen Niveau, auf einer Ebene, die dem Hohepriester von Rom fremd war. Es war dies die Ebene der freien Kommunikation, der Freundlichkeit gegen jedermann, der Zuvorkommenheit, der Höflichkeit, kombiniert mit dem Talent, Dinge nicht verbissen und verkniffen zu sehen, sondern sie mit einer gewissen Leichtigkeit anzugehen, der Fähigkeit, die ernsteste Situation mit einem Scherzwort entspannen zu können, ohne dabei die staatsmännische Klugheit zu vergessen. Lorenzo gewann auf diese Weise zahlreiche Freunde in Neapel, selbst der Staatsminister Neapels, Graf Caraffa, ließ sich von ihm überzeugen und entging weder seinen Argumenten noch seinem Esprit. Er war es, der schließlich den florentinischen Gesichtspunkt offen bei seinem König unterstützte.

Ferrante von Aragón selbst aber befand sich im Zwiespalt. Auf der einen Seite stand der Papst, der ihn ständig bedrängte, ungehörig bedrängte, aber dessen Macht man nicht unterschätzen durfte.

Auf der anderen Seite konnte ihm eben dieser Papst eines Tages tatsächlich gefährlich werden, wenn man nur ein wenig über die eigene Nasenspitze hinausdenken konnte. Zusätzlich gab es da diese verflixten Türken, die kurz davorstanden, in Italien einzufallen und ihn seiner Provinzen in Süditalien zu berauben. Weiter war ihm dieser Medici höchst sympathisch, dessen Gesinnung und Geld, dessen Geist und Geschmack ihm entgegenkamen, war er doch selbst ein Renaissance-Mensch und hatte für frömmelnde Priester wenig übrig. Wenn er Frieden mit Lorenzo schloss, so würden ihm die Medici auf Jahre, vielleicht Jahrzehnte, verpflichtet bleiben. In einem größeren Rahmen gedacht war es höchst klug, mit Florenz Frieden zu schließen, zumal ihn mittlerweile sein eigener Staatsminister in diese Richtung drängte.

Und so beschloss der König von Neapel schließlich, den Medici nicht töten zu lassen und als Mumie seiner Sammlung einzuverleiben, sondern

Frieden zu schließen. Die Waage neigte sich zu Gunsten des Florentiners. Lorenzo gab in einigen Belangen nach, schob eine stattliche Summe Geldes über den Tresen, scherzte auf hohem Niveau mit dem König – und gewann das Spiel.

Ferrante, hochzufrieden, schenkte seinem Gast zum Abschied sogar noch ein herrliches Reitpferd und erlaubte es ihm endlich, unbehelligt nach Florenz zurückzukehren.

Als Lorenzo in seine Vaterstadt heimkehrte, wurde er mit überschwänglichen Ehren empfangen, sein Triumph war „grandissimo", wie das Machiavelli ausdrückte. Lorenzo wurde empfangen wie ein Feldherr, der dabei ohne einen einzigen Schwertstreich den Feind besiegt hatte.

In Rom trat Sixtus IV. buchstäblich der Schaum vor den Mund. Er bekam einen seiner berühmten Tobsuchtsanfülle. Diese neue, unvorhergesehene Entwicklung … das alles konnte, es durfte nicht wahr sein! Lorenzo war ihm nicht nur durch die Lappen gegangen, außerdem hatte sein mächtigster Verbündeter Frieden mit ihm geschlossen. Voller Wut beschloss der Papst, den Krieg allein und mit allen Mitteln fortzusetzen.

Aber seine anderen Verbündeten waren des Krieges ebenfalls überdrüssig geworden. Als sie hörten, dass sich Neapel mit Florenz ausgesöhnt hatte, verließ einer nach dem anderen das sinkende Schiff des Papstes.

Zudem passierte schließlich genau das, was Lorenzo, der in einem größeren geopolitischen Rahmen denken und handeln konnte, vorausgesehen und vorausgesagt hatte: Mehmed II., der Sultan des Osmanischen Reiches, der Eroberer von Konstantinopel, der Herr über alle Turkstämme, setzte eines Tages tatsächlich eine riesige Armee in Bewegung und landete auf italienischem Boden. Mehmet drohte, den Christengott von seinem Thron zu stoßen, durch Allah zu ersetzen und Rom selbst, die Hauptstadt der Christenheit, in seine Gewalt zu bringen. Sixtus, von der übermächtigen Gefahr überrascht, forderte deshalb den Medici zähneknirschend zu Friedensverhandlungen auf.

Lorenzo war klug genug, Gesandte nach Rom zu schicken, die Sixtus IV. den schuldigen Respekt erwiesen, so dass er zumindest nach außen hin sein Gesicht halbwegs wahren konnte. Sixtus tobte noch eine Weile ohnmächtig, beschimpfte die Gesandten Lorenzos ordentlich, aber „verzieh" schließlich dem Medici. Ja er war sogar halbwegs besänftigt, als das reiche Florenz zustimmte, ihm 15 Galeeren gegen die Türken zur Verfügung zu stellen.

Lorenzo aber wurde in Florenz erneut gefeiert wie ein Held. Er hatte allein mit seiner Gabe, das Gespräch zu suchen, einen furchtbaren Krieg beendet, er hatte mit friedlichen Methoden den neapolitanischen König besiegt und zuletzt sogar den Papst, nur mit den Mitteln der Diplomatie. Es handelte sich um eine der erstaunlichsten Friedensinitiativen der gesamten italienischen Geschichte, ja der Geschichte überhaupt.

DAS ENDE VOM LIED

Noch wichtiger als diese erstaunliche Story, die die Historie selbst schrieb, sind die Erkenntnisse, die man aus dieser Geschichte herausdestillieren kann, und mit ihnen die „Friedens-Techniken“ Lorenzos, wie man das nennen könnte. Sie gilt es, in Stein und Eisen zu hauen, denn sie sind pures Gold wert. Aber berichten wir zuerst rasch das Ende der Geschichte, es ist zu aufschlussreich.

Lorenzos Stellung stieg nach dem spektakulären Frieden zu der unbestrittenen Führungspersönlichkeit in Florenz auf und regierte dort unangefochten bis an sein Lebensende. Er wandte sich erneut den schönen Künsten, der Literatur und der Architektur zu und förderte viele Maler und Bildhauer, die der Renaissance erst ihr eigentliches, unverwechselbares Gesicht verliehen und Kunstwerke von einer Schönheit schufen, die in gewisser Hinsicht nie wieder erreicht worden ist. Weiter förderte Lorenzo die Weisheit und die Gelehrsamkeit. Die großen Denker des Altertums, allen voran Platon, gelangten erneut zu Ruhm und Ehren, auch weil ihre Bücher von den Medici systematisch gesammelt oder einfach nur abgeschrieben wurden, wodurch unschätzbare Werke und Gedanken der Nachwelt erhalten blieben. Die unendlich wertvollen Büchersammlungen, die Gemälde und die Skulpturen betrachtete Lorenzo jedoch nicht als Privatbesitz, sie waren allen Besuchern zugänglich, die nach Wissen oder Schönheit dürsteten.

Gefördert wurden weiter die Wissenschaft und das scharfsinnige Denken, Lorenzo veranstaltete regelrecht philosophische Turniere. Doch auch die Tanzlieder des Volkes und die Volkskunst wurden gesammelt und hoch geschätzt.

Ein besonderes Anliegen war Lorenzo jedoch immer wieder der Schutz und die Förderung genialer Köpfe. Michelangelo, der Titan des Steinmeißels, wurde für seine Verdienste besonders hoch belohnt. Doch alle Künstler hatten eine gute Zeit: Wortedrechsler, Reimeschmiede, Musiker, Maler, Bildhauer, Schnitzer, Kaminmacher, Hersteller von Porträtbüsten oder Grabmälern, Baukünstler, Architekten, Gold-, Silber- und Bronzeschmiede, Glockengießer und so weiter. Der mediceische Musenhof übertraf schon bald alles an Talent, was man je in Europa gesehen hatte.

In politischer Hinsicht aber bewies Lorenzo das größte Genie: Er gründete einen neuen Rat der 70, der sich ausschließlich aus Männern seines Vertrauens zusammensetzte und der der Signoria den Rang ablief. Der neue Rat erledigte das Tagesgeschäft und musste nur ihm Rede und Antwort stehen, wodurch Lorenzo jeden Monarchen an Einfluss übertraf, ohne sich selbst ständig aus dem Fenster lehnen zu müssen. Sein größtes Anliegen war ihm der Frieden. Auch aus diesem Grunde verheiratete er seine Kinder höchst geschickt. Ein Sohn wurde mit einer Orsini verlobt – einer der mächtigsten Sippen in Rom. Der jüngste Sohn heiratete eine Schwester des Herzogs von Savoyen – in Frankreich gelegen, am Rande der Schweiz – womit Lorenzo eine Brücke schlug zwischen Florenz und den mächtigen Franzosen. Ein anderer Sohn schlug die geistliche Laufbahn ein und gelangte später sogar auf den Papstthron als Leo X.

Darüber hinaus stärkte der begabteste aller Medici die Beziehungen zwischen Florenz, Neapel und Mailand, ja selbst dem Kirchenstaat. Dadurch war der Friede auf viele Jahre gesichert.

Und so kamen die fünf mächtigsten Kräfte in Italien – das Papsttum, Mailand, Neapel, Florenz und Venedig – einigermaßen zur Ruhe, sie befanden sich nun in einem interessanten Gleichgewicht der Kräfte.

Unermüdlich sorgte Lorenzo, der Magnificus, dennoch weiter für den Frieden, denn das Menschengeschlecht kam offenbar nicht ohne Zwist aus. Schwächere italienische Stadtstaaten nahm er gegenüber stärkeren in Schutz. Aktiv schlichtete er Interessenkämpfe zwischen den einzelnen italienischen Kleinstaaten. Auf diese Weise erstickte er Kriege schon im Keim, so dass sie gar nicht erst zum Ausbruch kamen.

Seine Methode bestand stets darin, das direkte, das unmittelbare Gespräch mit allen Beteiligten zu suchen. Es ist überliefert, dass sich Lorenzo bei seinen Verhandlungen, Schlichtungen und diplomatischen Missionen stets einer einfachen und verständlichen, aber überzeugenden und klaren Sprache bediente.

Florenz selbst blühte unter ihm auf wie nie zuvor. Die Räubereien nahmen ab, die Ordnung zu, und Kaufherren konnten unbehelligt ihren Ge-

schäften nachgehen. Viele Aufträge wurden durch die öffentliche Hand vergeben, wodurch die Arbeiter zu Lohn und Brot kamen und ebenfalls das Loblied auf ihn sangen. Lorenzo kümmerte sich stets um das Wohl des gesamten Staates, selbst wenn sein persönliches Vermögen litt und eine Aktion seinen eigenen Geldbeutel belastete. Darüber hinaus sorgte Lorenzo für festliche Aufzüge, Pferderennen, Maskenzüge und Turniere, es war eine Lust, in Florenz zu leben. Alles sang und dichtete, es gab Possen und Satiren, Hymnen und kunstsinnige Streitgespräche, fromme Kirchenchöre und leichtfertige Liebeslieder.
Und so ging Lorenzo de` Medici als einer der größten Friedensfürsten in die Geschichte ein; denn er vermied zahlreiche Kriege, führte ständig aktiv Frieden herbei oder erhielt ihn aufrecht, führte nebenbei die Renaissance auf ihren Gipfelpunkt und erzeugte sogar einen Papst. Noch zu seinen Lebzeiten ehrte man Lorenzo de` Medici in ganz Europa als den „hochgemutetsten Italiener seiner Zeit.“ (Durant)

Sixtus IV., dagegen, der alte Kriegstreiber, hörte nicht auf, allerorten zu hetzen und zu intrigieren. Wahllos schloss und brach er Bündnisse, nach allen Seiten hin. Innerhalb Roms schürte er „geschickt“ den Hass zwischen den einflussreichsten Familien, nur damit er als lachender Dritter schlussendlich davon profitieren und sich einige Besitztümer unter den Nagel reißen konnte. Außerhalb Roms verbündete er sich heute mit Neapel gegen Venedig und morgen mit Venedig gegen Neapel. Da er sich ständig widerrechtlich Land aneignete und in seinem Schlepptau sich nur Unfrieden, Vertragsbrüche und Krieg befanden, drohte ihm ein deutscher Kaiser einmal sogar mit der Absetzung (1482).
Sein größter Coup, so glaubte er selbst, war sein Krieg gegen das unendlich reiche Venedig, den er eines Tages in Szene setzte. Eine schier unendliche Beute lockte, fette Beute, die sich dieser gierige Papst nicht entgehen lassen wollte. Aber als seine neuen Verbündeten dieses Krieges überdrüssig wurden und hinter seinem Rücken einen Waffenstillstand mit Venedig vereinbarten (1484), bekam er einen Tobsuchtsanfall. Er fiel so heftig aus, dass er zu einem Schlaganfall führte, woraufhin Papst Sixtus IV. urplötzlich verstarb.
Geschichte ist manchmal mit einem seltsamen Gerechtigkeitssinn begabt.

DIE FRIEDENS-TECHNIKEN

Kommen wir nun endlich zu unserem wichtigsten Thema, zu unseren „Friedens-Techniken", die es verdienen, dass sie die Zeit überdauern, kommen wir zu dem Vermächtnis Lorenzo de' Medicis. Wie also führt man Frieden herbei oder hält ihn aufrecht?

1. Lorenzo zeichnete sich durch einen unendlichen *Mut* aus. Er riskierte es, gefoltert zu werden, er riskierte sein Leben, seine Gesundheit, seine gesamten Besitztümer, alles, alles … nur um Frieden zu stiften.
Der *Mut* eines Friedensstifters muss den Mut eines Soldaten weit übersteigen.

2. Natürlich ist es immer klüger, Kriege schon im Vorfeld zu vermeiden. Aber selbst wenn das Kind bereits in den Brunnen gefallen ist, ist es möglich, Frieden zu stiften. In diesem Fall ist es notwendig, zunächst zu entdecken, mit wem man (überhaupt noch) kommunizieren kann. (Im Falle Lorenzos war dies möglich mit Ferrante, dem König von Neapel sowie seinen Ministern.)
Die winzigste Möglichkeit, der kleinste Zipfel einer Kommunikations-Chance muss genutzt werden.

3. Weiter muss man imstande sein, das Lager des Feindes aufzusplittern. Dazu ist es nötig, den **stärksten Verbündeten des Kriegstreibers zu identifizieren, der jedoch gleichzeitig die geringste Loyalität gegenüber dem Kriegstreiber aufweist.** (Der König von Neapel, Ferrante von Aragón, war trotz seiner verwandtschaftlichen Beziehungen zu Sixtus IV. immer auf seine Unabhängigkeit gegenüber dem Papsttum bedacht.)
Daraufhin identifiziert man die Schlüssel-Meinungsführer im Lager dieses stärksten Verbündeten und begibt sich physisch in ihre Nähe. Man erweist ihnen höchsten Respekt und tritt in Kommunikation. (In unserem Falle war das Ferrante selbst, sein Staatsminister und andere Entscheider am Hofe Neapels.)
In der Folge bringt man die Ziele und die Probleme dieser Schlüssel-Meinungsführer in Erfahrung, bis man die Realität der Gegenseite zu 100% verstanden hat. Gleichzeitig etabliert man gemeinsame Realitäten mit eben diesen Meinungsführern. Solche Realitäten können auch abseits der

politischen Ebene liegen. (Im Falle Lorenzos und Ferrantes: Beide waren Renaissance-Menschen, beide liebten die Kunst und die Gelehrsamkeit.) Man schmirgelt parallel dazu an dem „Sympathiefaktor“ und erhöht ständig die Affinität mit diesen Schlüssel-Meinungsführern. Hilfreich sind gemeinsame Gastmähler, Feste, Humor, Geschenke und alle Gesten der Großzügigkeit sowie Ästhetik in jeder Form. Es ist schwierig, einen Menschen, mit dem man gemeinsam erlesen gespeist, dem Tranke zugesprochen, gescherzt und gelacht hat und von dem man mit Geschenken verwöhnt worden ist, zu ermorden.
Sobald eine exzellente Kommunikation etabliert ist, wagt man gemeinsam einen Blick nach vorn, in die Zukunft nach dem Krieg, und macht auf mögliche gemeinsame Interessenlagen aufmerksam – auf gemeinsame Feinde, gemeinsame Probleme und/oder gemeinsame Ziele. Hilfreich ist es, Krieg und Frieden sowie Politik überhaupt aus der Vogelperspektive, von „außen“, von „oben“ zu betrachten. Das schafft eine mentale Distanz zu dem Kriegsgeschehen. Daraufhin bietet man Hilfe an in Bezug auf ein konkretes Problem.
(Lorenzo verwies auf die Türkengefahr und reichte Ferrante in dieser Beziehung die Hand.) Ideal ist es, wenn ein künftiges Problem schwergewichtiger ist als der momentane Krieg.
Schließlich schlägt man Lösungen vor, die den Krieg beenden können, die der anderen Seite sichtbare Vorteile bringen und verhandelt nachgiebig und großzügig, bis der ehemalige Verbündete des Kriegstreibers bereit ist, das Kriegsbeil zu begraben.

4. Natürlich ist es sehr viel klüger, nicht abzuwarten, bis ein Krieg bereits ausgebrochen ist – was immer beweist, dass die Diplomatie versagt hat. Man muss Kriege schon im Vorfeld vermeiden, wie es Lorenzo am Ende seines Lebens tat. In diesem Fall bieten sich diese Methoden an:

- Man intensiviert die Kommunikation mit den Nachbarstaaten und schafft gemeinsame wirtschaftliche Interessen.
- Man kreiert auf persönlicher Basis langwährende Verbindungen, die an der Spitze angesiedelt sind. Dazumal traf man Heirats-Arrangements zwischen einzelnen Fürstenhäusern/Meinungsführern, heute würde man einem personellen Austausch eines Teils der Nachwuchs-Elite den Vorzug geben, so dass die Meinungsführer von morgen das jeweils andere Land lieben lernen.

Die frühzeitige, wechselseitige Kommunikation der künftigen Eliten ist dem Frieden förderlich.

♦ Man schließt kluge Bündnisse nicht nur mit den Nachbarstaaten, sondern auch mit anderen Großmächten.

Häufige Kommunikation und Kommunikation auf hohem Niveau, die Quantität und Qualität der Kommunikation sind also auch hier die beiden entscheidenden Methoden, die zum Frieden führen.

Das Zauberwort, das den Frieden herbeiführt oder sichern hilft, lautet immer: *Kommunikation.*

5. Die erste Erkenntnis in puncto Krieg und Frieden besteht jedoch darin, zunächst **scharf zwischen Friedensbringern und Kriegstreibern zu unterscheiden**.

Den wahren Kriegstreiber zu isolieren kann ebenfalls eine machtvolle Friedens-Technik darstellen.

Lorenzo differenzierte genau zwischen seinen „Feinden“, es gelang ihm schließlich sogar, Sixtus IV., den Kriegstreiber, ins Abseits zu rücken. Wir brauchen dazu jedoch ein Raster, das uns erlaubt, sofort und schon im Vorfeld zwischen dem Kriegshetzer und dem Friedensstifter zu differenzieren.

Exakt 14 Charakteristika wurden hierfür ausfindig gemacht, die die Geschichte selbst zur Verfügung stellt.

Damit aber sind wir endgültig bei unseren Axiomen über Krieg und Frieden angelangt.

Um Kriege zu verhindern oder um Frieden aktiv herbeiführen zu können, helfen verschiedene geschichtliche Lehrsätze, die das erste Mal ausformuliert wurden in unserem Buch „Die Kunst des Friedens“.[1] Auch hierfür wurden zahlreiche Länder und Zeiten in Augenschein genommen.

Die überwiegende Mehrzahl der folgenden Axiome ist neu, nur einige wenige Axiome kennen wir bereits; doch nun können wir sie mit zusätzlichen Beispielen unterfüttern und je und je sogar weiter ausführen:

Axiom

Wird in einem „Frieden“ ein Volk zu sehr in seinem Stolz verletzt und wird sein Selbstbestimmungsrecht ignoriert, so kreiert das politischen Sprengstoff und macht weitere Kriege wahrscheinlich.

Beispiel: Einige Kriege der Römer gegen die Germanen, die Kriege Friedrichs des Großen/Preußens gegen Maria Theresia/ Österreich (1740–1763), verschiedene Friedensdiktate unter Napoleon, die andauernden Kriege zwischen den USA und Mexiko im 19. Jahrhundert, der Versailler Frieden 1918
Folgesatz
Ein gewonnener Krieg trägt fast immer den Keim zu einem neuen Krieg in sich selbst.

Axiom
Hohe Militär-Ausgaben, „fortschrittliche" Waffen-Technologien und eine große Anzahl von Soldaten machen Kriege wahrscheinlicher.
Beispiele: Persiens Militärmacht, Roms Militärmacht, die Geschichte Preußens, die Kriege der UdSSR, die USA heute

Die Geschichte des Krieges ist eine Endlos-Geschichte von sich ständig nach oben fortschreibender Waffen-Technologie. Dabei gilt das
Axiom:
Es gibt keine Waffe, die alle Kriege für immer beendet.
Beispiele: ABC-Waffen, speziell die Entwicklung der Atombombe, Weapons of mass destructions

Axiom
Die Wahrscheinlichkeit des Krieges ist am höchsten in Diktaturen, gut möglich in Monarchien, etwas weniger wahrscheinlich in Aristokratien und seltener in Demokratien und Republiken.

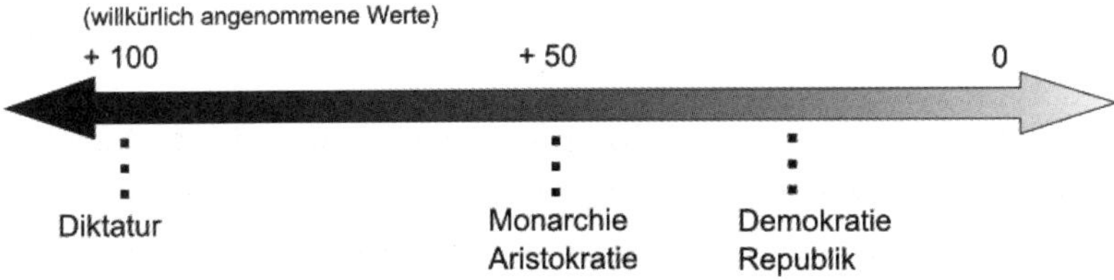

Folgesatz
Demokratien/Republiken verhindern in vielen Fällen Kriege.

Axiom
Religionen befürworten gewöhnlich den Frieden.

Axiom
Der Eingott-Glaube kann zur Intoleranz erziehen, die Vielgötterei ist toleranter in Bezug auf andere Glaubensbekenntnisse.

Axiom
Je furchtbarer, unversöhnlicher, zorniger, hassbereiter, rachsüchtiger, mächtiger und kriegerischer ein Gott ist, umso wahrscheinlicher sind Kriege.

Axiom
Eine in ihren Ursprüngen friedfertige Religion kann in ihr völliges Gegenteil verkehrt werden, sobald sich destruktive Persönlichkeiten an ihre Spitze setzen.
Folgesatz
Religion wird gerne vorgeschoben, um machtpolitische Interessen zu vertreten, sie besitzt eine Rechtfertigungs-Funktion, um in einen Krieg einzutreten.
Folgesatz
Hinter jedem „religiös motivierten“ Krieg stehen konkrete destruktive Einzelpersönlichkeiten

Axiom
Religiöse Toleranz verhindert Kriege.
Religiöse Intoleranz führt Kriege herbei.

Axiom
Die destruktive Persönlichkeit im politischen Raum, die Kriege befürwortet und herbeiredet, ist auffallend häufig ein fanatisierter, orthodoxer Priester, der kriegsbegeisterte Militär, der gezielt Zwietracht säende oder einen Krieg befürwortende Geheimdienstler, der Kriegsgewinnler, Waffenhändler und Vertreter der Rüstungs-Industrie, der verhetzende und/oder bestochene Politiker und der Psychiater.
Beispiele für den verderblichen Einfluss der Psychiatrie: Die Militär-

Psychiatrie im Ersten Weltkrieg, da „"Kriegszitterer" mit Elektroschocks zurück in den Krieg getrieben wurden, die Psychiatrie unter Hitler, die die Lehre vom „Untermenschen" populär machte und die verheerende Rolle der Psychiatrie im Bosnien-Krieg.

Axiom
Es ist immer die *Einzelpersönlichkeit*, die für Kriege (oder Friedenszeiten) verantwortlich zeichnet.
Aktionspostulat
Will man Kriege verhindern, muss man zwischen der konstruktiven und der destruktiven Persönlichkeit im politischen Raum unterscheiden.

Axiom
Das sind die Charakteristiken der destruktiven Persönlichkeit im politischen Raum

CHARAKTERISTIK Nr. 1:
Die destruktive Persönlichkeit im politischen Raum liebt den Krieg, das Töten und den Mord.

CHARAKTERISTIK Nr. 2:
Die destruktive Persönlichkeit im politischen Raum ist vernarrt in Geheimdienste.

CHARAKTERISTIK Nr. 3:
Die destruktive Persönlichkeit im politischen Raum liebt es, in großem Stil zu zerstören.

CHARAKTERISTIK Nr. 4:
Die destruktive Persönlichkeit im politischen Raum herrscht durch Angst.

CHARAKTERISTIK Nr. 5:
Die destruktive Persönlichkeit im politischen Raum wird hart daran arbeiten, einen Hassgegner aufzubauen.

CHARAKTERISTIK Nr. 6:
Die destruktive Persönlichkeit im politischen Raum ist ein Meister der Schwarzen Propaganda und verhetzender rhetorischer Techniken.
Sie malt absichtlich in Schwarz/Weiß-Zeichnungen, operiert mit Schlagworten, simplifiziert und differenziert nicht. Sie mahnt nicht zur Bedachtsamkeit, sondern kocht negative Emotionen hoch. Sie schmeichelt dem eigenen Volk oder dem unmittelbaren Publikum hemmungslos und in übertriebener Weise und weckt seine niederen Instinkte, um die eigenen, zerstörerischen Ziele durchzusetzen.

CHARAKTERISTIK Nr. 7:
Die destruktive Persönlichkeit im politischen Raum benutzt Ästhetik, um einem Volk falsche, zerstörerische Ziele schmackhaft zu machen.
Sie wird das Volk mit ästhetischen Mitteln (zum Beispiel Marschmusik, Monumental-Architektur, verhetzender Schriftstellerei und Rhetorik usw.) einseifen und blind zu machen versuchen, um ihre zerstörerischen Ziele zu verkaufen und als erstrebenswert anzusehen.

CHARAKTERISTIK Nr. 8:
Die destruktive Persönlichkeit im politischen Raum hält nichts von Menschenrechten und gewöhnlich nichts von der Würde und der Gleichberechtigung der Frau.

CHARAKTERISTIK Nr. 9:
Die destruktive Persönlichkeit im politischen Raum strotzt vor Eigenwichtigkeit.

CHARAKTERISTIK Nr. 10:
Die destruktive Persönlichkeit im politischen Raum bekämpft heimlich oder offen jede andere Person, die ihr den ersten Platz streitig zu machen sucht, selbst wenn sich diese in der eigenen Partei oder im eigenen Lager befindet.

CHARAKTERISTIK Nr. 11:
Die destruktive Persönlichkeit im politischen Raum wird sich immer über Recht und Gesetz stellen und alles versuchen, um das Gesetz auszuhebeln.

CHARAKTERISTIK Nr. 12:
Die destruktive Persönlichkeit im politischen Raum wird immer heimlich oder offen versuchen, die Freiheit einzuschränken beziehungsweise die verschiedenen Freiheiten zu beschneiden.

CHARAKTERISTIK Nr. 13:
„Divide et impera!" – „Teile und herrsche!" ist das Operationsprinzip der destruktiven Persönlichkeit im politischen Raum.

CHARAKTERISTIK Nr. 14:
Die destruktive Persönlichkeit im politischen Raum wird alles tun, um sich zu tarnen und das Volk über ihre wahren verbrecherischen Absichten im Unklaren zu lassen.
Beispiele für destruktive Persönlichkeiten im politischen Raum: Timur Lenk, Gregor VII., Urban II., Robespierre, Napoleon, Lenin, Stalin, Mao-Tse-Tung, Bismarck und Hitler.

Axiom
Die konstruktive Person im politischen Raum versucht,
- **Verbesserungen für die Mehrzahl der Regierten in die Wege zu leiten, ohne dass dadurch gleichzeitig Minderheiten unterdrückt werden.**
- **Sie verteidigt die verschiedenen Freiheiten, die existieren,** wie etwa die Redefreiheit, die Pressefreiheit, die Versammlungsfreiheit, die Freiheit, einen Beruf auszuwählen, die Freiheit, zu reisen und den Wohnort nach Belieben zu wählen.
- **Sie ordnet sich dem Gesetz unter und kämpft für Recht und Gerechtigkeit.**

Die Gleichheit vor dem Gesetz ist ihr ein wirkliches Anliegen.
Gegen echte Ungerechtigkeiten macht sie mobil, selbst wenn sie persönlich dadurch in Misskredit oder Gefahr gerät.

- **Sie verteidigt den Frieden und sucht den Krieg mit allen Mitteln zu verhindern.**
- **Sie freut sich über den wachsenden Wohlstand des Staates und arbeitet daran, ihn durch ihre Entscheidungen und ihren Einfluss zum Wohle aller weiter zu mehren.**
- **Sie trifft Entscheidungen auch zu Ungunsten ihrer eigenen politischen Karriere, wenn es ihr Gewissen anbefiehlt.**
- **Sie ist mehr daran interessiert, zu versöhnen als zu entzweien. Sie sucht Kompromisse und kann im Zweifelsfall Unrecht eingestehen.**
- **Sie fördert konstruktive Ziele und andere konstruktive Persönlichkeiten.**
- **Sie kämpft für die Menschenrechte und die Würde der Frau.**
- **Sie ist vollständig tolerant in religiösen Belangen. Ihr Ziel besteht darin, jeden nach seiner Fasson selig werden zu lassen.**
- **Ihr ist daran gelegen, zu dienen und nicht zu herrschen. Sie muss nicht im Rampenlicht stehen. Sie kann von der politischen Bühne abtreten, ohne dass dadurch ihr Ego verletzt wird und ihre gesamte Welt zusammenbricht.**
- **Sie redet nicht der Angst das Wort, sondern versucht, durch positive Nachrichten aufzufallen.**
- **Sie vermeidet es, den politischen Gegner in der öffentlichen Arena genüsslich zu schlachten und ist mehr „Staatsmann" als „Parteifunktionär".**

Beispiele: Hatschepsut, Salomon der Weise, Aschoka, Akbar der Grosse, T`ai Tsung, Solon von Athen, Perikles, Augustus, Nerva, Trajan, Hadrian, Marc Aurel, Ludwig XII. und Heinrich IV. von Frankreich, Elisabeth I., Katharina die Große, Karl II. von Spanien, Papst Benedikt IV., Papst Johannes Paul II., Thomas Jefferson, Ludwig Erhard.

Axiom

Frieden kann man aktiv herbeiführen durch

- **höchst intensive Kommunikation mit den Nachbarstaaten,**
- **eine (friedliche) rege Diplomatie,**
- **ehrliche wechselseitige Hilfe, besonders auf dem Gebiet der Ausbildung und der Wirtschaft und**
- **wechselseitigen Austausch der künftigen Eliten.**

Kriege heute, selbst wenn sie gewonnen werden, kosten inzwischen Unsummen von Geld, treiben die Schulden selbst des Sieger-Staates in schwindelerregende Höhen und bremsen also die eigene Wirtschaft aus.

Fassen wir nun alle Axiome, die wir etabliert haben, noch einmal übersichtlich zusammen, bringen wir sie in eine vernünftige Reihenfolge und etablieren wir zudem einige letzte Axiome der Geschichte.
Wir sehen dem Höhepunkt dieses Buches entgegen.

IV. VOR-LOGIKEN UND AXIOME

Bevor wir nun die gesamten 105 Lehren, die wir aufspüren konnten, im Überblick vorstellen, sei zunächst noch einmal auf ein hoch politisches Leben reflektiert, das uns ebenfalls mit zahlreichen Erkenntnissen versorgt. Steigen wir dazu in ein Schiff und wagen wir einen gewaltigen Sprung über den Großen Teich.

DAS VERMÄCHTNIS DES SIMÓN BOLÍVAR

Keiner war größer, niemand bedeutsamer in Südamerika zu seiner Zeit: Simón Bolívar (1783 – 1830), der glorreiche Freiheitskämpfer, der die (ausbeuterischen) Spanier zum Teufel jagte in *Venezuela, Kolumbien, Panama, Ecuador, Peru* und *Bolivien*, der also schier einen halben *Kontinent* umkrempelte und ihm seinen Stempel aufdrückte, was nicht einmal einem Dutzend Männer in der gesamten Geschichte der Menschheit gelang!

Polit. Karte Südamerikas

Einige Millionen Verehrer behaupten, dass es in der gesamten Historie nie zuvor eine so große militärische und politische Begabung gab. Und so viel ist wahr: Noch heute überschlägt man sich in vielen Ländern, wenn die Sprache auf Simón Bolívar kommt. Er wurde *El Libertador* genannt,

der Befreier, nach wie vor ist er der größte Nationalheld vieler südamerikanischer Länder. Zahlreiche Ortschaften wurden nach ihm benannt, der Staat *Bolivien* trägt bis heute seinen Namen, und selbst Venezuela heißt offiziell *Bolivarische Republik Venezuela*. In Kolumbien benannte man einen Berg nach ihm, in Venezuela die Währung und im Weltall einen Asteroiden. Selbst in Deutschland gibt es Standbilder von Simón Bolívar, in Berlin, in Bonn und in Hamburg. In Frankfurt am Main benannte man eine ganze Anlage nach ihm. Die Österreicher und die Bulgaren errichteten ihm Statuen, eine Schottin taufte eine Oper nach seinem Namen und die Amerikaner ein U-Boot.
1978 rief sogar die UNESCO einen Internationalen *Simón Bolívar-Preis* ins Leben, der an Erdenbürger verliehen wird, die einen „herausragenden Beitrag zur Freiheit, Unabhängigkeit und Würde der Völker" geleistet haben.
In Venezuela grenzt die Verehrung fast an Hysterie. Hier wimmelt es von *bolivarischen Zirkeln, bolivarischen Gewerkschaften, bolivarischen Schulen* und *bolivarischen Universitäten*.
Padre de la Patria, Vater des Vaterlandes, ist nur einer seiner Ehrentitel. Bolívar wurde in Venezuela mit biblischen Helden verglichen, zum Nationalheiligen gekürt und der *Große Gesetzgeber, Große Politiker* und *Große Krieger* genannt. Sein Bildnis wurde in Amtsstuben aufgehängt, in den Prachträumen der Reichen und in den Hütten der Armen. Immer mehr Bolívar-Statuen und Bolívar-Straßen entstanden hier im Laufe der Jahre. Die Gedichte, die zu seinem Ruhm verfasst wurden lassen sich kaum mehr zählen. Sogar als die Wiederverkörperung Christi wurde er verehrt:
Ich glaube an die Freiheit, Mutter Amerika,
Schöpferin süßer Meere auf Erden,
und an Bolívar, seinen Sohn, unseren Herrn ...(Autor: M. A. Asturias)
Und so viel ist richtig:
Simón Bolívar setzte sich ein für die unterdrückten Indianer, die schamlos ausgebeutet wurden, weiter hasste er die Sklaverei, die die Afrikaner degradierte. Ja, er verjagte mit unvergleichlichem Mut die Spanier, die Südamerika ausgesaugt, ausgeblutet und ausgebeutet hatten, seinem Aufruf *guerra a muerte, Krieg auf Leben und Tod,* folgten alle, alle. Er lehrte die verhassten Spanier, die nur die Gier nach Gold kannten und die südamerikanischen Länder vergewaltigt hatten, das Fürchten, er öffnete

ein riesiges Völkergefängnis und entließ Millionen von Menschen wieder in die Freiheit.
Es handelte sich um ein gewaltiges Lebenswerk, scheinbar zu groß für einen einzelnen Menschen. Er setzte sich für Recht, Gerechtigkeit, Gleichheit und immer wieder die Freiheit ein.
Aber bis heute wurde nie die Frage beantwortet, *wie* und *auf welche Weise* es Simón Bolívar gelang, dieses unfassbare Lebenswerk in Szene zu setzen? Was waren seine Talente, was seine Begabungen? Was zeichnete ihn vor anderen aus? Welche Operationsweise befähigte ihn, solche unvorstellbare Wirkungen in Szene zu setzen? Und was, ja was waren die Gründe für sein persönliches Scheitern am Schluss? Im politischen Raum erreichter er gewissermaßen sein Ziel, wenn man im Zeitraum von Jahrhunderten denkt, und nur so sollte man denken! Aber persönlich heimste er Zeit seines Lebens nie die Lorbeeren ein, die ihm zugestanden hätten.
Simón Bolívar wirft zumindest zwei Rätsel auf.
Machen wir uns also an die Arbeit!

DIE POLITISCHE SITUATION

Betrachten wir zunächst die globale politische Situation, der sich Bolívar zu seiner Zeit gegenübersah.
Nach wie vor waren die meisten Staaten Südamerikas von dem allmächtigen, dem übermächtigen Spanien abhängig.
Kolumbus hatte ehemals „Amerika“ entdeckt, im Auftrag der spanischen Majestäten, woraufhin Gold, Gold und nochmals Gold in volumigen Schiffsbäuchen aus den amerikanischen Ländern nach Spanien verfrachtet worden war, aber auch Silber und Gewürze etwa. Doch schon bald entdeckte man in Spanien, dass man die Ausbeutung der amerikanischen Kolonien sehr viel systematischer beitreiben konnte und dass noch fettere Beute winkte – wenn man nur die Indios ordentlich schuften ließ, wenn man die einheimische Bevölkerung unterjochte und unter die Knute zwang und „Neger“ aus Afrika einführte, die ebenfalls wie Arbeitstiere gehalten wurden. Dann konnte man eine ganze Welt ausbeuten!
Tatsächlich beherrschte „Spanien“, wenn man diesen historisch und juristisch ein wenig fragwürdigen Ausdruck gebrauchen will, damals fast die halbe bekannte Welt.
Im Herrschaftsgebiet seines Königs ging die Sonne nie unter. Der „spanische“ König besaß nicht nur „Spanien“, sondern auch Flandern (die Spa-

nischen Niederlande), war Herzog von Mailand (das damals ein ungleich größeres Gebiet einschloss als heute), besaß das Königreich Neapel und beherrschte Sizilien und Sardinien. Vorübergehend befand er sich sogar im Besitz Portugals. Weiter war er der Herr Zentralamerikas, Südamerikas und besaß riesige asiatische und afrikanische Besitzungen.
Zur Zeit seiner größten Ausdehnung war das Herrschaftsgebiet „Spaniens“ rund zwanzigmal größer als das Römische Reich zur Zeit seiner absoluten Machtfülle!
Aber der Riese stand auf tönernen Füßen. Am tödlichsten für Spanien war der ungeheure Reichtum, der durch die Entdeckung der neuen Welt in das Land hereinströmte. Obwohl im Laufe der gesamten Geschichte der Menschheit vielleicht nie so reiche Beute gemacht werden konnte, herrschte in Spanien paradoxerweise chronischer Geldmangel. Unsummen wurden ausgegeben für aufwendige, kostspielige Bauten. Der Hofstaat mit all seinem Prunk verschlang allein ein Vermögen. Rund vierhundert Mann benötigte der König nur für seinen persönlichen Haushalt. Außerdem verschlang das Heer Unsummen. Unvorstellbare Kosten verursachte die Public Relations, sprich die Show, die allenthalben inszeniert werden musste, um als der mächtigste Herrscher der Welt zu gelten. Das ganze spanische königliche Kasperletheater wurde auch bezahlt von dem gestohlenen Gold, hinter dem letztlich Hunderttausende von hingemordeten Indios standen.
Das Königshaus verdiente zusätzlich an den Posten und Pöstchen, die in Spanien und in Südamerika zu vergeben waren. Fast alle Ämter waren käuflich. Vizekönige, Kapitäne, Alkalden (d.h. Richter- und Bürgermeister-Ämter) – all das waren lukrative Pöstchen, für die der König viel Geld einstreichen konnte. Nicht Verdienst und Intelligenz herrschte somit, sondern nur der Geldbeutel!
Weiter existieren damals rund 150.000 Finanzämter in Spanien! Gleichzeitig waren die Steuern unverschämt hoch.
Parallel damit ging eine Explosion des Beamtensystems einher. An jeder Ecke traf man einen nichtsnutzigen Bürokraten, der nur eines im Sinn hatte: seinen eigenen Geldbeutel zu füllen. Genau dieses System wurde nun zu allem Überfluss auch noch exportiert in die neue Welt, sprich in Südamerika sah es ähnlich ist.
Aber es war nicht allein das Königtum in Spanien, das schmarotzte, sondern auch der Adel. Ein Aristokrat durfte, gemäß einer ungeschriebenen

Tradition, nur im Heeresdienst tätig werden sowie in der Verwaltung, stets nur in gehobener Position. Damit war der Adel verpflichtet zum Müßiggang. Es existierten im 16. Jahrhundert 90 Granden, 26 Herzöge, 72 Markgrafen, 124 Grafen und 9 Vizegrafen unter Philipp II., von dem verarmten Adel ganz zu schweigen.[1]
Mit anderen Worten, eine schmarotzende, faulenzende Oberschicht beherrschte Spanien. Der Zeitvertreib bestand im Kriegsspiel und in der Liebe. Ein seltsamer, eitler Ehrbegriff beherrschte die Aristokratie, der mit wirklicher Integrität längst nichts mehr am Hut hatte. Im Grunde genommen beutete der Adel das Volk schamlos aus, ebenfalls mittels Steuern und indem er Arbeiter und Bauern für sich schuften ließ.
Als wäre es der Geißeln damit nicht schon genug, existierte daneben noch der Stand der Pfaffen. Schwarzröcke und Priester suchten das Land mit ihren Märchen heim. Geschichten über Himmel und Hölle hielten die Menschen im Zaum. Mit der Bibel konnte man die Untertanen raffinierter kontrollieren als mit dem Schwert. In 9.000 Mönchsklöstern beeinflussten 70.000 Mönche und 30.000 Nonnen die Bevölkerung. Die Kirche in Spanien war die einflussreichste Organisation im Lande. Sie regierte unter anderem mittels der Inquisition, die in Spanien zu einer Blüte gelangte wie in keinem anderen Lande Europas. Das Land war übersät mit 120.000 Kirchen und Kapellen, in denen 200.000 Priestern und 300.000 kirchlichen Laiendiener ihr Unwesen trieben. (Burckhardt) Dieses Heer von schwarzgewandeten Pfaffen, Heuchlern, Blutsaugern und Vampiren, die sich hinter der Moral des Christentums verschanzten, das sie längst verraten hatten, wüteten ärger als viele Adelige. Mit dem Wort *Gott* auf den Lippen wurde jedes Verbrechen, jeder Raub, jeder Diebstahl und jeder ungerechte Krieg abgesegnet.
Auch dieses System wurde in Südamerika eingeführt. Hinzu kam, dass der Händler in Spanien selbst nicht gefördert wurde. Nicht gefördert wurden aber auch der Bauer, der Handwerker und der kleine Mann. Die Folge: die produzierenden Klassen, die die gesamte Steuerlast trugen, wanderten zum großen Teil aus. Und so verschwanden im 16. Jahrhundert die blühenden Seiden-, Wolle- und Lederfabriken aus Spanien. Mit ihnen verschwand der Reichtum des Landes. Die Exporte verringerten sich, die Importe nahmen zu. Aber ahh, pahh! Man verfügte ja über dieses herrliche, reiche Südamerika und Zentralamerika! Alles, alles konnte man einführen, warum sollte man auch nur den kleinen Finger krumm machen!

In den oberen Rängen Spaniens schmarotzte und faulenzte man jedenfalls buchstäblich mehrere Jahrhunderte lang. Schon Philipp II., der im Jahre 1556 auf den spanischen Thron kam, ging mit schlechtem Beispiel voran. Dabei hatte er ein Imperium geerbt, das unvergleichlich war. Das spanische Heer war das beste der damaligen Welt, jedenfalls war es für seine Tapferkeit und Disziplin berühmt. Die jährlichen Einkünfte Spaniens übertrafen die Englands um das Zehnfache, Spanien war unermesslich reich. Und Millionen von Menschen auf mindestens drei Kontinenten sprachen spanisch, so wie später jeder Gebildete französisch lernte, als sich Frankreich in seinem Zenit befand.

Aber der spanische König, Philipp II., zeichnete sich durch eine düstere, verbiesterte Frömmigkeit aus, man lästerte hinter vorgehaltener Hand, dass er „katholischer als der Papst“ sei. Das führte unter anderem dazu, dass die Inquisition in Spanien so schlimm wüten konnte wie in keinem anderen Land Europas! Die Regierung aber verdiente gut an dieser Inquisition: Zwei Drittel der Geldbußen und Konfiskationen riss sich der König unter den Nagel – immerhin 200.000 Golddukaten in Jahre 1566.[2] Schon vorher waren die Juden vertrieben worden, die so viel Geld ins Land gebracht hatten. Jetzt machte man zudem Jagd auf alle möglichen „Ketzer“ – nichtwissend, dass nur religiöse Toleranz einen Staat zur Blüte führt. Überdies verfolgte man fanatisch alle Mauren/Moslems, sprich das mohammedanische Glaubensbekenntnis wurde unterdrückt. Philipp II., dieser Dummkopf, verbot per Dekret sogar alle maurischen Sitten, die arabische Sprache und alle arabische Bücher! Als die Mauren darauf empört einen Aufstand inszenierten, wurde dieser brutal niedergeschlagen.

„Ketzer“, Juden und Moslems wurden also verfolgt – wodurch die Wirtschaft und der Handel natürlich litten.

Aber das alles stellte ja kein Problem dar – man besaß ja jenseits des Meeres einen halben Kontinent!

Philipp III. (1598 – 1621) war nicht viel intelligenter. Er verfolgte die Mauren/Moslems weiter erbittert. Da sie den Wein mieden und kaum Fleisch aßen, beschwerte er sich, müssten die Steuern auf diesen Waren allein von den spanischen Christen getragen werden. Also verfügte er, dass die Mauren nach Afrika oder Amerika zwangsdeportiert wurden und dort in den Bergwerken schuften mussten. Je und je hatten sie auch auf Galeeren Dienste zu leisten. Philipp III. war sich seiner „Logik“ sicher: Da die

spanische Flotte vor kurzem gegen die Engländer den Seekrieg verloren hatte, „bewies" das nach seiner Meinung, dass Gott damit hatte Spanien strafen wollen: Gott erlaubte es nicht, dass Spanien „Ungläubige" beherbergte, er duldete es nicht, dass Moslems in Spanien zu Hause waren!
Wie krumm kann eine Logik, eine Staatslogik, geraten?!
Insgesamt wurden im Laufe dieser „Säuberungen" über 400.000 Mauren, die zu den produktivsten und fleißigsten Einwohnern Spaniens zählten, ihres Eigentums beraubt, getötet oder vertrieben.
Philipp IV. (1621 – 1665), der Philipp III. nachfolgte, herrschte trotzdem über ein Spanien, das theoretisch das reichste und mächtigste Land der Erde *für Jahrhunderte* hätte bleiben können. Aber er ließ es sich angelegen sein, die Menschen erneut mit maßlosen Lasten, mit Steuern und mit Abgaben zu traktieren. Da er zahlreiche Kriege führte, um dieses überdehnte Riesenreich aufrechtzuerhalten, erhob immer wieder *neue Steuern*, um seine Soldaten bezahlen zu können. Die Soldaten kosteten also Unsummen, außerdem zerstörten die Kriege die Familien. Weiter litt Wirtschaft durch diese unseligen Kriege. Philipp IV. verfügte unter anderem, dass in den großen Werften nur noch Kriegsschiffe gebaut werden durften, auf der Strecke blieb der Bau von Handelsschiffen. Zollbarrieren innerhalb von Spanien, die man ebenfalls unter die Rubrik *Steuern* fallen lassen kann, saugten die Bevölkerung weiter aus und behinderten erneut den Handel und damit die Wirtschaft.
Aber all das war kein Problem! Die Südamerikaner sorgten ja dafür, dass ständig Geld in die spanische Kasse floss.
Gleichzeitig wurde unaufhörlich Krieg geführt. Die wirtschaftliche Produktion in Spanien erreichte schließlich Tiefststände, die Bevölkerungszahlen ebenfalls. Das alles aber kümmerte Philipp IV. nicht. Und so begann dieses übermächtige, dieses fast allmächtige Spanien, das theoretisch heute die Welt beherrschen könnte, mehr und mehr zu wanken.
Die Könige, der Adel und die Priester saugten jedoch unbekümmert weiter das Volk aus, darüber hinaus wurden die amerikanischen Kolonien immer gnadenloser ausgebeutet. Indianer und „Neger", das alles waren ja nur Untermenschen, derer man sich wohlfeil bedienen konnte. Auch als der smarte Ludwig XIV., der französische König, den spanischen Thron seiner Dynastie zuschusterte, änderte sich das Bild nicht. Und als Napoleon auf der Bildfläche erschien, der eines Tages Spanien einfach einkassierte, änderte sich das Bild gleich zweimal nicht. Die mittel- und süd-

amerikanischen Besitzungen dienten nach wie vor nur dazu, Geld, Geld und nochmals Geld nach Europa zu karren, nach Spanien genauer gesagt. Im Grunde genommen war es völlig gleichgültig, wer in Spanien gerade regierte. Immer waren die Indios und die Schwarzen die Leidtragenden.

Längst hatte sich in den spanisch-amerikanischen Besitzungen darüber hinaus eine neue Kaste ausgebildet, eine neue weiße Oberschicht: die *Kreolen.*

Die weißen *Kreolen* (zu lat. creare = erzeugen) waren die Nachkommen europäischer Kolonisten in Südamerika, also vor allem Nachkommen der Spanier, die aber in Amerika geblieben waren. Doch in der offiziellen Hierarchie standen sie „unter“ den „echten“ Spaniern, die noch immer in Spanien zu Hause waren und die sich nach wie vor für die Herren der Welt hielten.

Es gab zu Zeiten Bolívars rund 3,2 Millionen weiße Kreolen in Südamerika, denen 30.000 Spanier aus dem Mutterland gegenüberstanden – aber die Spanier beanspruchten wie gesagt die Oberherrschaft.

Den Spaniern, die mit den Kreolen anfänglich Hand in Hand arbeiteten, stand eine riesige Bevölkerung gegenüber (ca. 80 % der Gesamtbevölkerung), die systematisch unterdrückt wurde. Zu den Unterdrückten gehörten

- die Indios, verschiedenen Indianerstämme also, die Ureinwohner des Landes;
- die schwarzen Sklaven, die unter brutalsten Umständen aus Afrika eingeführt worden waren;
- *Mulatten* (= Mischlinge von Weißen und Schwarzen);
- die *Mestizen* (= Mischling aus Weißen und Indianern) und die
- *Zambos* (= Mischlingen aus Indianern und Schwarzen).

Sie alle galten weniger als nichts.

Die Kreolen führten im Allgemeinen ein sattes, ein gutes Leben, aber auch sie begannen mit der Zeit die „echten“ Spanier zu hassen. Ihr Blick war im Laufe der Jahrhunderte klarer, schärfer geworden, was die Ungerechtigkeiten anging.

Nicht anders als die Nordamerikaner, die sich vom „Mutterland“ England losgelöst hatten, begannen sie sich eines Tages zu fragen, warum man eigentlich den Spaniern weiterhin dienen und ihnen die Steigbügel halten sollte. Warum musste man ihnen ständig den Geldbeutel füllen?

Folgesatz

Echte, kontinuierliche Hilfe, die man den Nachbarstaaten angedeihen lässt, garantiert den Frieden und macht Kriege unmöglich.

Folgesatz

Je intensiver und öfter konstruktive Kommunikation mit den Nachbarländern geführt wird, umso unwahrscheinlicher werden Kriege und umso sicherer ist der Friede.

Axiom

Der innere Frieden wird gewährleistet durch

- **intensive Kommunikation mit allen Bevölkerungsschichten,**
- **eine hohe Gerechtigkeit, wozu die Wahrung der Menschenrechte gehört,**

sowie Besitz-Gerechtigkeit und Steuer-Gerechtigkeit,

- **Wohlstand, niedrige Steuern und**
- **freundliche, unparteiische, nachsichtige und nur dem Recht verpflichtete Beamte.**

Es wäre sicherlich ein lohnendes Unterfangen, noch weitere Informationen zusammenzutragen, was die Sicherung des Friedens angeht. Es ließe sich etwa vermuten, dass heute Kriege auf Dauer alle involvierten Parteiungen/Länder „verlieren" lässt, selbst wenn sie gewonnen werden, denn der *Kollateralschaden* oder *Begleitschaden* ist stets enorm, weiter der wirtschaftliche Schaden im eigenen Lager.

Der militärische Fachbegriff *Begleitschaden* oder *Kollateralschaden* geht auf den englischen Begriff *collateral damage* zurück, der seinerseits auf dem lateinischen Wort *collateralis* beruht, was so viel wie *seitlich* oder *benachbart* bedeutet. Der *Kollateralschaden* bezeichnet in unserem Zusammenhang alle Schäden, die durch ungenauen oder unnötig großen Waffeneinsatz entstehen, so dass die Zivilbevölkerung in riesigem Ausmaß und unnötig in Mitleidenschaft gezogen wird. Man unterscheidet heute im Krieg also zwischen *beabsichtigten* Schädigungen und eben diesen *Begleitschäden*, die in bestimmten Fällen völkerrechtswidrig sind, speziell wenn der militärische Vorteil gering ist.

Auch ein Kreole namens *Simón Bolívar* stellte sich diese politisch hoch explosive Frage.

DIE FRÜHE BIOGRAPHIE

Um wen handelte e sich bei diesem außergewöhnlichen Mann?

Nun, Bolívar wurde in einer schwerreichen Kreolen-Familie geboren, die Vorfahren waren bereits im 16. Jahrhundert von Spanien nach Venezuela ausgewandert. Immobilien, Plantagen, Kupfer- und Silberminen, Zuckerrohr-, Kakao- und Indigo-Haziendas gehörten dem Bolívar-Clan, von zahlreichen Sklaven und Indios ganz abgesehen. Die Bolívars pflegten die soldatischen Tugenden. Deshalb verwundert es nicht, dass Simón ebenfalls eine militärische Ausbildung genoss, die ihn früh mit den Finessen des Krieges vertraut machte.

Aber daneben las er, tatsächlich las er wie verrückt. Er las Adam Smith und John Locke, Montesquieu und Rousseau, kurz die englischen und die französischen Aufklärer, die, vergessen wir es nicht, den intellektuellen Grundstein für die Französische Revolution gelegt hatten. Weiter las Simón Jeremy Bentham, mit dem er sogar persönlich korrespondierte, und der ebenfalls für das Volk und für die Gerechtigkeit eine Lanze gebrochen hatte. Mit anderen Worten: Bolívar wurde befruchtet, geistig befruchtet durch die edelsten Geister, die es in der Gilde der politischen Schriftsteller je gegeben hat, und die alle, alle, ausnahmslos, die Fackel der *Freiheit* weitergetragen und sich für *Recht und Gerechtigkeit* stark gemacht hatten.

Daneben suchte er Simón das Leben zu verstehen und die Frauen. Tatsächlich konnte er kaum an einem hübschen Weibsbild vorüberstolzieren, ohne ihm den Hof zu machen. Aber die Politik war sein Lebenselixier. Also reiste er nach Europa, um hier seinen Horizont zu erweitern. Großzügig gab er Geld mit beiden Händen aus, wann immer sich ihm die Gelegenheit bot. Eine Weile geriet er in den Bann Napoleons, von dessen strahlender Aura er sich blenden ließ, aber es gibt Äußerungen Bolívars, die verraten, dass er sich später von ihm distanzierte. Er heiratete früh, aber seine Frau starb bald darauf – ein Grund, warum sich Simón noch intensiver der Politik zu zuwandte. Doch noch immer hatte er nichts Großes geleistet, er hatte lediglich die Nase in den Wind gehalten und die Luft der Weltpolitik geschnuppert. Und so hören wir ihn über sich selbst im Jahre 1804 urteilen:

„Zurzeit bin ich nichts als ein reicher Müßiggänger, das Überflüssige der Gesellschaft, die Goldverzierung eines Buches, der Brillant im Knauf eines Schwertes von Bonaparte, die Toga eines Redners."[3]
Nun, diese Beurteilung sollte sich schon bald drastisch ändern.

SIMÓN BOLÍVAR: DER MILITÄR UND DER POLITIKER

Das Fass lief über, als die Spanier in Venezuela und in anderen südamerikanischen Staaten die *Steuerschraube* immer mehr und mehr anzogen. Tatsächlich ist die Geschichte übervoll mit Beispielen, die beweisen, dass Raffgier und die Erhöhung der Steuern zu Protesten und Revolutionen führen. Zwischen 1780 und 1810 wurden die Steuern in Venezuela um rund 150 Prozent erhöht.[4] Und so kam es wie es kommen musste. Die Legende will wissen, dass Bolívar angesichts der Ausbeutung und der Unterdrückung im Jahre 1805 niederkniete und ein feierliches Gelübde ablegte:
„Ich schwöre ... vor dem Gott meiner Väter, ... schwöre bei meiner Ehre und schwöre vor meinem Vaterland, dass ich meinen Armen und meiner Seele nicht eher Ruhe gönnen werde, bis ich die Ketten zerstört habe, mit denen uns die spanischen Machthaber unterjochen."[5]
Fest steht, dass Bolívar von Stund` an rückhaltlos für die Freiheit eintrat. Kurz gesagt vollzog er den vollständigen Bruch mit dem Mutterland Spanien. Weiter hielt er eine gefühlsdurchtränkte, kriegerische Rede vor dem Kongress in Venezuela und drängte zum Handeln. Die Luft brodelte, jeder spürte, nun stand alles auf dem Spiel. Und dann handelten die Kreolen. Venezuela sanktionierte in der unmittelbaren Folge eine Verfassung, die Freiheit, Gleichheit vor dem Gesetz und das Recht auf Eigentum garantierte. Noch immer war in dieser Verfassung von zwei Klassen die Rede, aber es handelte sich immerhin um einen Schritt in die richtige Richtung. Gleichzeitig wurden die spanischen Herren im ganzen Lande entmachtet, sie wurden von ihren Sesseln verjagt.
Damit jedoch war der Krieg unausweichlich geworden.
Die Antwort ließ nicht lange auf sich warten. Unter dem spanischen General Monteverde, der durch Indios und Cowboys unterstützt wurde, marschierten die spanischen Truppen schon wenig später in den Nordwesten Venezuelas an.
Die kreolische neue Regierung auf der anderen Seite geriet in Panik. Schnell ernannte sie Miranda zu ihrem General. Aber auch Miranda ver-

mochte Monteverde nicht zu stoppen. Und so eroberten die spanischen Royalisten unter Monteverde eine Stadt nach der anderen zurück. In einer Hafenstadt führte Bolívar persönlich das Kommando. Doch auch er konnte die Stadt nicht halten und musste schließlich aufgeben. Die Niederlage schmerzte mehr als hundert Wunden. Mit Mühe entkam er in letzter Sekunde und verbarg sich in einer nahegelegene Stadt.

Als Miranda die Waffen streckte und offizielle kapitulierte, schrie Bolívar in seinem Versteck jedoch auf, er hielt die Kapitulation für Verrat. Monteverdes Truppen marschierten nun sogar auf die Hauptstadt Venezuelas zu – Caracas. Viele Kreolen versuchten ihre Haut zu retten und flohen Hals über Kopf. Als sich Caracas erneut in den Händen der Spanier befand, war Bolívar außer sich. Er nahm Miranda fest, den kreolischen Oberbefehlshaber (!), den eigenen Mann, weil er seiner Meinung nach vorschnell kapituliert hatte und lieferte ihn den Spaniern aus. Mirandas wurde in einen Kerker geworfen, wo er verschimmelte und starb. Bolívar aber bestieg rasch ein Schiff, das ihn nach Curacao beförderte – eine der Inseln im Norden des Landes.

Die Spanier unterdessen stellten die alten Machtkonstellationen rasch wieder her. Kreolen wurden in Massen getötet oder ins Gefängnis geworfen, Besitz beschlagnahmt, auch die reichen Besitztümer Bolívars. Aber nun unternahm Bolívar etwas, was ihn vor allen anderen Heerführern auszeichnete. Er analysierte messerscharf, worauf die Niederlage genau zurückzuführen war. Er entdeckte, dass die *Kirche* ein doppeltes Spiel getrieben hatte, die *Priester*, die noch immer mehrheitlich den Spaniern anhingen.

Weiter hatte der Zwist zwischen den Kreolen selbst zu der Niederlage beigetragen. Disziplinlosigkeit in den eigenen Reihen war also dafür verantwortlich, dass die Spaniern gewonnen hatten. Und schließlich hatten nicht eben wenige Einwohner Venezuelas ihr Mäntelchen schnell wieder nach dem Wind gehängt und sich den Royalisten/Spaniern angedient. Die Bevölkerung selbst, die Indianer und die Schwarzen, waren also längst nicht überzeugt, dass die Kreolen die bessere Alternative zu den Spaniern bildeten. Man hatte also auch auf *propagandistischem Feld* verloren!

Bolívar stellte für sich neue Richtlinien auf: eine erbarmungslose Härte war notwendig, wenn man siegen wollte. Die Disziplin musste erhöht und der Streit in den eigenen Reihen endgültig beigelegt werden. Vonnöten war weiter eine Notstandsdiktatur, bedingt durch die kriegerischen

Zeiten. Und er selbst musste lernen, auch die Feder wie ein Schwert zu gebrauchen.
Noch war nicht alles verloren, noch war nicht aller Tage Abend!
In Argentinien und Chile hatten sich die Patrioten ebenfalls gegen die Spanier erhoben. Und auch in Kolumbien hatten die Kreolen die Macht an sich gerissen.
Und so machte sich Bolívar nun daran, seine wichtigste Erkenntnis in die Tat umzusetzen. Die Propaganda, die Propaganda war wichtiger als alles andere! Schnell verfasste der Libertador ein glänzendes Manifest. Darin erteilte er allen aller „kriminellen Milde" eine Absage. Zunächst galt es, die verdammten Spanier in Venezuela die Knie zu zwingen, koste es was es wolle.

Bolívar arrangierte sich klug mit den Kolumbianern. In der Folge erhielt er von ihnen immerhin ein paar Haudegen, sprich einige Soldaten, mit denen er in der Folge zunächst eine kolumbianische Region gegen die Royalisten/ die Spanier verteidigen sollte. Aber der Libertador hatte längst seine eigenen Erkenntnisse verinnerlicht. Er drehte sich gewissermaßen auf dem Absatz um und bekehrte zunächst die Bevölkerung in eben dieser Region, die es zu verteidigen galt, zu seinem neuem politischen Glaubensbekenntnis, das heißt er setzte bis an den Rand ausgereizt die Mittel der *Propaganda* ein. Und so wuchs seine Anhängerschar. In der Folge rekrutierte er weitere Soldaten, die er dringend benötigte. Schließlich fühlte er sich stark genug, es erneut mit den Spaniern aufzunehmen. Bolívar demonstrierte nun zum ersten Mal seine überlegenen strategischen und taktischen Fähigkeiten: Er nutzte den Eilmarsch, das blitzschnelle Verschieben seiner Truppen von einem Ort zum andern und die Gunst der Bevölkerung – und brachte tatsächlich den Spaniern eine Schlappe nach der anderen bei, in vielen kleinen Scharmützeln. Unaufhaltsam eroberte er einen kolumbianischen Landstrich nach dem anderen zurück. Endlich ließ er es auf eine große Schlacht ankommen, in der Nähe der venezolanischen Grenze – und gewann haushoch!
Eine Legende nahm ihren Anfang. In Kolumbien verlieh man ihm sofort einen höheren militärischen Rang. Bolívar aber hatte nichts Eiligeres zu tun, als sofort zurück nach Venezuela zu marschieren. Noch immer war sein „Heer" verschwindend klein im Verhältnis zum Feind, aber der Libertador war von dem brennenden Wunsch beseelt, die Spanier end-

gültig zum Teufel zu jagen. Mit unerhörter Kühnheit, fast schon Dreistigkeit, erneut mit einer Schnelligkeit, die Freunde wie Feinde nur staunend verfolgen konnten, sprich mit einer Absicht, die keinerlei Gegenabsicht zuließ, schlug er zu. *Guerra a muerte, Krieg auf Leben und Tod* lautete die Parole. Das Ergebnis? Bolívar kam, sah und siegte. Als er schließlich in die Hauptstadt Venezuelas als strahlender Sieger einzog, läuteten alle Glocken, die Legende war endgültig geboren. Den Wert der Propaganda richtig einschätzend arrangierte er einen unvergesslichen Triumphzug, der alle blendete. Begeisterte Jubelchöre bildeten die Kulisse, und zwölf bildhübsche, in blütenreines Weiß gekleidete junge Frauen setzten dem Sieger einen Lorbeerkranz aufs Haupt.
Aber selbst als Sieger handelte der neue Kriegsheld blitzschnell. Die spanischen „Monster" und „Barbaren" wurden sofort erschossen oder ins Gefängnis gesteckt, jede Opposition wurde erbarmungslos ausradiert.
Bolívar, vom Siegestaumel noch immer trunken, verkündete er, dass er an eine Vereinigung Venezuelas mit Kolumbien denke, an ein Groß-Kolumbien, und dass letztlich ganz Südamerika unter einer einzigen Flagge vereinigt werden müsse. Ein neues politisches *Ziel* war geboren, so sternenhoch, wie es vor ihm auf dem gesamten Planeten nur eine Handvoll von Menschen zu formulieren gewagt hatte.
Die Massen jubelten ihm zu.
Aber da zeigten sich am Horizont auf einmal neue dunkle Wolken: der Feind, der nur eine Schlacht verloren hatte, nicht den Krieg, machte erneut mit allen Kräften mobil.

Außerdem stimmte die simple Gleichung – hier Spanier, da Kreolen – schlicht und ergreifend nicht. Viele Kreolen kämpften noch immer in den Reihen der Spanier, desgleichen andere Venezolaner. Die Bevölkerung stand anfänglich nicht geschlossen hinter Bolívar. Schwarze Sklaven und Mulatten bekämpften Bolívar ebenso wie die gefürchteten *Llaneros* (wörtl.: *Bewohner der Ebene*), Mischlinge aus Weißen, Schwarzen und Indios, wilde Reiter, gefährliche Reiter, schier lebendige Teufel im Sattel, die sich nicht im Geringsten um den Gegensatz zwischen Spaniern und Kreolen scherten – beide Parteiungen schienen ihnen nur Unterdrücker zu sein.
Außerdem machte jetzt ein neuer intelligenter spanischer Oberbefehlshaber von sich reden, *Morales* mit Namen, der ebenfalls mit unerbittlicher

Härte und unendlich grausam zuschlagen konnte. Bolívar kämpfte also an verschiedenen Fronten, an zu vielen Fronten, so dass er schließlich wieder aus der Hauptstadt Venezuelas, aus Caracas, vertrieben wurde. Mit Mühe und Not setzte er sich ab und verbarg sich mit einigen Getreuen auf einer Insel, diesmal jedoch reich mit Geld, Silber, Juwelen und anderen Schätzen ausgestattet, seine „Munition" für künftige Militäroperationen.

Es hob seine Stimmung, als er trotzdem von den Kolumbianern ein weiteres Mal militärisch befördert wurde. Immerhin hatte er einige eigentlich unmöglich zu gewinnende Schlachten gewonnen. Und so marschierte er schon wenig später wieder mit frischen Truppen los.

Aber auf der anderen Seite hatte sich das Blatt völlig gewendet. Spanien, das es nicht zulassen wollte, dass ihm ein so fetter Happen gestohlen wurde, bot nun alle Kräfte auf. Eine riesige Flotte mit einer gewaltigen Streitmacht stach von Spanien aus in See, um die Südamerikaner erneut unter die Knute zu zwingen. 18 Kriegsschiffe und 42 Transportschiffe, beladen mit beutehungrigen Soldaten, überquerten den Atlantik. Das Geschwader landete in Nordkolumbien. Sofort schlugen die spanischen Soldaten zu. Sie eroberten eine rebellische Region nach der anderen zurück, hinter sich unvorstellbare Verwüstungen zurücklassend.

Bolívars Truppen wurden erneut geschlagen, und erneut floh er auf eine Insel.

Zähneknirschend erfuhr er, dass seine gesamten Besitzungen ein zweites Mal beschlagnahmt worden waren.

Völlig mittellos, ohne eine Armee und ohne Unterstützung stellte der Libertador erneut eine scharfsinnige Analyse an. Diesmal erkannte er endgültig, dass nur die gesamte Bevölkerung selbst eine Wende herbeiführen konnte. Er blickte nach Frankreich und nach Nordamerika, wo die Rebellion gegen die früheren Herren, gegen den französischen und den englischen König, nur deshalb erfolgreich gewesen war, weil das *Volk selbst* den alten Mächten den Kampf angesagt hatte. Bolívar musste umdenken, er musste völlig umdenken. Er musste alle, alle einbeziehen in diesen Kampf: die Kreolen, die schwarzen Sklaven und die Indianer, die Mulatten, die Mestizen und die Zambos!

Und so benutze der Libertador nun erneut die Feder wie ein Messer, und stach damit zu, wann immer möglich.

Er sprach nun von „Harmonie“ zwischen den verschiedenen Völkergruppen, von „Heimat“ und von den Rechten der unterdrückten Menschen. Er benutzte das politischste aller Worte „Freiheit“ immer öfter. Er geriet erst jetzt wirklich zum Libertador, zum Befreier, zur Symbolfigur, die allen, allen Hoffnung machte, nicht nur den Kreolen. Bolívar schwor, die schwarzen Sklaven zu befreien und sich für die Indios einzusetzen. Selbst die Llaneros, die gefürchtete Reiterei, konnte der Libertador gewinnen.

Überall liefen ihm die Menschen nun zu, sein Ruf wurde rund um den Planeten gehört. Bolívar heuerte sogar Engländer, Deutsche und Iren an, die den Atlantik überquerten, nur um mit ihm an seiner Seite zu kämpfen! Die Truppen wurden nun gemäß dem Exerzierregeln Friedrichs des Großen geschult, der ehemals ebenfalls einige unvorstellbare militärische Erfolge errungen hatte – ein Deutscher verriet ihm das entsprechende Know-how. Den Soldaten wurde reiche Beute versprochen, weiter konnte sich *jeder* in seinem Heer auszeichnen und die Karriereleiter emporklettern.

Darüber hinaus feilte und schmirgelte Bolívar erneut an seiner politischen Vision. Tatsächlich entwarf er ein völlig neues Zukunftsbild für Südamerika.

Das *Volk* sollte herrschen, weiter seien *Wahlen* notwendig. Als Vorbild dienten Bolívar englische Verhältnisse, wo es eine *Verfassung* gab und *Menschenrechte* respektiert wurden. Ihm schwebte als erster Schritt ein „Großkolumbien“ vor, bestehend etwas aus den heutigen Staaten Venezuela und Kolumbien. Aber in Wahrheit zielte er auf ein zentral regiertes Südamerika. Seine Beredsamkeit zeigte Wirkung. Man wählte Bolívar schließlich zum Präsidenten einer großkolumbianischen Republik, die im Moment jedoch nur auf dem Papier existierte. Obwohl die Wahl in juristisch-demokratischer Sicht höchst fragwürdig war, besaß Bolívar damit nun eine gewisse *Legitimation.* Er hatte mit der Macht der Rede allein und mit der Feder auf einmal zahlreiche Schlachten gewonnen – Schlachten, die in den *Köpfen* stattfanden.

Bolívar hatte die Karten völlig neu gemischt.

Und so vermochte er erneut ein kleines Heer aus dem Boden zu stampfen. Mit seiner bescheidenen Armee betrat Bolívar nach kurzer Zeit wieder den Schauplatz des Geschehens.

Die ersten kleineren Gefechte und Scharmützel auf kolumbianischen Boden gaben zu den größten Hoffnungen Anlass, denn Bolívar siegte wieder und wieder. Die Feinde führten ihn in Versuchung, indem sie dem Frauenhelden ein glutäugiges, rassiges, bildschönes Weib ins Lager schickten, um ihn abzulenken, aber der Libertador durchschaute die Falle. Zudem erreichte ihn mit einem Mal eine wirklich gute Nachricht: Der befreundete General Santander, der unabhängig von ihm in einem anderen Teil Kolumbiens operierte, hatte die Spanier in einer ersten wichtigen Schlacht geschlagen! Bolívar ergriff sofort die Gelegenheit, hetzte seine Truppen in knochenbrechenden Gewaltmärschen über die Anden und griff die Spanier ebenfalls an. Mit allen Kräften, die er aufbieten konnte, stürzte er sich in die Schlacht.

Das Ergebnis? Ein überwältigender Sieg.

Sein Stern strahlte nun heller als je zuvor. Wieder war Bolívar klug genug, auch diesen Triumph entsprechend propagandistisch auszuschlachten. Die Glocken, das „Radio“ in dieser Zeit, läuteten wild, als er im Triumphzug in eine kolumbianische Stadt einzog, um allen, allen kundzutun, wer den Sieg errungen hatte. Blutjunge Schönheiten, alle in Weiß gekleidet, setzten ihm erneut eine Lorbeerkrone aufs Haupt. Seine Macht wurde nun nicht mehr in Frage gestellt. Er war die überragende Figur in diesem Spiel gegen die Spanier, nur seinem unbeugsamen Willen war es zu verdanken, dass man gewonnen hatte – zumindest vorläufig.

Bolívar ernannte Santander zum Vizepräsidenten von Großkolumbien, das wie schon erwähnt in Zukunft Venezuela und Kolumbien umfassen sollte. Dem Kongress in Kolumbien legte er erneut die entsprechenden Pläne vor. Alles, alles wurde gutgeheißen, wer konnte, wer wollte sich gegen den siegreichen Feldherrn erheben?

Bolívar selbst aber wusste, dass die wirkliche Entscheidungsschlacht noch bevorstand. Immer noch befanden sich die verdammten Spanier in Venezuela, seinem Heimatland.

Und so machte sich der Libertador nach einigen Vorbereitungen auf, auch hier den Royalisten, den Anhängern des Königs in Spanien, das Fürchten zu lehren.

Einem Getreuen, General José de Sucre, gab er den Befehl, in Kolumbien selbst weiter für Ordnung zu sorgen, das sich noch immer nicht zur Gänze in der Hand der Kreolen befand, während er mit seinen Mannen stramm nach Venezuela marschierte. Diesmal ging es um alles oder nichts.

Im Jahre 1821 stürzten sich rund 6.500 Bolívar-Soldaten in die endgültige Entscheidungsschlacht. Der Libertador warf alles in Waagschale in diesem „Heiligen Krieg“, wie die Parole hieß, die er ausgegeben hatte. Und wieder siegte Bolívar, aufgrund taktischer und strategischer Überlegenheit, aufgrund seiner alles durchdringenden Propaganda.
Die Superlative überschlugen sich. Bolívar war nun der Befreier Kolumbiens und Venezuelas. Wieder gestaltete sich sein Einmarsch in die Hauptstadt Venezuelas wie ein Triumphzug. Die Menschen auf den Straßen weinten und lachten, sie umarmten sich und ließen Bolívar hochleben. Jetzt endlich, endlich hatte man die verdammten Spanier zum Teufel gejagt – für alle Zeiten.
Bolívar bewies gleichzeitig, dass er seinen politischen Zielen treu blieb: Längst hatte er seine rund tausend Sklaven, die er persönlich besaß, freigelassen. Jetzt forderte er, dass auch andere schwarze Sklaven in die Freiheit entlassen werden mussten! Gleichzeitig stellte er wichtige Forderungen für die Indios auf. Alle sollten eine Ausbildung erhalten!
Die Mestizen, die in seinen Reihen treu als Soldaten gedient hatten, beförderte er. Den wilden Reitern, den Llaneros, schusterte er wichtige Posten in dem neuen Venezuela zu. Nicht nur den Kreolen war jetzt der soziale Aufstieg möglich. Alten Kampfgefährten übertrug er reale Macht und neue politische Verantwortungen. Ein unglaublicher Reichtum war zu verteilen. Nicht alle seine Kampfgenossen waren so bescheiden wie er selbst, einige avancierten nun zu neuen Großgrundbesitzern, deren Ländereien schier jedes Vorstellungsvermögen überstieg. Während Bolívar persönlich für Kriegswitwen sorgte, auf Regierungsämter verzichtete, Renten ausstellte und sich selbst wenig gönnte, füllten sich einige Beutegeier, die an seiner Seite gekämpft hatten, die Taschen bis obenhin, ohne Vernunft und mit einer namenlosen Raffgier. Aber immerhin wählten ihn auch in Venezuela alle, alle zu dem künftigen Präsidenten der neuen Großrepublik.
Bolívar aber wusste, dass der Krieg immer noch nicht endgültig gewonnen worden war, selbst wenn er sich jetzt im Besitz Kolumbiens und Venezuelas befand.
Im Grunde genommen trat der Krieg erst jetzt in seine heiße Phase ein.

Die „spanische Tyrannei“ war längst nicht überall ausgeschaltet, auch wenn ein gewisser José de San Martín inzwischen in Peru einmarschiert war, ein begabter Militär, der ebenfalls die Spanier das Fürchten gelehrt hatte.

De San Martín, vom Blut her Spanier, von Geburt Argentinier und von seiner Überzeugung her ebenfalls ein Freiheitskämpfer, der für die Unabhängigkeit der spanischen Kolonien in Südamerika eintrat, hatte sich zunächst auf die Befreiung Argentiniens und Chiles konzentriert, bevor er in Peru die Spanier ins Visier genommen hatte.

Aber auch de San Martín war inzwischen in Schwierigkeiten geraten.

Und was war mit Ecuador? Weiter befanden sich weite Gebiete im Süden Kolumbiens noch immer in der Hand der Unterdrücker. Und so schlug Bolívar im Jahre 1822 erneut zu. Sein fähigster General, Antonio de Sucre, besiegte die Spanier in Ecuador, er selbst schlug den Erzfeind im Süden Kolumbiens.

Und wieder ließ sich der *Presidente* feiern, von weißgekleideten, berückenden Schönheiten, die ihm einen Lorbeerkranz aufs Haupt setzten. Aber da geschah auf einmal das Unfassbare: Bolívar verliebte sich glühend. Eine gewisse Manuela Sáenz trat in sein Leben, ebenfalls eine Freiheitskämpferin, wie er, die vielleicht wichtigste Frau in der Geschichte Lateinamerikas, schön, klug, tapfer und stolz. Eine heroische Liebe nahm ihren Anfang, denn Manuela Sáenz diente Bolívar und seiner Sache in der Folge treu und intelligent als Spionin, Kundschafterin, als Kopf eines einflussreichen Salons, als weiblicher Offizier auf seinen Feldzügen, als Propagandistin – und rettete ihm später sogar einmal das Leben.

Trotzdem lenkte das Bolívar nicht von seiner eigentlichen Mission ab: Südamerika zu befreien und vielleicht, vielleicht sogar unter einer einzigen Flagge zu einigen.

Nicht alle Freiheitskämpfer vertraten diese seine politische Grundüberzeugung.

De San Martín, der Befreier Argentiniens und Chiles, favorisierte im Gegensatz zu Bolívar eine neue Monarchie, unabhängig von Spanien, während der Libertador die Republik als Vision aufrechterhielt.

Es kam zu einem historischen Treffen zwischen den beiden bedeutendsten südamerikanischen Freiheitskämpfern, zwischen de San Martín und Bolívar. Die zwei wichtigsten Köpfe der Revolution suchten sich zu einigen, aber ihre Vorstellungen lagen zu weit auseinander. Schließlich setzte sich Bolívar durch, nicht zuletzt weil de San Martín die militärische Unterstützung Bolívars dringend benötigte. De San Martín zog sich schließ-

lich wieder nach Argentinien zurück, während Bolívar in Peru ausharrte und auf frische Truppen aus Kolumbien wartete.
Doch auch Peru glich einem Pulverfass. Die Kreolen hier fühlten sich dem spanischen Königshaus eng verbunden, niemand verlangte es nach einer „Befreiung". Und so musste Bolívar auch in Peru zunächst entsprechende Überzeugungsarbeit leisten. Im Jahre 1824 ernannte ihn der peruanische Kongress nach langen Mühen schließlich quasi zum Diktator. Bolívar befand sich nun im Zenit seiner Macht: Er war der unbestrittene Herr Venezuelas, Kolumbiens, Ecuadors und Perus!
Geradezu im Handumdrehen besiegte er die letzten spanischen Heere. Mit nur 8.000 Soldaten schlug er schließlich 17.000 Spanier, im Verbund mit de Sucre, seinem genialen General, womit die spanische Herrschaft auf dem südamerikanischen Kontinent endgültig ihr Ende fand.
Die Glocken läuteten so laut wie nie, als Bolívar das Ende der spanischen Herrschaft verkünden ließ.
Aber der Libertador hatte vergessen, dass selbst die Götter eifersüchtig sind.

DER EWIGE KAMPF oder DIE STATEGISCHE ÜBERDEHNUNG
Werfen wir noch einmal einen Blick auf die ursprüngliche Karte.
Venezuela und Kolumbien hatte Bolívar also in der Tasche, ebenso Ecuador und weite Teile Perus.

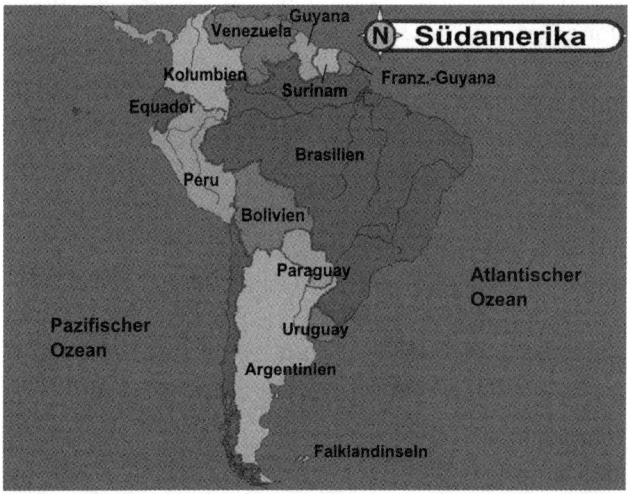

Aber die Probleme in den Reihen der Revolutionäre nahmen nun zu. Die Kolumbianer, mit Santander an der Spitze, widerriefen einige militärische Vollmachten, die sie zuvor Bolívar zugebilligt hatten, ja entzogen ihm sogar kurzfristig das Oberkommando über die Truppen, indem sie darauf hinwiesen, dass der Krieg das Amt des Präsidenten beschädige. Bolívar, der Fuchs, trat kurzentschlossen von dem Präsidentenamt zurück – glücklicherweise wurde ihm jedoch der Rücktritt verweigert.

Kaum war dieses Problem gelöst, tauchte schon das nächste am Horizont auf:

Selbst das neue, das „befreite“ Peru war korrupt bis unter die Haarspitzen. Weiter wurden Staatsgelder in einem Ausmaß verschwendet, dass man nur den Kopf schütteln konnte. Zudem machte im Süden Perus erneut ein spanisches Heer von sich reden. Bolívar schickte seinen getreuen General Sucre, der kurzen Prozess mit diesen letzten Nachzüglern der spanischen Herrschaft machte. Im Jahre 1825 erklärte eine Versammlung die Unabhängigkeit des Südens des Landes und taufte es zu Ehren ihres Befreiers *Bolívar*, was später zu *Bolívien* umgemünzt wurde.

Bolívar verfügte, dass die Indianer in diesem neuen Herrschaftsgebiet von allen Tributzahlungen künftig befreit und Grund und Boden gerecht aufgeteilt werden sollten. Aber die Indianer, in die „Freiheit“ entlassen, wussten mit eben dieser Freiheit nichts anzufangen. Sie waren keine Bauern, Landwirtschaft war nicht ihr Metier. Die Kreolen, nun vom spanischen Joch befreit, führten schon wenig später die Tributzahlungen wieder ein und ignorierten das Dekret Bolívars zur Umverteilung von Grund und Boden.

Auch den Sklaven, den importierten Afrikanern, sowie den Mulatten, brachte die neue Freiheit nichts. Obwohl Bolívar selbst scharf die Sklaverei verurteilte und persönlich ständig schwarze Sklaven freikaufte, waren diese zunächst völlig orientierungslos. Und also befahl Bolívar, Schulen und Universitäten einrichten zu lassen, um in die Köpfe zunächst die richtigen Ideen einzuhämmern – ein langsamer und höchst mühsamer Prozess.

Immerhin verzeichnete der Libertador einige Erfolge, als er die Religionsfreiheit einführte und die barbarische Folter verbieten ließ.

Aber Bolívar selbst hasste alles abgrundtief, was mit Administration und Verwaltung zusammenhing, weiter war ihm das politische Tagesgeschäft mit all seinen Intrigen und Ränken zuwider.

Trotzdem war Bolívar auf einmal das Oberhaupt über zahlreiche Länder innerhalb Südamerikas, sprich Herr über ein riesiges Gebiet, dessen Entfernungen jedoch nur in kräftezehrenden Ritten mit dem Pferd und unter ungeheuerlichen Strapazen überbrückt werden konnten.

Dennoch hing Bolívar weiter seinem alten Traum an, ganz Südamerika unter seiner Flagge zu vereinigen. Aber ach, die Brasilianer, die halb Südamerika besaßen, zeigten herzlich wenig Interesse. Und auch Argentinien hielt sich bedeckt. Hinzu kam, dass es in Peru, Kolumbien und Venezuela auf einmal zu brodeln begann, sprich die neuen Herren, die jetzt das Zepter in der Hand hielten, fragten sich, welche Vorteile es eigentlich mit sich brachte, die gesamte Macht in die Hände dieses Simón Bolívar zu legen? Fuhr man nicht besser, wenn man sein eigenes Süppchen kochte? Konnte man nicht mit dem Erreichten zufrieden sein? Waren die Probleme in Venezuela, Kolumbien, Ecuador, Peru und Bolivien nicht völlig unterschiedlich?
Ein geplantes Treffen aller südamerikanischen Staatsführer scheiterte denn auch im Jahre 1826.
Bolívar selbst begab sich daraufhin eilends nach Kolumbien, weil ihm auch hier die Macht aus den Händen zu gleiten drohte. Korruption, Misswirtschaft, Überschuldung und eine phantastische Unordnung herrschte in dem neuen „befreiten“ Kolumbien. Bolívar versuchte, mit eiserner Faust durchzugreifen, aber Santander, der Vizepräsident Kolumbiens, sein scheinbarer Freund, intrigierte hinter seinem Rücken gegen ihn auf einmal mit allen Mitteln.
Gleichzeitig ereilten Bolívar Hiobsbotschaften aus Peru und Venezuela, überall gab es Unruhen. Der Held vieler Schlachten eilte stehenden Fußes nach Venezuela. Aber auch hier standen die neuen Herren den Großmachtsplänen des Libertadors skeptisch gegenüber. Als zudem ein Krieg zwischen Kolumbien und Peru drohte, ein Bruderkrieg, eilte Bolívar kurzentschlossen nach Kolumbien zurück. Aber niemand tanzte hier mehr nach seiner Pfeife, bestimmt nicht der verräterische Santander. Ein letztes Mal suchte der Libertador verzweifelt das Rad herumzureißen. Er setzte auf eine Wahl – die jedoch Santander gewann, der sich geschickt ins Lampenlicht gerückt hatte und nun als der neue Volksheld Kolumbiens gefeiert wurde.
Gleichzeitig brannte es buchstäblich an allen Ecken und Enden.

Neue spanische Kriegsschiffe drohten, in Venezuela zu landen. Aber auch in Kolumbien selbst brach ein Aufstand aus, unter der Führung eines Mulatten. Bolívar überließ Venezuela sich selbst, das sich tatsächlich allein aus der Patsche helfen konnte und marschierte in Kolumbien gegen den Mulatten. Ein letztes Mal siegte er, und ein letztes Mal sahen die Kolumbianern in ihm den großen Helden und statteten ihn mit quasi diktatorischer Vollmacht aus. Aber Santander intrigierte weiter hinter seinem Rücken. Ein Attentatsversuch auf ihn misslang knapp im Jahre 1828, aber nur weil ihn die treue Manuela im letzten Augenblick vor den Meuchelmördern rettete. Wütend ließ Bolívar zahlreiche Verdächtige verhaften, auch Santander. Ein Militärtribunal unter seinem Befehl fällte zahlreiche Todesurteile. Aber im letzten Moment begnadigte er Santander, die Giftschlange, die er so lange an seinem eigenen Busen genährt hatte.

Gleichzeitig häuften sich weiter die Hiobsbotschaften: Peru drohte auf einmal gegen Bolivien mobil zu machen. Bolívars General Sucre schlug zwar die Peruaner, aber damit war der Traum von einem vereinten Südamerika endgültig ausgeträumt. Kaum war der Friedensvertrag mit Peru unterzeichnet, regten sich erneut Unruhen in Kolumbien und in Venezuela. Auch in Venezuela wurden erneut Abspaltungstendenzen sichtbar. Wiederum setzte Bolívar auf Wahlen, auf eine „Volksbefragung“ – und wiederum verlor er in Bausch und Bogen. Damit verlor er gleichzeitig seine Heimat, seinen Reichtum und seine „Hausmacht“.

Bolívar war zum ersten Mal völlig am Boden zerstört, zumal es auch in Kolumbien weiterbrodelte. Der Libertador, nun psychisch und physisch schwer angeschlagen, trat von seinem Amt als Präsident Kolumbiens zurück.

Daraufhin ging es Schlag auf Schlag: Bolívar verfügte nun über keinerlei Gelder mehr, Truppen auszurüsten. Zeit seines Lebens hatte er Geld zu großzügig mit beiden Händen ausgegeben. Jetzt musste er sogar den Familienschmuck und seine Pferde verkaufen, um das eigene, nackte Überleben sicherzustellen. In Venezuela war er zum „Verräter des Vaterlandes“ erklärt worden, in Kolumbien herrschte jetzt der intrigante Santander. Sein einziger militärischer Freund, der ihm die Stange gehalten hatte, General Sucre, war zudem hinterhältig ermordet worden.

Als sich Ecuador aus dem politischen Verbund löste, wurde damit der letzte Pfeiler von Bolívars Traumhaus umgerissen. Der Traum war nun endgültig ausgeträumt, der Traum von einem vereinigten Südamerika unter seinem Zepter.

Bolívar beschloss, zu sterben. Längst war er todkrank, er litt an Tuberkulose. Er fand einen letzten Unterschlupf bei einem spanischen Edelmann in Kolumbien. Am Schluss sah er verbittert ein, dass Südamerika als Ganzes unregierbar war. Er ließ sich die Sterbesakramente geben, vergab allen seinen Feinden und verschied am 17. Dezember 1830.
Als Manuela Sáenz von seinem Ableben hörte, ließ sie sich von einer Giftschlange beißen, um ihm in den Tod nachzufolgen. Der Selbstmord-Versuch misslang. Verzweifelt wanderte sie zurück nach Peru, inzwischen verarmt und verachtet. In Peru verdiente die ehemals reiche, mächtige Frau ihren Lebensunterhalt nun mühsam mit dem Verkauf von Tabak und der Übersetzung von Liebesbriefen. 1856 starb auch die größte Freiheitskämpferin Südamerikas, die stolze Manuela. Ihr Leichnam wurde in einem Massengrab beigesetzt, und nichts, nichts blieb von ihr übrig, kein Namensschild auf einem Kreuz, kein Knochen und kein Krümel.

DIE FÄHIGKEITEN BOLÍVARS

Holen wir nun tief Luft. Wie aufregend und ungewöhnlich kann ein Menschenleben sein, in dem man alles, alles auf eine Karte setzt. Doch bemühen wir uns nun um eine Beurteilung, versuchen wir, unsere Sinne zu schärfen und nichts als zu lernen und nochmals zu lernen – aus den richtigen Aktionen ebenso wie aus den Fehlern!
Betrachten wir zunächst die positive Seite der Medaille.
Es steht fest, dass Simón Bolívar ein Vertreter der Spezies Mensch war, wie man ihn nur alle paar Jahrhunderte einmal antrifft. Es handelte sich bei ihm um einen einzigartigen Aktionsmenschen, einen Tatmenschen. Sein Leben war eine ununterbrochene Demonstration von Kraft und Energie, von Entschlossenheit und Kühnheit.
Schon seine grundsätzliche Einstellung verrät eine gänzlich andere Operationsbasis. Als sich nach einem großen Erdbeben die Menschen in ihre Mäuselöcher verkrochen, als sie verängstigt auf den großen Manitu oder den erzürnten Christengott verwiesen, wischte Bolívar all diese Gefasel einfach beiseite und gab die Parole aus:
„Wenn sich die Natur gegen uns stellt, erklären wir ihr den Krieg und bringen sie dazu, uns zu gehorchen.“ [6]
Bolívar forderte also nichts weniger als die Natur heraus und damit selbst die Götter! Scheinbar unbezwingbare Hindernisse stachelten ihn nur an. Wenn andere die Hände in den Schoß legten und das Schicksal beklag-

ten, bog er das Schicksal zurecht und zwang es unter sein Diktat.
„Die Natur" hatte sich gefälligst seinem Willen unterzuordnen.
In diesem Sinne sind auch die unvorstellbaren Strapazen, die er auf sich nahm, plötzlich zu verstehen. Er forderte seinem Körper, ebenfalls ein Stück Natur, alles, alles ab. Seine Fähigkeit, Schmerzen zu ertragen, war 100mal höher als die des Durchschnittsmenschen. Er ***verachtete Schmerzen*** und ließ sich selten von ihnen beeinflussen. Wenn andere jammerten, setzte er sich auf sein Pferd, preschte los, überwand Tausende von Meilen und bekämpfte den Feind.
Militärische Intelligenz bewies Bolívar, als er seine Truppen mit unerhörter ***Geschwindigkeit*** von einem Ort zum anderen bewegte - eine Erfolgs-Formel, die vielleicht von Napoleon abgekupfert worden war, derer sich aber auch schon Cäsar etwa bedient hatte.
Weiter war der ***Mut*** Bolívars beispiellos.
Schließlich besaß er die Fähigkeit, in militärischer Hinsicht ***zu lernen*** – von Friedrich dem Großen unter anderem, aber auch aus seinen eigenen Fehlern. Das stramme preußische Exerzierreglement trug jedenfalls ebenfalls zu seinen Siegen nicht wenig bei.
Darüber hinaus war es ein Geniestreich, ***jedem Soldaten***, wenn er nur genügend Mut bewies, den ***Aufstieg in seiner Armee*** zu ermöglichen. Das motivierte seine Kämpfer bis unter die Haarspitzen, es bewies den Soldaten, dass tatsächlich eine neue Zeit angebrochen war. Nicht mehr die Hautfarbe und Herkunft waren von Bedeutung, sondern die eigene Fähigkeit, der eigene persönliche Einsatz. Plötzlich lohnte es sich wieder, für etwas zu kämpfen!
Aber vor allem müssen wir dem ***Propaganda-Genie*** Bolívars Rechnung tragen.
Ohne seine politischen Manifeste, ohne seine Redegewalt, wäre der Libertador bei aller militärischen Begabung nichts als ein beliebiger General gewesen, den man über kurz oder lang geschlagen hätte. Erinnern wir in diesem Zusammenhang noch einmal an seine klug eingefädelten *Triumphzüge*, die die Bevölkerung unnennbar beeindruckten und uns an die römischen Triumphzüge gemahnen, hinter denen ebenfalls nichts anderes als raffiniertes politisches Kalkül stand.
Bolívar war ein Fuchs in Sachen Propaganda. Mit seinen Parolen traf er punktgenau den Nerv seiner Zeit, er machte instinktsicher auf unglaubliche Ungerechtigkeiten aufmerksam, um die Bevölkerung auf

seine Seite zu ziehen, die ihm daraufhin zujubelte und zu ihm überlief. Als er erkannte, dass sich mit den Kreolen allein kein Staat machen ließ, umgarnte er auch die übrige Bevölkerung, immerhin rund 80% aller Menschen. Er konnte ***reden*** wie kein zweiter! Weiter zirkulierten seine gefühlsdurchtränkten ***Schriften*** überall, sie rüttelten die Menschen wach, bis sie ihm begeistert zujubelten, mit Tränen der Freude in den Augen. Endlich, endlich war ein neuer Messias erschienen, der sie vielleicht, vielleicht von ihren Qualen erlösen konnte, ihrem stillen Leiden! Hoffnung machte sich allenthalben breit. Nichts ist in Sachen *Motivation* wichtiger als die Hoffnung!

DAS WAHRE GEHEIMNIS

Aber alle militärischen Begabungen waren vollständig unwichtig – im Vergleich zu einer einzigen Begabung, zu einem einzigen Talent, zu einem einzigen Schlachtruf: dem ***Schlachtruf der Freiheit***. Zu ihm gesellte sich die Forderung nach einer höheren Gerechtigkeit und der Gleichheit vor dem Gesetz.

Das heißt, Simón Bolívar beschwor die *ewigen Werte* im politischen Raum, die immer und immer wieder, von den intelligentesten Führungsgestalten, hochgehalten worden waren!

Und wenn diese Freiheit auch keine absolute Freiheit war, sondern äußerst begrenzt, wenn dieser Schlachtruf vielleicht sogar von Eigeninteresse diktiert war – Bolívar war Kreole, vergessen wir das nie! – so wurde doch für die Freiheit, das höchste politische Ziel, eine Lanze gebrochen. Und deshalb liefen ihm die Menschen nach, wie dem Rattenfänger von Hameln.

Nur deshalb konnte Bolívar all diese Soldaten um sich scharen und die Menschen gewinnen, aus keinem anderen Grund. Er versprach ihnen ein besseres Leben, zu dem Freiheit die erste und unmittelbarste Voraussetzung ist. Und so konnte er mit einer höheren Ethik antreten – im Verhältnis zu den spanischen Blutsaugern, die weit hemmungsloser das Land und die Menschen ausgebeutet hatten als die Kreolen. Er versprach nur einen winzigen Zipfel dieser köstlichen Freiheit, aber das reichte aus, um haushoch zu gewinnen.

Auf diese Weise konnte Bolívar die Effekte schaffen, die er schuf. Bei allen Fehlern, die er beging – und sie waren zahlreich – bleibt die richtige Aktion, für die ***Freiheit*** einzutreten.

Bolívar trat (von wenigen Ausnahmen abgesehen) ein für die Meinungsfreiheit, die Versammlungsfreiheit, die Freiheit, seine eigene Religion wählen zu dürfen, die Redefreiheit und die ökonomische Freiheit. Er entließ persönlich zahlreiche Sklaven in die Freiheit und suchte damit eine höhere Gerechtigkeit herzustellen.
Und so verjagte Bolívar die Unterdrücker der Freiheit, die Spanier, von ihrem Thron, er entriss ihnen nichts weniger als ein Weltreich.
Auf diese Weise gewann Bolívar in gewissem Sinne sein Spiel, nicht im Angesicht von Jahrzehnten, aber im Angesicht von Jahrhunderten.
Und so könnten wir diesem legendären Simón Bolívar eine weitere Statue errichten und ihn besingen bis ans Ende aller Tage.
Wenn da nicht gleichzeitig auch seine Fehler wären.

DIE FEHLER BOLÍVARS

Wie leicht ist es und wie herrlich bequem, auf das Unvermögen einer anderen Person zu deuten – was den schönen Nebeneffekt besitzt, dass man die eigenen Fehler beiseiteschiebt und geschickt unter den Teppich kehrt, während man sich gleichzeitig über die größten Figuren der Geschichte erhebt, als hätte man alles besser, richtiger und intelligenter machen können. Trotz dieser Einschränkung muss es erlaubt sein, ein wenig besserwisserisch auch die Fehler Bolívars zu benennen, nicht um diesen großen Mann herabzuwürdigen, sondern um in Zukunft aus seinen Versäumnissen zu lernen und vielleicht, vielleicht die gleichen Fehler zu vermeiden – sollte es uns je vergönnt sein, in einer nahen oder fernen Zukunft in einer Machtposition selbst einmal wichtige Entscheidungen treffen zu müssen.
Was also machte Simón Bolívar falsch?
Nun, so viel steht fest: Bolívar war ein Frauenheld, ein ***Schürzenjäger*** und ein eitler Pfau. Wirkliche Loyalität, Fähigkeit und Intelligenz bei Frauen ignorierte er, er war ein Macho. Selbst seine große Liebe, Manuela, betrog er pausenlos. Er rannte jedem flatternden Rock hinterher und beschwor damit mehr als einen politischen Skandal herauf.
Weiter konnte er nicht mit Geld umgehen. Von Haus aus an Reichtum gewöhnt gab er Geld mit beiden Händen aus, er konnte Besitztümer und Reichtümer nicht festhalten, ***Geld zerrann ihm buchstäblich zwischen den Fingern***. Es handelte sich bei ihm um einen der größten Verschwender der Geschichte. Als er sich im Besitz halb Südamerikas befand, hätte er *Macht* zementieren können, *Macht* zementieren müssen, durch den

verantwortungsvollen Umgang mit Geld und Besitz. Aber Bolívar verschleuderte alles, denn er war trunken von seinem Ruhm, von seiner Eigenwichtigkeit, von seinem Ego.
Er glaubte, er könne in jedem Moment Geld und Besitz wieder aus dem Nichts stampfen, nichtwissend, dass er dadurch gezwungen war, ständig neue Schlachten zu schlagen und neue Schlachten zu gewinnen. Der Wein Ruhm war sein Untergang. Er tat alles für diesen köstlichen Saft, der da heißt Bewunderung – tatsächlich wurde er ***zum Sklaven des Ruhms***, der vor ihm schon mehr als einen hochbegabten Menschen in den Untergang gerissen hatte. Er schwappte über vor Selbstwertgefühl, nichtwissend, dass die höchste Tugend darin besteht, sich auch je und je in der Kunst der Bescheidenheit zu üben, bei allen spektakulären Erfolgen. Bolívar war berauscht von sich selbst. Das ließ ihn den Sinn für Realitäten verkennen, nur er spielte eine Rolle auf der Weltbühne, die Nebenrollen existierten gewissermaßen nicht. Bolívar nahm andere Menschen nicht wirklich wahr. Er war zu verliebt in seine eigene Größe, seine eigene Idee von Größe.
Den Ruhm, den er ständig zwanghaft suchte, verführte ihn dazu, *Administration* und *Organisation* klein zu schreiben. Er konnte die mörderischsten Strapazen auf sich nehmen und unmöglich zu gewinnende Schlachten gewinnen, aber er konnte nicht einmal ein Dorf organisieren oder eine kleine Familie.
Er ***versagte als Administrator*** völlig, im Gegensatz etwa zu Augustus, der ehemals das Römische Reich an sich gerissen hatte, in gefährlichen Schlachten – aber danach eine der größten Friedenszeiten der römischen Geschichte eingeleitet und das Weltreich von Grund auf neu und intelligent organisiert hatte.
Bolívar war zu ungeduldig, um sich mit den scheinbar kleinlichen Fragen der Organisation und Administration abzugeben. Ja, er verfasste einige berauschende, hypnotisierende Schriften, hoch motivierend, aber damit allein ist es nicht getan. Bolívar suchte und brauchte den Rausch, die Bewunderung, den Ruhm, vor dem er kniete und den er anbetete wie ein Heide seinen steinernen Götzen – wie konnte *er* (!) sich mit kleinlichen Verwaltungsfragen abgeben?
Darüber hinaus versagte Bolívar auch in anderer Hinsicht. Sein vielleicht größter Fehler bestand in der Vision eines geeinten Südamerikas unter seiner Flagge, die sofort, jetzt, wirkungsvoll im Wind flattern sollte,

möglichst in der Gegenwart. Bolívar übernahm sich damit strategisch vollständig. Klüger wäre es gewesen, zunächst in Venezuela Ordnung zu schaffen und das Land in eine wirkliche Blüte zu führen. Von einer sicheren Operationsbasis aus wäre es leichter möglich gewesen, auch andere südamerikanische Länder von seinen hochfliegenden Plänen zu überzeugen.

Schon im Mittelalter hatten verschiedene deutsche Kaiser den gleichen Fehler begangen. Sie hatten gegen osteuropäische Völkerschaften gekämpft, im eigenen Land gegen Herzöge und im Süden gegen den Papst und Italien. Sie hatten einen Vielfrontenkrieg in Kauf genommen und sich dabei strategisch überdehnt.
Ein eklatanter Fehler, den man in der ersten Klasse einer Militärakademie zu vermeiden lernt! Klügere Kaiser im Mittelalter hatten dagegen zunächst ihre *Hausmacht* gesichert. Damit hielten sie sich gewissermaßen den Rücken frei. Selbst wenn eine Schlacht verloren wurde, bedeutete das nicht, dass gleichzeitig damit auch der gesamte Krieg verloren worden war.

Bolívar aber, der eitle Narr, ***kämpfte an allen Fronten gleichzeitig und persönlich***, verführt durch seinen unstillbaren Ruhmesdurst. Er vertraute nur seiner eigenen Magie, seinem Charisma. Er war zu sehr Militär und zu wenig Staatsmann. Der Politiker in ihm wurde immer von dem Haudegen in seiner Brust besiegt. Und so formulierte er Ziele, die in der Gegenwart nicht erreicht werden konnten, statt diese Ziele in eine fernere Zukunft zu projizieren.
Es war richtig, groß zu denken, aber falsch, persönlich in diesem riesigen Rahmen aktiv zu werden, immer nur mit sich selbst an der Spitze, mit der eigenen Person, die Brust dem Kugelhagel ausgesetzt. Damit wurde er verwundbar. Niemand kann ein solch unvorstellbar gewaltiges Gebiet militärisch erobern und gleichzeitig in eine neue demokratische Zukunft führen, nicht in der kurzen Zeit eines einzigen kleinen Menschenlebens.
Ein anderer Fehler Bolívars bestand in seinem Umgang mit den schwarzen Sklaven und den Indios, den Mestizen und Mulatten. Es nützte wenig, die Menschen in eine Freiheit zu entlassen, mit der sie nichts anfangen konnten. Einige Indianerstämme wiesen Geschenke Bolívars

einfach zurück. Unvorstellbar viel wurde in den Kriegen zerstört. Land lag in der Folge brach, das nun niemand mehr bestellte.
Was Bolívar nicht wusste: ***Man kann ein versklavtes Volk nicht in die Freiheit entlassen und naiv annehmen, dass es jetzt automatisch in ein neue, eine bessere Zukunft marschiert***. Ja, es war richtig, der unterdrückten, ausgebeuteten Bevölkerung die Freiheit zurückzugeben. Aber es war ein Versäumnis, nicht dafür zu sorgen, sie *stufenweise* mit der neu gewonnenen Freiheit vertraut zu machen. Und so herrschte zunächst nichts anderes als eine gigantische Unordnung, es herrschte das Chaos. Der Frieden wurde nicht organisiert, und die Bevölkerung nicht an die neuen Möglichkeiten, die sich plötzlich auftaten, betulich und schrittweise herangeführt. Es gab keinen Lernprozess. Es mangelte an Führung. Plakativ gesagt: Der Krieg wurde gewonnen, aber der Frieden verloren. Es fehlte an Organisation, und so machten sich einige professionelle Diebe daran, nur neue Unterdrücker, Räuber, Schurken und skrupellose Gestalten, die Gunst der Stunde zu nutzen und sich unendlich zu bereichern, wieder auf Kosten der gesamten Bevölkerung.

DAS VERMÄCHTNIS

Und so verfügen wir über ein einzigartiges Vermächtnis, das uns dieser, einer der größten Männer der Weltgeschichte, hinterlassen hat – wenn wir nur ohne Scheuklappen seine Fehler und seine Fähigkeiten analysieren. Bolívar war zweifellos von den besten Absichten beseelt, ein Grund, warum er bis heute diese kultische Verehrung genießt. Aber gute Absichten allein reichen nicht aus, um in einer solchen Größenordnung zu operieren. Es ist das beinharte Know-how, vor allem das administratives Know-how, das notwendig ist, um ein politisches Reich von einer solchen Ausdehnung zu schmieden und zusammenzuhalten.
Kurz zusammengefasst dachte Bolívar nur an die Gegenwart und den Ruhm und nicht an die fernere Zukunft, die er jedenfalls falsch hochrechnete.
Und so zerrann ihm ein Weltreich buchstäblich zwischen den Fingern, gerade in dem Moment, als er alle, alle besiegt hatte.
Vielleicht, vielleicht – sollten wir also auch einige Statuen für Bolívars *Fehler* errichten!
Könnten wir nicht alle aus ihnen lernen?

DIE AXIOME

Glücklicherweise können wir gleichzeitig auch verschiedene Geschichts-Axiome ableiten oder vorsichtig vorformulieren.
Sie lauten wie folgt:

Axiom
Es gibt keine Automatik in der Geschichte.

Axiom
Geschichte kann beeinflusst und in ihrem Lauf vollständig verändert werden durch die Einzelpersönlichkeit.

Axiom
Individuen, nicht Massen, machen Geschichte.

Axiom
Umsturzversuche/Putsche/Revolutionen werden ausgelöst durch Hungerrevolten, Armut, offensichtliche Ungerechtigkeiten, zu hohe Steuern und die Unterdrückung des Freiheits-Gedanken.

Axiom
Die machtvollsten Waffen der Einzelpersönlichkeit, den Lauf der Geschichte zu verändern, bestehen 1. in der Rede und 2. in der Bildung eines verschworenen, loyalen Zirkels oder einer Elitegruppe.

Soweit so gut! Theoretisch könnte man auch in diesem Fall weitere Lehren oder Gesetze der Geschichte formulieren.
Aber unternehmen wir nun den Versuch, *alle* Vor-Logiken und Axiome noch einmal vorzustellen, in vollständiger Übersicht und nummeriert. Erlauben wir uns jedoch auch, einige neue Axiome hinzuzufügen. Rund 10.000 Jahre Geschichte und das Schicksal von etwa 100 Ländern, Nationen und Reichen lehren uns dies:

DIE VOR-LOGIKEN

Vor-Logik 1
„Geschichte" wird immer von unterschiedlichen Gesichtspunkten aus geschrieben – zum Beispiel von dem Gesichtspunkt einer bestimmten Führungspersönlichkeit aus oder einer bestimmten Klasse, Rasse, Partei, Nation oder Religion. Diese unterschiedlichen Gesichtspunkte sind selten oder nie auf einen gemeinsamen Nenner zu bringen.
Insofern gibt es keine objektive Wahrheit in der Geschichtsschreibung.
Es gibt bestenfalls eine Annäherung an die Wahrheit.
Folgesatz
„Geschichte" ist das, worauf sich die Gelehrten schließlich einigen.

Vor-Logik 2
Sieger schreiben Geschichte.
Folgesatz
Viele Historiker sind gekaufte Griffel und dienen sich nur einem bestimmten (machtpolitischen) Gesichtspunkt an.
Folgesatz
Etwa 70 % der gesamten Geschichtsschreibung wurde durch eine politisch/parteiliche und/oder religiös/weltanschauliche Sicht verfälscht.

Vor-Logik 3
Es existiert ein präzises Know-how und eine hohe Schule der Lüge und der Fälschung, was die Geschichtsschreibung angeht.
Erläuterung: Dazu gehören die falsche Zeit, der falsche Ort, die falschen (oder unsichtbaren) Drahtzieher/ Verursacher eines Ereignisses, die falsche Reihenfolge, die reine Erfindung, die Viertel-, Halb- und Dreiviertel-Lüge, gefälschte Dokumente, gefälschte archäologische Funde, unkorrekte mündliche Überlieferungen, geschönte Darstellungen, Auslassungen, Hinzufügungen, „Erscheinungen", die nicht beweisbar sind, falsch aussagende oder frei erfundene Zeugen, „Geschichts-Philosophien" und einiges mehr.

Vor-Logik 4

„Geschichts-Philosophien“ wurden meist nur deshalb formuliert, um mental zu herrschen.

Erläuterung: Unter einer „Geschichts-Philosophie“ versteht man die angeblich „einzig richtige Art und Weise, wie man Geschichte darzustellen hat.“

Eine „Geschichts-Philosophie“ sucht von vorneherein festzuklopfen 1. wie Geschichte vorgeblich voranschreitet und 2. was das angebliche Ziel der Geschichte ist.

Beispiele: der Marxismus, der Nationalsozialismus oder die jüdisch, christlich oder islamisch motivierte Geschichtsschreibung

Folgesatz

Die meisten „Geschichts-Philosophien“ werden dazu benutzt, um der eigenen Weltanschauung, Ideologie oder Theologie als Magd zu dienen.

Vor-Logik 5

Wenn man „Geschichte“ nur oberflächlich betrachtet und sich die gerade genehmen Daten und Informationen herauspickt, kann man alles und nichts beweisen, denn das Meer der Daten ist unendlich.

Vor-Logik 6

Eine Geschichtsschreibung, die nur das Datenmaterial einiger weniger Länder und Kulturen ins Visier nimmt und auswertet, begrenzt sich selbst und verzichtet darauf, wertvollste Erkenntnisse festzuschreiben und *Gesetze der Geschichte* zu etablieren.

Vor-Logik 7

Ein „Gesetz der Geschichte“ verdient erst dann diesen Namen, wenn es mit zahlreichen Beispielen aus der Historie selbst untermauert werden kann.

Vor-Logik 8

Nichts geschieht „zufällig“ in der Geschichte.

Folgesatz

Wenn ein Historiker ein Geschehnis auf einen „Zufall“ zurückführt, hat er gewöhnlich nicht intensiv genug recherchiert.

Folgesatz

Je genauer man den oder die Verursacher eines Ereignisses ausmachen kann, umso höher steht die Geschichtsschreibung in qualitativer Hinsicht.

Folgesatz

Die „Geographie" oder andere äußere Umstände für geschichtliche Ereignisse verantwortlich zu machen, ist eine Fehlanalyse und heißt nur, dass man den oder die Verursacher nicht kennt.

Beispiel: Die Hochkultur des alten Ägyptens allein mit der Existenz des Nils erklären zu wollen, ist eine klassische Fehlanalyse, denn es gibt 1000 andere ähnliche geographisch vorteilhafte Lagen.

Vor-Logik 9

Jede „Geschichtswissenschaft", die Informationen und Gesetze/Lehren zur Verfügung stellt, welche künftige destruktive Entwicklungen vermeiden hilft und umgekehrt konstruktive Entwicklungen fördert, ist meilenweit über jeder „Geschichtswissenschaft" angesiedelt, die nur Daten sammelt, Daten nicht auswertet und in keine Gesetze/Lehren einmünden lässt und keine Schlüsse zieht.

Folgesatz

Wenn „Geschichte" zu einer Anwendungs-Wissenschaft aufsteigt, wird sie einen enormen Einfluss auf die Zukunft nehmen und Zukunft stärker in positiver Weise verändern können als viele andere Wissenschaften.

DIE AXIOME

Unterteilen wir die verschiedenen Lehrsätze in sechs Teile und unterscheiden wir nun zwischen

1. Basis-Axiomen, verknüpft mit Fragestellungen rund um die „Macht",
2. dem Thema *Aufstieg und Verfall* von Ländern und Reichen,
3. unterschiedlichen Regierungsformen,
4. den Themen *Krieg und Frieden* und
5. *Steuern* und schließen wir mit den
6. geschichtlichen Gesetzen zur Religion.

Natürlich sind all diese Themen immer eng miteinander verknüpft, aber eine Differenzierung erleichtert uns den Überblick und lehrt uns weiter, dass man *Geschichte* von höchst unterschiedlichen Gesichtspunkten aus betrachten und angehen kann.

BASIS-AXIOME UND AXIOME ZUM THEMA MACHT

Axiom 1
Es gibt keine Automatik in der Geschichte.

Axiom 2
Geschichte kann beeinflusst und in ihrem Lauf vollständig verändert werden durch die Einzelpersönlichkeit.

Axiom 3
Individuen, nicht Massen, machen Geschichte.

Axiom 4
Die machtvollsten Waffen der Einzelpersönlichkeit, den Lauf der Geschichte zu verändern, bestehen 1. in der Rede und 2. in der Bildung eines verschworenen, loyalen Zirkels oder einer Elitegruppe.
Beispiele für Elitegruppen: die Janitscharen, die Tempelritter, die Jesuiten, die Freimaurer
Das sind die wichtigsten Kennzeichen von Elitezirkeln:
Härteste Auswahlverfahren, höchste Anforderungen, eiserne Disziplin, unbedingter Gehorsam, hierarchische Systeme.
Die *Führungspersönlichkeit* an der Spitze (General, Aga, Hochgradfreimaurer etc.) genießt höchsten Respekt, Ehrfurcht und Verehrung. Einen das menschliche Maß übersteigernder, legendärer Einsatz ist weiteres Kennzeichen von Elitegruppen, sowie *eigene Codices und Ideale.* Es existieren klar formulierte *Ziele,* die kompromisslos verfolgt werden. Die Ziele werden immer und immer wieder beschworen und wach gehalten.
Elitegruppen besitzen ihre eigene *Ästhetik.*
Eliteteams werden durch *intensivste Kommunikation* geschmiedet.
Immer winkt den Spitzenmitgliedern hoher Lohn. Der hohe Lohn kann geistiger Art sein (der Himmel) oder materieller Art; es gibt *Anreizsysteme und Auszeichnungen.*
Mitglieder von Elitesystemen werden gewöhnlich zur *Geheimhaltung* und Verschwiegenheit von Plänen verpflichtet.

Axiom 5
Mit Eliteteams kann man ein ganzes Land oder einen Planeten erobern, in militärischer, geheimdienstlicher, ökonomischer, intellektueller, mentaler, kultureller oder finanzieller Hinsicht.

Axiom 6
Macht an sich ist wertneutral und grundsätzlich weder gut noch böse.

Axiom 7
Die Rückführung der Macht auf Götter oder einen Gott ist eine Methode, mentale Macht über den Kollektivverstand eines Volkes zu etablieren.
Folgesatz
Der älteste Trick der Macht besteht darin, die Priester zu bestechen, so dass sie die Göttlichkeit einer Person oder Dynastie bestätigen – oder zumindest die Zustimmung des „Himmels“ garantieren.
Beispiele: Alexander der Große, die Kaiser und Könige des Mittelalters, Napoleon

Axiom 8
Man kann unterscheiden zwischen
der *spirituellen Macht*,
der *mentalen Macht*,
der *Macht des Geldes und des Besitzes* und
der Macht, die auf *physischen und physikalischen* Umständen beruht (Waffen und Soldaten).
Das ist die übliche Hierarchie:
Spirituelle Macht steht über mentaler Macht, diese ist über der Macht des Geldes angesiedelt und jene herrscht über die physikalische Macht.
Folgesatz
Die entscheidenden Schlachten um die Macht werden in den Köpfen geschlagen (= spirituelle plus mentale Macht), und immer bevor die eigentliche (physikalische) Schlacht stattfindet.
Folgesatz
Wer die spirituelle/ mentale Schlacht gewinnt, siegt fast immer in der physikalischen Schlacht.

Axiom 9
Das sind die Methoden der *spirituellen Macht*:
***Absicht:* Wille, Entscheidungen, Beschlüsse, Durchhaltevermögen;**
***Ethik:* die Betrachtung des Wohles für die Mehrzahl der Betroffenen;**
***Kommunikation:* die lebendig ist, unverstellt, ehrlich, offen, direkt, unmittelbar und einen hohen Wahrheitsgehalt aufweist;**
***Ideen:* Phantasie**

Axiom 10
Das sind die Methoden der *mentalen Macht*:

- **Die Etablierung einer Religion, Ideologie oder Weltanschauung, wozu unter anderem Berichte, Bücher, Traktate, Mythen und Mythologien gehören,**
- **Public Relations, die Medien, und mit ihnen rhetorische, argumentative und schriftstellerische Techniken, sowie Ton- und Bild-Techniken,**
- **Motivations-Techniken,**
- **die Entwicklung von Strategien und Taktiken sowie**
- **die Entwicklung neuer Technologien.**

Grundsätzlich gibt es weiße und schwarze Techniken der mentalen Macht.
Beispiel: Die Veröffentlichung der Wahrheit contra Hypnose

Axiom 11
Diese Methoden führen zur Erringung der Macht:
Die Etablierung einer sicheren Basis (Hausmacht),
die Kooperation mit Meinungsführern und Machthabern,
der intelligente Einsatz der spirituellen, mentalen, finanziellen und physikalischen Macht-Methoden,
Zeremonien, Ernennungen, Auszeichnungen, Kompetenz und
die Etablierung einer funktionierenden Organisation.

Axiom 12
Die Förderung der Wirtschaft, eine höhere Gerechtigkeit, Ordnung, eine Spitzenverwaltung, geschickte Bündnisse und Frieden sind die wichtigsten Bestandteile, um einen Staat nach „oben" zu katapultieren und „Macht" zu etablieren.
Beispiel: Friedrich II. , der Staufer, Rudolf von Habsburg

Axiom 13
Macht ist nur dann auf Dauer aufrechtzuerhalten, wenn vorzeigbare Leistungen existieren.
Folgesatz
Die wichtigste vorzeigbare Leistung ist die Blüte der Wirtschaft.
Folgesatz
Die bedeutsamsten neuen Richtlinien, die nach einem Machtwechsel rasch etabliert werden müssen, sind Richtlinien, die die Wirtschaft zu einem neuen Aufschwung führt.

Axiom 14
Staatskunst besteht darin, je und je auch Konkurrenten einzubinden, statt sie zu bekämpfen.
Folgesatz
Machtabgabe an potentielle Konkurrenten besänftigt diese für den Augenblick, aber stärkt sie auf Dauer und macht sie manchmal zu einem gefährlicheren Gegner in der Zukunft.
Beispiele: Die Zugeständnisse in puncto Macht seitens der deutschen Kaiser an die Aristokratie, den Papst und die Bischöfe im Mittelalter

Axiom 15
Wer durch Verrat regiert, erntet Verrat.
Wer einmal verrät, wird auch ein zweites Mal verraten.
Aktionspostulat
Vertraue niemals zweimal.
Beispiel: Die wiederholten Putschversuche unter Ludwig XIII. von Frankreich durch die gleichen Akteure
Der Umkehrschluss gilt ebenfalls:
Loyalität erzeugt Loyalität.
Beispiel: Heinrich V., viele Könige des Mittelalters

Folgesatz
Das Delegieren von Macht an eine vorher von der Macht ausgeschlossene, befähigte Klasse kreiert besonders große Loyalität.
Beispiel: Die Administration unter einigen römischen Kaisern

Axiom 16
Sofern höchste Staatskunst darin besteht, den eigenen Machtbereich zu erweitern, so sind die intelligentesten Methoden Neugründungen, Erbschaften, Heiraten, verlockende Kaufangebote, die Mittel der Diplomatie, Vereinbarungen, Bündnisse und die Nutzung der Phantasie.
Beispiel: Die Operationsweise vieler Habsburger

Axiom 17
Die Ausbildung und die Entwicklung neuer Technologien sind die beiden wichtigsten Faktoren, wenn über die fernere Zukunft eines Landes entschieden wird.
Beispiel: Die Innovationen unter den Preußen-Königen in Deutschland, die USA, Japan und Süd-Korea im 20. und 21. Jahrhundert
Folgesatz
Neue Technologien zu ignorieren, heißt für den Staat, dass er in der Zukunft ins Hintertreffen geraten wird.
Folgesatz
Neue Technologien definieren neue Machtverhältnisse.

Axiom 18
Immer gilt es, einen Vielfrontenkrieg vermeiden (im Innern wie im Äußern), denn er ist zu riskant, wird gewöhnlich verloren und führt zu Machtverlust.

Axiom 19
Schönheit (plus Sex) ist ein Machtfaktor, der scheinbar nur auf der physikalischen Ebene angesiedelt ist, aber Einfluss auf den Verstand (= mentale Macht) haben kann. Etwa 15 % der Macht wird durch Schönheit und/oder Sex verspielt oder riskiert.

Axiom 20

Kleine Staaten können leicht besiegt werden; sie sind Spielbälle im Mächtepoker großer Staaten.

Nur eine geschickte Bündnispolitik kann die Auslöschung oder die Übernahme kleiner Staaten verhindern.

Beispiel: Florenz während der Renaissance unter den Medici

Axiom 21

Neue Routen des Handels führen fast immer zu politischen Machtverschiebungen.

Beispiele: Die Entdeckung Chinas und Amerikas

Axiom 22

Denkt man nur in der physisch-physikalischen Machtkategorie, so gilt dieses scheinbare Paradoxon:

Ohne Geld kann man sich kein Militär leisten, wodurch der Machtverlust wahrscheinlich wird.

Investiert man zu viel Geld in das Militär, muss man hohe Steuern erheben, wodurch der Machtverlust wahrscheinlich wird.

Axiom 23

Die wenigsten Herrscher (Monarchen, Aristokraten und Demokraten) bereiten sich auf die Übergabe der Macht hinreichend vor, ja sie verhindern sie gewöhnlich und leiten damit den Untergang der eigenen politischen Doktrinen und Zukunftsvisionen ein.

Die intelligentesten Herrscher geben Macht rechtzeitig/ auf dem Höhepunkt ab.

Beispiel: Solon von Athen

Aktionspostulat

Nachfolger muss man großziehen, wobei die Kriterien Ethik und Fähigkeit gelten müssen. Idealerweise übergibt man an befähigte und ethische Nachfolger *stufenweise* die Macht, so dass sie ihr Talent unter Beweis stellen können.

Axiom 24

Diese Faktoren machen Umsturzversuche/Putsche/Revolutionen/ Machtwechsel wahrscheinlich: Die Entwicklung eines Polizei- oder

Militärstaates, wirtschaftliche Misserfolge, Unterdrückungen des Volkes, Chaos, Inkompetenz und/oder unethisches Verhalten an der Spitze.
Revolutionen werden ausgelöst durch Hungerrevolten, Armut, offensichtliche Ungerechtigkeiten, zu hohe Steuern und die Unterdrückung des Freiheits-Gedanken.
Beispiele: Die Loslösung der USA von Großbritannien 1776, die Französische Revolution 1789, der Fall des Zarenreiches 1917, der Fall der DDR 1990, die Revolution in Syrien im Jahre 2012

Axiom 25
Putsche sind erfolgreich, wenn es eine (1) entschlossene Führung gibt, (2) das Umfeld mental vorbereitet ist, (3) genügend Meinungsführer auf die neue Linie eingeschwenkt sind und gewonnen wurden, (4) Finanzen und (5) Soldaten/Kämpfer vorhanden sind, (6) der ideale Zeitpunkt etabliert ist, (7) exakt geplant wurde und (8) absolute Geheimhaltung gegeben ist.
Folgesatz
Die Achillesferse eines Putsches ist die absolute Geheimhaltung.
Folgesatz
Die meisten Putschversuche werden vorzeitig entdeckt und enden mit dem Tod der Putschisten.
Folgesatz
Nichtgeplante Spontanrevolten führen selten zum Ziel.
Folgesatz
Folter, Mord, Bestechung, Terror, Unrecht und sogar schon öffentliche Lügen und Hetzreden disqualifizieren einen Putsch oder eine Revolution.
Folgesatz
Da ein Putsch selten ohne Blutvergießen abgeht, klebt Blut an den Händen des neuen Machthabers, was ihn verletzlich macht und seinerseits zum Objekt weiterer Putschversuche.
Folgesatz
Wenn keine exakte Planung existiert, wie *nach* einem Putsch zu verfahren ist, scheitert ein Putsch und/oder Chaos ist die Folge.
Folgesatz
Wenn alte, mächtige Meinungsführer nicht frühzeitig in die neue

Regierung eingebunden werden, kann ein Putsch mit einer gewissen Verzögerung scheitern.

AXIOME ZUM THEMA AUFSTIEG UND VERFALL

Axiom 26
Das ist der Zyklus, dem Zivilisationen, Kulturen, Reiche und Weltreiche ausnahmslos unterliegen:
Sie entstehen, verändern sich und gehen unter.

Axiom 27
Auch Religionen unterliegen dem Zyklus von Geburt, Veränderung und Tod.
Das ist der übliche Zyklus von Religionen:
1 **Beginn/Aufstieg: Höchste Weisheit, Aufruf zu wahrer Ethik**
2 **Fortdauer: Abänderung der ursprünglichen Lehren**
3 **Ende/Verfall: Mangelnde Integrität der Priesterkaste, mentale Kontrolle durch die Priester und finsterster Aberglaube**

Folgesatz
Für den Verfall einer Kultur/Zivilisation sind Priester immer mitverantwortlich.
Kennzeichen des Verfalls sind: Geld- und Besitzgier, Machtgier, Sexgier und die Förderung des Aberglaubens.

Folgesatz
An dem moralisch-ethischen Zustand der Priesterkaste kann man ablesen, in welchem Stadium (des Aufstiegs oder Verfalls) sich eine Kultur/ Zivilisation befindet.

Axiom 28
Es gibt keine Automatik des Verfalls.
Es ist zu jedem Zeitpunkt möglich, den Untergang und Verfall einer Zivilisation oder Kultur aufzuhalten, manchmal Tausende von Jahre.
Beispiele: Die verschiedenen Hochkulturen im alten Indien, das Erscheinen Buddhas und anderer Religions-Stifter, die Geschichte Ägyptens, das Auftreten von „Reformatoren“ zu fast allen Zeiten in fast allen Religionen, sowie weise, ethisch motivierte Herrscher in verschiedenen Zivilisationen

Axiom 29

Für den unmittelbaren Aufstieg einer Nation sind die Schriftsprache (die Alphabetisierung) und die Ausbildung von entscheidender Bedeutung, sowie Know-how und Wissensvorsprung.

Erklärung: Das gilt für viele Gebiete, so unter anderem für die Mathematik, die Geometrie, die Architektur, die Ingenieurskünste, die Agrarwirtschaft, die, Metallurgie, die verschiedenen Handwerke, die Astronomie, die Medizin, die verschiedenen Künste, die Literatur und so fort.

Axiom 30

Wie man einen Staat zur Blüte führt:

PRINZIP NR. 1: INTENSIVSTE FÖRDERUNG DER WIRTSCHAFT

- Richtlinie Nr. 1: Niedrige Steuern
- Richtlinie Nr. 2: Ein geordnetes, gesundes Finanzwesen
- Richtlinie Nr. 3: Außerordentliche Förderung aller Produzierenden
- Richtlinie Nr. 4: Außerordentliche Förderung der Kaufleute und Händler
- Richtlinie Nr. 5: Förderung und Integration aller gesellschaftlich wichtigen Gruppen
- Richtlinie Nr. 6: Kein ausufernder Wohlfahrtsstaat
- Richtlinie Nr. 7: Konsequente Etablierung und Förderung von Handelswegen
- Richtlinie Nr. 8: Verhinderung von Monopolen
- Richtlinie Nr. 9: Handelsethik
- Richtlinie Nr. 10: Liberalität

PRINZIP NR. 2: GERECHTIGKEIT

- Richtlinie Nr. 1: Milde
- Richtlinie Nr. 2: Gleichheit
- Richtlinie Nr. 3: Kampf gegen echte Kriminalität
- Richtlinie Nr. 4: Menschenrechte

PRINZIP NR. 3: INTENSIVSTE BEMÜHUNG UM FRIEDEN bzw. VERMEIDUNG VON KRIEG MIT ALLEN MITELN

PRINZIP NR. 4: ADMINISTRATION DER SPITZENKLASSE

Richtlinie Nr. 1: Fähige und hochethische Beamte

Richtlinie Nr. 2: Keine Aufblähung des Beamtenapparates

PRINZIP NR. 5: FREIHEIT

Richtlinie Nr. 1: Freiheit des Wortes

Richtlinie Nr. 2: Handelsfreiheit, Berufsfreiheit, Freiheit des Wohnortes, die anderen Freiheiten

Richtlinie Nr. 3: Freiheit der Religion

PRINZIP NR. 6: FÖRDERUNG DER KÜNSTE

PRINZIP NR. 7: FÖRDERUNG DER WISSENSCHAFTEN

PRINZIP NR. 8: FÖRDERUNG DER AUSBILDUNG

PRINZIP NR. 9: SCHUTZ DER TIER- UND PFLANZENWELT

PRINZIP NR. 10: VIEL-ARBEIT

Axiom 31

Jede Regierungsform (Monarchie, Aristokratie, Demokratie) entartet im Laufe der Zeit. Ohne Korrektiv endet jede Regierungsform im Verfall.

Aktionspostulat

Vor Entartungen kann man ein Land manchmal verfassungsmäßig schützen und so den Verfall aufhalten.

Axiom 32

Zum Verfall einer Zivilisation tragen bei:

Unordnung, ein gestörtes Wirtschaftsleben, vor allem zu hohe Steuern, Raubbau an der Natur, Perversionen, Sittenlosigkeit, Ausschweifungen und eine Überbetonung des Sexus sowie rohe, brutale Sportarten.

Aktionspostulat

Der Niedergang einer Zivilisation kann aufgehalten werden durch Ordnung, die Förderung der Wirtschaft, niedrige Steuern, den Schutz der Umwelt und Natur, den Schutz der Familie als Institution, den Schutz der Kinder und durch das Verbot brutaler, roher Sportarten.

Axiom 33

In der *Kunst* gilt folgendes Paradoxon:

Reichtum fördert Kunst.

Übermäßiger Reichtum führt zu einer überfeinerten Kultur, zu Luxus, Verfall der Sitten, Verschwendung, Korruption, Verbrechen und einer degenerierten Kunst.

Beispiele: Rom unter einigen Cäsaren, Japan in der Engi-Periode

Auch an den kulturellen und künstlerischen Produkten einer Gesellschaft kann man ablesen, ob sich eine Zivilisation im Stadium des Aufstiegs, der Blüte oder des Verfalls befindet.

Je konstruktiver, überlebensfreundlicher und edler die Ziele sind, die von Künstlern vorgegeben werden, umso länger ist die Zeitspanne, die einer Zivilisation bleibt.

Je degradierter, pessimistischer und sexbesessener Kunst ist, umso näher ist das Ende einer Zivilisation.

Axiom 34

Zum raschen Niedergang eines (Welt-)Reiches führen zu viele Kriege, strategische Überdehnungen, die Missachtung der Menschenrechte, Hierokratien (= Priesterherrschaften) und das Versäumnis, Innovationen zu fördern.

Eine destruktive Persönlichkeit an der Spitze eines Staates/ Reiches kann den Untergang eines Staates/Reiches nicht nur beschleunigen, sondern sogar herbeiführen.

Beispiele: Moctezuma II., Hitler

Folgesatz

Wenn unterworfene Völker eines Reiches nur unterdrückt, ausgebeutet, versklavt und getötet werden, stehen selbst Weltreiche auf tönernen Füßen und fallen rasch auseinander.

Beispiele: Das Schicksal des Sowjetreiches im 20. Jahrhundert, das erstaunlich rasch auseinanderfiel, weil es umliegende Völkerschaften nur unterdrückt hatte; das Reich der Azteken, die andere Indianerstämme ebenfalls nur unterdrückt hatten und deshalb rasch besiegt werden konnten.

Gegenbeispiele: Das alte Rom, das unterworfenen Völkerschaften zeitweise Rechte zugestand und deshalb den eigenen Niedergang aufhielt; die Operationsweise der USA in Bezug auf Deutschland und Japan, die beiden Ländern Hilfe nach dem Zweiten Weltkrieg angedeihen ließ

Axiom 35

Je abergläubischer eine Gesellschaft/Nation ist, umso leichter kann sie besiegt werden und desto früher verschwindet sie aus der Geschichte.

Beispiele: Die Historie Indiens, die Endphase des Aztekenreiches, die Begegnungen des Kolumbus und des Cortez mit vielen Indianerstämmen, das Schicksal der Aborigines in Australien

Axiom 36

Ein Volk, das über einen sehr langen Zeitraum in Sklaverei und/oder unter der Fuchtel unterdrückerischer Priester lebt, ist spirituell und mental längst untergegangen.

Aktionspostulat

Selbst in diesem Fall gibt es Methoden, ein Volk aus diesem Zustand wieder herauszuführen, die mit den Techniken der Public Relations

zu tun haben, der Aufklärung, der Ausbildung und der Gesetzgebung.
Beispiele: Das alte Ägypten und Indien heute

Axiom 37
Da es keine Automatik des Verfalls gibt, sind viele „Renaissancen" innerhalb eines Reiches/Volkes möglich.
Der (Wieder-)Aufschwung eines Staates (Renaissance) beginnt mit einer Reform der Schulen und Universitäten. Wenn sie allen zugänglich sind und höchstes Niveau haben, so löst das eine intellektuelle und wirtschaftliche Explosion aus.
Die Wirtschaft/der Staat nimmt weiter einen enormen Aufschwung, wenn man die Infrastruktur (Flüsse, Kanäle, Straßen usw.) ausbaut, von Hindernissen befreit (Zölle, Abgaben usw.), liberal ist in Wirtschaftsfragen und Wirtschafts-Kommunikation verschnellert und erleichtert.
Folgesatz
Alle gesetzlichen Regelungen, die die Wirtschaft behindern, führen zu einem Niedergang der Wirtschaft und damit des gesamten Landes. Je mehr Freiheiten in der Wirtschaft existieren, umso schneller kann in einem Land eine neue Blüte herbeigeführt werden.
Folgesatz
Eine kleine, kompetente politische Verwaltung, die wirtschaftsfreundlich ist, führt zur Blüte, eine ausufernde, zu große, inkompetente (oder gar korrupte) Verwaltung mit zu vielen Gesetzen, Kompliziertheiten und Regelungen zum Niedergang.
Beispiel: Die Anstrengungen von Humboldt, Stein und Hardenberg

Axiom 38
Freiheit ist die wichtigste Voraussetzung, wenn man einen Staat zu einer neuerlichen Blüte (Renaissance) führen will.
Beispiele: Die neuen „Freiheiten" in Preußen: Die Bauernbefreiung, die Aufhebung der Leibeigenschaft, die Gleichstellung der Juden, die Selbstverwaltung der Städte, die Gewerbefreiheit, die Berufsfreiheit, die Lernfreiheit; die „Renaissance" in Italien im 16. Jahrhundert mit ihren neuen Freiheiten in Religion, Philosophie, Literatur und Kunst
Der Umkehrsatz gilt ebenfalls:

Wenn bestimmte Gruppierungen eines Staates von wirklicher Freiheit ausgeschlossen werden und/oder keine Stimme besitzen, was die Zukunft eines Landes angeht, verzichtet der Staat auf wichtige Kräfte, was zum Niedergang des Staates führt.
Beispiele: Die Degradierung der Frau in einigen arabisch-muslimischen Ländern, das Kastensystem in Indien
Folgesatz
Nichts ist wichtiger für „Renaissancen" (Reformen) als eine *Verfassung*, die die verschiedenen Freiheiten unabänderlich festschreibt.

AXIOME ZU DEN VERSCHIEDENEN REGIERUNGSFORMEN

Axiom 39
In der Realität gibt es keine vollkommene Regierungsform.
In der Idealität gibt es eine Annäherung an die vollkommene Regierungsform.
Folgesatz
Es gibt keine optimale Regierung. Es gibt nur eine Annäherung an die optimale Regierung.

Axiom 40
Die Regierungsform, die uns in der Geschichte am häufigsten begegnet, ist die Monarchie.
Sie besitzt den Vorteil, sehr rasch eine Ausrichtung aller gesellschaftlichen Kräfte (Vektoren) herbeiführen und Ordnung schaffen zu können.
Die Monarchie ist die stabilste Regierungsform, weshalb immer wieder auf sie zurückgegriffen wird.

Axiom 41
Ein guter Monarch kann einen Staat/ein Land in kürzester Zeit nach „oben" führen, ein schlechter Monarch in kürzester Zeit nach „unten".
Folgesatz
Die Qualität eines Monarchen kann man rasch etablieren, wenn man ihn an den Prinzipien und Richtlinien des Axioms 30 misst.

Folgesatz

In etwa 20 % aller Fälle funktioniert die Monarchie gut, zu etwa 60 % entartet die Monarchie und/oder begehen Monarchen bedeutende Fehler.

Beispiele: China, Persien, Rom, Byzanz, Frankreich, England, Russland, Deutschland

Axiom 42

Der Erfolg einer Monarchie hängt vollständig davon ab, inwieweit ein Herrscher in der Lage ist, höchst befähigte und ethische Spitzenadministratoren einzusetzen.

Folgesatz

Ein Monarch oder ein Staatsmann, der keine Administration der Spitzenklasse einfordert, wird an seinen eigenen Leuten scheitern.

Axiom 43

Größenwahn und Cäsarenwahn, Krieg, wirtschaftlicher Niedergang, zu hohe Steuern, Ungerechtigkeiten, Willkürlichkeiten, Promiskuität und sexuelle Perversionen, Genusssucht und Eitelkeiten zerstören eine Monarchie.

Folgesatz

Die höchste Gefahr für den Monarchen ist die Betonung der eigenen Bedeutung kombiniert mit Arroganz sowie dem Glauben, mehr und „größer" zu sein als andere Menschen.

Äußere Kennzeichen für diese mentale Krankheit:

Prunkbauten, ausufernde Etikette, Kriege und Morde, Verschwendung und Speichellecker am Hofe.

Beispiele: Nero, Ludwig XIV., die spanischen Könige Phlipp II., III., IV., die osmanischen Sultanate, Peter „der Grosse", Heinrich VIII. von England

Folgesatz

Der Ohrenbläser oder Schmeichler ist die gefährlichste Gattung von Diener für den Monarchen, weil er die Egomanie fördert und dazu beiträgt, Realitäten zu verkennen.

Axiom 44
„Macht“ korrumpiert in den meisten Fällen die menschliche Seele.
Folgesatz
Ein Alleinherrscher muss Macht abgeben können, wenn er gut regieren und im Bett sterben will. Der intelligente Herrscher arbeitet unaufhörlich daran, Macht zu delegieren.
Folgesatz
Monarchie, soll sie auf Dauer funktionieren, muss in ihrer Macht beschnitten werden, sie muss einer Konstitution/Verfassung und Menschenrechten verpflichtet sein.

Axiom 45
Erbmonarchien tragen den Keim der Zerstörung in sich selbst. Früher oder später gelangt ein Herrscher auf den Thron, der nicht weiß, wie man regiert.
Die beste Methode, eine Monarchie am Leben zu erhalten, besteht darin, das Adoptionsprinzip in der Nachfolgefrage einzuführen.
Beispiel: Eine Reihe guter Herrscher im alten Rom

Axiom 46
Die Entartungsform der Monarchie nennt man Diktatur oder Tyrannei.
Ein Diktator/Tyrann kann sich nur dann auf den Thron schwingen, wenn ein Volk seine Freiheit nicht mehr über alles stellt und in Angst befangen ist; die brutale Hand des Diktators kann es dann unterjochen.
Beispiele: Russland unter Stalin, Rumänien unter Ceaucescu, der Irak unter Saddam Hussein, Syrien unter Assad
Folgesatz
Ein Volk besitzt die Regierung, die es verdient.

Axiom 47
Diktaturen tragen in sich bereits den Keim der Selbstzerstörung, weil sie konstruktive politische Prinzipien, die das „Überleben“ eines Staates überhaupt ermöglichen (Freiheit, Gleichheit vor dem Gesetz, Gerechtigkeit und so fort), mit Füßen treten.

Folgesatz

Die Planwirtschaft einer Diktatur ist der freien Marktwirtschaft auf Dauer immer unterlegen.

Beispiele: Die Kaiser-Diktatur Diokletians im alten Rom, die osteuropäischen Staaten und Russland im 20. Jahrhundert

Niemand arbeitet härter an der Beseitigung einer Diktatur als die objektiven wirtschaftlichen Umstände.

Folgesatz

Diktaturen können nur mit umfangreichen Spitzelsystemen und teuren Armeen aufrechterhalten werden; da diese Unsummen von Geld verschlingen, vernichtet sich das Prinzip Diktatur am Schluss selbst.

Axiom 48

Tyrannen/Diktatoren verabschieden sich erst dann die Macht ab, wenn sie beseitigt worden sind.

Aktionspostulat

Es ist eine Unterlassung und politische Todsünde, einen Diktator nicht zu stürzen oder ihm zumindest die Unterstützung zu verweigern.

Diktaturen sind nur scheinbar stark.

Das Wort ist grundsätzlich stärker als das Gewehr, das Mikrofon gefährlicher als eine Granate, die Kamera sieht schärfer als ein Zielfernrohr und die Wahrheit ist stärker als die Lüge.

Axiom 49

Fast immer folgt auf den Tod eines Diktators das Chaos.

Axiom 50

„Aristokratie" bedeutet ursprünglich die „Herrschaft der Besten".

Es gab in der Geschichte militärische Aristokratien, Priester-Herrschaften und die Herrschaften von Kaufleuten unter anderem.

Die am besten funktionierende Form der Aristokratie ist die Herrschaft von Kaufleuten.

Beispiele: Venedig im 9. – bis 12. Jahrhundert, die Hanse im 15. und 16. Jahrhundert, die Niederlange im 17. Jahrhundert.

Axiom 51
Handels-Aristokratien führen eine unendliche Blüte herbei, wenn Freiheit großgeschrieben wird, das gesamte Volk integriert und Krieg vermieden wird, Toleranz gegeben ist und stabile Gesetze und Ordnung herrschen.

Axiom 52
Aristokratien zerstören sich selbst, sobald das Volk nicht integriert oder sogar unterdrückt wird, Reichtum und Macht nur einer kleinen Clique vorbehalten bleiben, Kriege geführt werden, um Handelsvorteile zu zementieren und die Freiheit verloren geht.
Weiter sterben Aristokratien, sobald Privilegien zu einem müßiggängerischen Schmarotzerdasein genutzt werden, Promiskuität und sexuelle Perversionen Einzug halten und die Vorbildfunktion verlorengeht.

Axiom 53
Die größten Vorteile der Demokratie bestehen darin, dass die Kräfte *aller* eingebunden werden, eine prinzipielle Chancengleichheit besteht, auch in wirtschaftlicher Hinsicht, Kriege seltener geführt werden, Freiheit großgeschrieben wird und üblicherweise eine relative Toleranz gegeben ist.
Die Beschneidung der Macht (Legislative, Exekutive, Judikative) sowie die regelmäßige Ablösung des Kanzlers oder Präsidenten verhindern schließlich oft, aber nicht immer, Cliquenwirtschaften und die hemmungslose Ausnutzung von Machtvorteilen.

Axiom 54
Demokratien blühen und gedeihen am besten, wenn eine größtmögliche Annäherung an die Prinzipien und Richtlinien von Axiom 30 gegeben ist.
Speziell die *intensive Förderung der Wirtschaft* und die verschiedenen *Freiheiten* sind von Bedeutung.
Folgesatz
Bürger erwarten in einer Demokratie vor allem wirtschaftliche Erfolge, an denen alle teilhaben können.
Um sich greifende Armut wird als Nichterfolg in den Augen der Re-

gierten gewertet, sich mehrender Wohlstand dagegen als Erfolg. Bleibt der wirtschaftliche Erfolg aus, wird eine Regierung abgewählt. Beispiele: Die ständig wechselnden Regierungen in der Weimarer Republik.

Axiom 55
Je freier ein Volk, umso höher ist das Engagement jedes Einzelnen, und umso höher sind die Gesamtstatistiken eines Staates, denn ein Staat ist nie mehr als die Summe seiner Bürger.
Folgesatz
Freiheit schafft Wohlstand, Sklaverei Armut.
Folgesatz
Das Gegenteil der Freiheit ist der Polizeistaat, die Überwachung durch Geheimdienste, Über-Reglementierungen und zahllose Gesetze.
Folgesatz
Es ist ein üblicher Fehler in Demokratien, die Freiheiten aller zu beschneiden, nur weil einige wenige Kriminelle Schaden angerichtet haben.
Folgesatz
Wenige Gesetze sind gewöhnlich besser als zu viele Gesetze.
Folgesatz
Wenn zu häufig neue und zu viele Gesetze erlassen werden, so schränkt das Freiheiten ein.
Aktionspostulat
Wenn ein Gesetz nach zwei Jahren nicht funktioniert, sollte es abgeschafft werden.
Folgesatz
Es ist der Trick von diktatorisch veranlagten Demokraten, Freiheiten zu beschneiden, um angeblich höhere Sicherheit zu gewährleisten.
Folgesatz
In wirklichen Demokratien werden die Freiheiten bis aufs Messer verteidigt.

Folgesatz
Die Achillesferse der Freiheit ist der Missbrauch der Freiheit. Wenn diesem Missbrauch nicht vorgebeugt wird, entartet „Freiheit“ (= der Freiheitsgedanke wird pervertiert) und ein Volk oder ein Staat marschiert in Richtung Niedergang.
Folgesatz
Wenn Freiheit zu viel Chaos zeitigt, wird die Tyrannei begrüßt.

Axiom 56
Die größte Achillesferse der Demokratie ist der direkte oder indirekte Kauf von Stimmen durch „Wahlversprechen“, wodurch der „Wohlfahrtsstaat“ geboren wird, der auf Dauer nicht finanzierbar ist, zu hohe Steuern nach sich zieht und zum Untergang der Demokratie führt.
Folgesatz
Wenn sich das Volk kaufen oder durch Wahlversprechen ködern lässt, vernichtet es auf Dauer seine eigene Macht.
Folgesatz
Wenn der Unproduktive belohnt wird (er erhält für Nichts Etwas) und der Produktive bestraft wird (durch zu hohe Steuern), fördert das eine Perversion des Denkens und Handelns und zerstört auf Dauer die Demokratie, weil damit nicht nur gegen den Gerechtigkeitssinn verstoßen wird, sondern man auch gegen die (überlebensfreundlichen) Prinzipien und Richtlinien von Axiom 30 verstößt.

Axiom 57
Schlägt das Pendel innerhalb einer Demokratie zu weit nach „rechts“ oder „links“ aus oder wird nur eine der beiden großen Gruppierungen durch die Demokratie vertreten (= Erfolgreiche contra Niedrigverdiener) kehrt sich das Pendel nach einiger Zeit automatisch um und bewegt sich in die jeweils andere Richtung.
Beispiele: Die Ereignisse während der Französischen Revolution, die ständige Abwechslung von linken und rechten Regierungen in Europa und in den USA im 19., 20. und 21. Jahrhundert
Folgesatz
Ungezügelter Kapitalismus funktioniert ebenso wenig wie ungezügelter Sozialismus.

Aktionspostulat

Eine konstruktive Führungspersönlichkeit bekämpft immer die Armut, aber nicht auf eine Weise, dass der Erfolgreiche durch zu hohe Steuern bestohlen wird.

Axiom 58

Weitere Gefahrenquellen der Demokratie sind: sorgloser Umgang mit Steuergeldern, zu hohe Staatsverschuldung, Abhängigkeit von Banken, Inflation, ein zu großer und unbeweglicher Beamtenapparat (Bürokratie), der verheerende Einfluss der Medien (Medienkratie), zu viele Gesetze und Verordnungen (Jurokratie), der heimliche und offene Lobbyismus der Großkonzerne, Monopolisierung oder Oligopolisierung ganzer Wirtschaftszweige, die Einigung auf den kleinsten gemeinsamen Nenner, der Parteienstaat und das Verzögern von notwendigen Entscheidungen.

Axiom 59

Die Entartung der Demokratie nennt man Pöbelherrschaft oder Ochlokratie.
Für die Entartung sind ausnahmslos destruktive Persönlichkeiten im politischen Raum verantwortlich, die bei genauer Analyse exakt identifiziert werden können.

Axiom 60

Diese Umstände begünstigen in einer Demokratie eine Diktatur und den Ruf nach einem „starken Mann“:
Überwältigende Armut und Hunger, horrende Arbeitslosigkeit, Chaos, ständig wechselnde Regierungen, Konfusion und Orientierungslosigkeit.
Beispiele: Beginn der Sung-Dynastie in China, Die Weimarer Republik mit Adolf Hitler

Axiom 61

Radikale Kräfte werden alles tun, um das Chaos zu schüren, denn darin besteht ihre einzige Chance, die Macht zu ergreifen.

Folgesatz

Wenn Demokraten in einer chaotischen Situation nicht zusammenstehen und ihre Differenzen beilegen, riskieren sie die Demokratie.

Folgesatz und Aktionspostulat

Es ist ein Fehler, politisch-radikalen Kräften Freiheiten zuzugestehen, denn sie werden eben diese Freiheiten nur dazu missbrauchen, die Demokratie (und damit die Freiheit selbst) auszuhebeln.

Wenn demokratiefeindlichen Gruppierungen die Vorteile der Demokratie gewährt werden, riskiert man die Demokratie.

Beispiel: Das Verhalten der Nazis und der Kommunisten während der Weimarer Republik

Axiom 62

Oft folgt auf die Monarchie die Diktatur/auf die Aristokratie ihre Entartungsform/ und auf die Demokratie die Ochlokratie.

Eine konstruktive oder destruktive Persönlichkeit im politischen Raum kann dieser scheinbaren Automatik entgegenwirken.

Axiom 63

Jede Herrschaftsform besitzt ihre besonderen Stärken und Schwächen.

Die beste Regierungsform?

Wenn Ethik auf dem „Thron“ sitzt oder eine konstruktive Persönlichkeit im politischen Raum herrscht.

Ethik sorgt für das größte Wohl der größten Anzahl.

Folgesatz

Konstruktive und destruktive Persönlichkeiten treten sowohl im Rahmen der Monarchie, der Aristokratie und der Demokratie auf.

Axiom 64

Geschichte ist immer ein Kampf zwischen konstruktiven und destruktiven

Persönlichkeiten und insofern ein ewiger Kampf zwischen „Gut“ und „Böse“

AXIOME ZU DEM THEMA *KRIEG UND FRIEDEN*

Axiom 65

Die schlimmste Geißel der Menschheit ist der Krieg.
Etwa 98% aller Kriege sind ungerechte Kriege.
Angriffskriege sind Verbrechen an der Menschheit.

Axiom 66

Krieg muss einem Volk mittels Manipulations-Techniken verkauft werden; dazu gehört der Hass auf einen Gegner.

Folgesatz

Das wahre Gesicht des Krieges wird von Kriegstreibern stets gut versteckt.

Das wahre Gesicht des Krieges: Mord, Massenmord, Totschlag, Verkrüppelungen, Krankheiten Vertreibungen, Deportationen, Hunger, Armut, Vernichtung von Sachwerten und Vergewaltigungen

Folgesatz

Der Krieg wird mit angeblichen Tugenden (wie Tapferkeit und Mut) schöngeredet, weiter gern mit „Vaterlandsliebe“ und religiösen Motiven gerechtfertigt.

Folgesatz

Die Künste (Musik, Malerei, Schriftstellerei und so weiter) und/oder die Rhetorik werden immer missbraucht, um dem Krieg ein ästhetisches Mäntelchen umzuhängen.

Axiom 67

Ein gewonnener Krieg trägt fast immer den Keim zu einem neuen Krieg in sich selbst. Der größte Schaden, den ein gewonnener Krieg anrichtet, ist der Hass der Verlierer, die, sofern sie nicht ausgerottet und völlig vernichtet oder intelligent integriert werden, gewöhnlich nur auf die nächstbeste Gelegenheit warten, um wieder zurückzuschlagen.

Axiom 68

Wird in einem „Frieden“ ein Volk zu sehr in seinem Stolz verletzt und wird sein Selbstbestimmungsrecht ignoriert, so kreiert das politischen Sprengstoff und macht weitere Kriege wahrscheinlich.

Beispiele: Einige Kriege der Römer gegen die Germanen, die Kriege Friedrichs des Großen/Preußens gegen Maria Theresia/Österreich (1740–1763), verschiedene Friedensdiktate unter Napoleon, die andauernden Kriege zwischen den USA und Mexiko im 19. Jahrhundert, der Versailler Frieden 1918, die Situation auf dem Balkan in verschiedenen Jahrhunderten

Axiom 69

Kriege sind immer destruktiv, sogar wenn sie gewonnen werden, denn sie schaffen falsche Ideale und falsche Helden, an denen sich kommende Generationen orientieren.

Beispiel: Die Vergötterung Friedrichs des Großen, die Idealisierung Moltkes des Älteren und die positive Beurteilung Bismarcks

Axiom 70

Hohe Militär-Ausgaben, „fortschrittliche" Waffen-Technologien und eine große Anzahl von Soldaten machen Kriege wahrscheinlicher.

Beispiele: Persiens Militärmacht, Roms Militärmacht, die Geschichte Preußens, die Kriege der UdSSR, die USA heute

Axiom 71

Der Eingott-Glaube kann zur Intoleranz erziehen, die Vielgötterei ist toleranter in Bezug auf andere Glaubensbekenntnisse.

Je furchtbarer, unversöhnlicher, zorniger, hassbereiter, rachsüchtiger, mächtiger und kriegerischer ein Gott ist, desto wahrscheinlicher sind Kriege.

Axiom 72

Religionen befürworten gewöhnlich den Frieden.

Eine in ihren Ursprüngen friedfertige Religion kann in ihr völliges Gegenteil verkehrt werden, sobald sich destruktive Persönlichkeiten an ihre Spitze setzen.

Folgesatz

Religion wird gerne vorgeschoben, um machtpolitische Interessen zu vertreten, sie besitzt eine Rechtfertigungs-Funktion, um in einen Krieg einzutreten.

Axiom 73
Religiöse Toleranz verhindert Kriege.
Religiöse Intoleranz führt Kriege herbei.

Axiom 74
Mit einer destruktiven politischen Doktrin allein kann man Kriege gutheißen und herbeireden.
Beispiel: Die Doktrin des Kommunismus vom allgegenwärtigen, bösen, internationalen „Imperialismus“
Mit einer konstruktiven poltischen Doktrin allein kann man den Frieden gutheißen und herbeireden.
Beispiele: Konfuzius, Mahatma Gandhi, Martin Luther King, Nelson Mandela

Axiom 75
Die intelligentesten Regierungsmethoden taugen nichts, wenn sie auf ein destruktives Ziel hin ausgerichtet werden, auf den Krieg.
Wenn ein Staat fast seine gesamten Anstrengungen, Ersparnisse und ökonomischen Gewinne in ein Heer steckt, wird zudem ein Krieg unvermeidlich, denn er wird bereits visioniert und postuliert.
Folgesatz
Die Existenz eines starken Heeres allein verführt bereits zum Krieg, denn Soldaten wollen sich auszeichnen und ihren Sinn erfüllen, und ihre Führer wollen das „Kapital“ arbeiten lassen.
Beispiel: Friedrich II., der Große

Axiom 76
Die destruktive Persönlichkeit im politischen Raum, die Kriege befürwortet und herbeiredet, ist auffallend häufig ein fanatisierter, orthodoxer Priester,
der kriegsbegeisterte Militär, der gezielt Zwietracht säende oder einen Krieg befürwortende Geheimdienstler, der Kriegsgewinnler, Waffenhändler und Vertreter der Rüstungs-Industrie, der verhetzende und/oder bestochene Politiker und der Psychiater.
Beispiele für den verderblichen Einfluss der Psychiatrie: Die Militär-Psychiatrie im Ersten Weltkrieg, da „Kriegszitterer“ mit Elektroschocks zurück in den Krieg getrieben wurden, die Psychiatrie unter Hitler, die

die Lehre vom „Untermenschen" populär machte und die verheerende Rolle der Psychiatrie im Bosnien-Krieg.

Axiom 77
Es ist immer die *Einzelpersönlichkeit*, die für Kriege (oder Friedenszeiten) verantwortlich zeichnet.
Aktionspostulat
Will man Kriege verhindern, muss man zwischen der konstruktiven und der destruktiven Persönlichkeit im politischen Raum unterscheiden lernen.

Axiom 78
Das sind die Charakteristiken der destruktiven Persönlichkeit im politischen Raum
CHARAKTERISTIK Nr. 1:
Die destruktive Persönlichkeit im politischen Raum liebt den Krieg, das Töten und den Mord.
CHARAKTERISTIK Nr. 2:
Die destruktive Persönlichkeit im politischen Raum ist vernarrt in Geheimdienste.
CHARAKTERISTIK Nr. 3:
Die destruktive Persönlichkeit im politischen Raum liebt es, in großem Stil zu zerstören.
CHARAKTERISTIK Nr. 4:
Die destruktive Persönlichkeit im politischen Raum herrscht durch Angst.
CHARAKTERISTIK Nr. 5:
Die destruktive Persönlichkeit im politischen Raum wird hart daran arbeiten, einen Hassgegner aufzubauen.
CHARAKTERISTIK Nr. 6:
Die destruktive Persönlichkeit im politischen Raum ist ein Meister der Schwarzen Propaganda und verhetzender rhetorischer Techniken.
CHARAKTERISTIK Nr. 7:
Die destruktive Persönlichkeit im politischen Raum benutzt Ästhetik, um einem Volk falsche, zerstörerische Ziele schmackhaft zu machen.

CHARAKTERISTIK Nr. 8:
Die destruktive Persönlichkeit im politischen Raum hält nichts von Menschenrechten und gewöhnlich nichts von der Würde und der Gleichberechtigung der Frau.
CHARAKTERISTIK Nr. 9:
Die destruktive Persönlichkeit im politischen Raum strotzt vor Eigenwichtigkeit.
CHARAKTERISTIK Nr. 10:
Die destruktive Persönlichkeit im politischen Raum bekämpft heimlich oder offen jede andere Person, die ihr den ersten Platz streitig zu machen sucht, selbst wenn sich diese in der eigenen Partei oder im eigenen Lager befindet.
CHARAKTERISTIK Nr. 11:
Die destruktive Persönlichkeit im politischen Raum wird sich immer über Recht und Gesetz stellen und alles versuchen, um das Gesetz auszuhebeln.
CHARAKTERISTIK Nr. 12:
Die destruktive Persönlichkeit im politischen Raum wird immer heimlich oder offen versuchen, die Freiheit einzuschränken beziehungsweise die verschiedenen Freiheiten zu beschneiden.
CHARAKTERISTIK Nr. 13:
„Divide et impera!" – „Teile und herrsche!" ist das Operationsprinzip der destruktiven Persönlichkeit im politischen Raum.
CHARAKTERISTIK Nr. 14:
Die destruktive Persönlichkeit im politischen Raum wird alles tun, um sich zu tarnen und das Volk über ihre wahren verbrecherischen Absichten im Unklaren zu lassen.
Beispiele für destruktive Persönlichkeiten im politischen Raum: Timur Lenk, Gregor VII., Urban II., Robespierre, Napoleon, Lenin, Stalin, Mao-Tse-Tung, Bismarck und Hitler

Axiom 78
Staatenlenker, die den Krieg verherrlichten, waren ausnahmslos destruktive Persönlichkeiten.

Axiom 79

**Die konstruktive Person im politischen Raum versucht, Verbesserungen für die Mehrzahl der Regierten in die Wege zu leiten,
verteidigt die verschiedenen Freiheiten,
ordnet sich dem Gesetz unter,
verteidigt den Frieden und sucht den Krieg mit allen Mitteln zu verhindern.
Sie arbeitet daran, den Wohlstand des Staates zu mehren,
ist daran interessiert, zu versöhnen statt zu entzweien,
fördert konstruktive Ziele und andere konstruktive Persönlichkeiten und
kämpft für die Menschenrechte und die Würde der Frau.
Sie ist vollständig tolerant in religiösen Belangen.
Sie redet nicht der Angst das Wort, sondern versucht, durch positive Nachrichten aufzufallen.
Sie vermeidet es, den politischen Gegner in der öffentlichen Arena zu schlachten und ist mehr „Staatsmann“, als „Parteifunktionär“.**
Beispiele: Hatschepsut, Salomon der Weise, Aschoka, T`ai Tsung, Solon von Athen, Perikles, Augustus, Nerva, Trajan, Hadrian, Marc Aurel, Ludwig XII. und Heinrich IV. von Frankreich, Elisabeth I., Katharina die Große, Karl II. von Spanien, Papst Benedikt IV., Papst Johannes Paul II., Thomas Jefferson, Ludwig Erhard

Axiom 80

**Die Geschichte des Krieges ist eine Endlos-Geschichte von sich ständig nach oben fortschreibender Waffen-Technologie.
Es gibt keine Waffe, die alle Kriege für immer beendet.**
Beispiele: ABC-Waffen, speziell die Entwicklung der Atombombe

Axiom 81

Schlachten, wiewohl physisch-physikalischer Natur, werden gewonnen oder verloren aufgrund spiritueller, mentaler, geheimdienstlicher, propagandistischer, finanzieller, strategischer und taktischer Faktoren.

Axiom 82

Die physisch-physikalische Überlegenheit wurde zu 90 % innerhalb der bekannten Geschichte des Planeten Erde erst durch die Überlegenheit einer Armee und dann durch die Überlegenheit der Flotte gewährleistet.

Beispiele für den Machtfaktor Flotte: Phönizien, Venedig im 9. bis 12. Jahrhundert, England im 19. Jahrhundert

Das Flugzeug, die Rakete und die Atombombe im 20. Jahrhundert brachten völlig neue Dimensionen und Machtfaktoren ein.

Die Überlegenheit in den folgenden Jahrhunderten wird durch den technologischen Vorsprung definiert werden, der mit dem Weltraum zu tun hat.

Axiom 83

Imperien, durch Kriege hastig zusammengeschustert, zerfallen gewöhnlich schnell wieder und haben selten lange Bestand.

Beispiele: Assyrien, das Reich Alexander des Großen, die ehemalige UdSSR

Axiom 84

Frieden muss hart erarbeitet werden und ist zu keinem Zeitpunkt selbstverständlich.

Folgesatz

Es existiert eine Kunst des Friedens, wie es eine Kunst des Krieges gibt.

Folgende konstruktiven Methoden wurden in der Geschichte benutzt, um Frieden herbeizuführen oder aufrechtzuerhalten:
höchst intensive Kommunikation mit den Nachbarstaaten,
eine (friedliche) rege Diplomatie,
ehrliche wechselseitige Hilfe, besonders auf dem Gebiet der Ausbildung und der Wirtschaft und
wechselseitigen Austausch der künftigen Eliten.

Folgesatz

Echte, kontinuierliche Hilfe, die man den Nachbarstaaten angedeihen lässt, garantiert den Frieden und macht Kriege unmöglich.

Folgesatz

Je intensiver und öfter konstruktive Kommunikation mit den Nach-

barländern stattfindet, desto unwahrscheinlicher werden Kriege und desto sicherer ist der Friede.

Axiom 85
Der innere Frieden wird gewährleistet durch
intensive Kommunikation mit allen Bevölkerungsschichten,
eine hohe Gerechtigkeit, wozu die Wahrung der Menschenrechte gehört,
sowie Besitz-Gerechtigkeit und Steuer-Gerechtigkeit,
Wohlstand, niedrige Steuern und
freundliche, unparteiische, nachsichtige und nur dem Recht verpflichtete Beamte.

Axiom 86
Die Wahrscheinlichkeit des Krieges ist am höchsten in Diktaturen, gut möglich in Monarchien, etwas weniger wahrscheinlich in Aristokratien und seltener in Demokratien und Republiken.

Axiom 87
Militärs denken fast immer in Kategorien, die friedlichen Kategorien teilweise oder vollständig entgegengesetzt sind.
Aktionspostulat
Militärs müssen aus den Spitzenzirkeln der Politik vollständig verbannt werden, denn die Mehrzahl ihrer Vertreter wird jede Gelegenheit nutzen, um einen Krieg herbeizureden.

AXIOME ZUM THEMA STEUERN

Axiom 88
Niedrige Steuern verursachen, dass ein Land, eine Nation oder eine Weltmacht blüht und gedeiht. Hohe Steuern führen zum Niedergang und sind ein Indiz, dass es mit einem Land, einem Reich oder einer Nation bergab geht;
sie beschleunigen den Verfall.

Folgesatz

Die Erhöhung der Steuern und die Definition neuer Steuern sind das Kennzeichen arroganter, törichter und verantwortungsloser Staatenlenker.

Die Herabsetzung der Steuern kennzeichnet dagegen den weitblickenden, klugen und verantwortungsvollen Staatenlenker.

Axiom 89

Das sind die beiden Hauptgründe für zu hohe Steuern, die vorgeschoben werden und dem Volk propagandistisch verkauft werden müssen: Der Krieg und der angeblich notwendige Wohlfahrtsstaat.

Axiom 90

Je mehr Gruppierungen/Institutionen zugestanden wird, Steuern zu erheben, umso drückender sind die Steuern und umso schneller geht es mit einem Land, Volk oder Reich bergab.

Folgesatz

Je weniger Gruppierungen/Institutionen zugestanden wird, Steuern zu erheben, umso besser floriert die Wirtschaft und umso leichter lässt sich ein Aufschwung inszenieren.

Folgesatz

Steuerlich gesehen ist es *im Allgemeinen* vorteilhafter für ein Volk, in kleineren Staatsgebilden zu leben als in größeren Staatsgebilden: Die Anzahl der Institutionen, die Steuern erheben können, ist geringer.

Beispiel: die Schweiz

Aktionspostulat

Will man ernsthaft einen Aufschwung herbeiführen, darf man es nur einer einzigen Institution erlauben, gemäßigte Steuern zu erheben.

Axiom 91

Werden Steuern missbraucht und/oder verschwendet, schürt das den Hass des Volkes und führt zu Protesten und manchmal Revolutionen. Allein die Androhung und Ankündigung, Steuern erhöhen zu wollen, kann eine Revolution auslösen.

Beispiele: Die Reformation, die Französische Revolution

Axiom 92

Steuern besitzen die fatale Eigenschaft, dass sie sich verselbständigen und automatisch erhöhen; selten oder nie wird jedoch die Erhöhung einer Steuer oder eine neue Steuer, die einst aus „guten Gründen" eingeführt wurde, zurückgenommen; sie wird im Gegenteil bei jeder sich bietenden Gelegenheit erhöht.

Aktionspostulat

Die Erhöhung einer Steuer oder neue Steuern sollten immer einer zeitlichen Begrenzung unterliegen.

Axiom 93

Steuern machen Steuer-Behörden notwendig. Diese Steuer-Behörden haben die Tendenz, sich ebenfalls zu verselbständigen, ja aufzublähen, so dass riesige Bürokratien entstehen, die unglaubliche Kosten verursachen und von dem Volk als Unterdrückung empfunden werden.

Beispiel: Zacharias Geizkofler, der von 1598 – 1604 als führender Steuerbeamter des *Heiligen Römischen Reiches* tätig war, um den „Gemeinen Pfennig" einzufordern, standen nur 30 Beamte und 300 Federkiele zur Verfügung. Trotzdem trieb er ehemals 88 % der gesamten Reichssteuern ein

Axiom 94

Einige Methoden, Steuererhöhungen durchzuführen, bestehen darin,

1. **neue, „heimliche" Steuern zu definieren und einzuführen, die unsichtbar bleiben,**
2. **„Abgaben" nicht mit dem Wort „Steuer" zu bezeichnen, obwohl es sich um nichts anderes als eben um *Steuern* handelt,**
3. **Steuern auf Steuern zu erheben oder**
4. **bereits versteuerte Gelder erneut zu besteuern.**

Folgesatz

Irreführende oder verheimlichende Begriffe oder „intelligente" Methoden, Steuern zu erheben, dienen nur dazu, dem Bürger und Verbraucher Sand in die Augen zu streuen. Das Ergebnis: Wirtschaft wird ausgebremst und Blüten w erden verhindert.

Axiom 95

Der Staat ist ein Meister darin, Steuervorteile für bestimmte Gruppierungen zu verschleiern und trotz hoher Steuern, mit der die Allgemeinheit gequält wird, den gerade Herrschenden unanständig hohe steuerliche Vorteile zu gewähren.

Beispiele: 1. Die Steuervorteile des Adels und der Kirche im Mittelalter
2. Die Steuervorteile Bismarcks im 19. Jahrhundert
3. Die Diäten der Abgeordneten in Deutschland heute

Axiom 96

Mittels der „progressiven Besteuerung" wird eine höhere Steuer-Gerechtigkeit suggeriert, aber die Realität beweist, dass dadurch auf Dauer die Mehrzahl der Bürger höhere Steuern zahlen.

Folgesatz:

Um zu vermeiden, in höhere Steuerklassen zu rutschen, verzichten viele Bürger auf Produktion; Arbeit wird aktiv verhindert.

Folgesatz

Um eine höhere Steuerklasse zu vermeiden, hinterziehen viele Bürger Steuern oder favorisieren die Schwarzarbeit; dadurch werden Bürger kriminalisiert.

Folgesatz

Durch die Steuer-Progression schadet sich der Staat selbst, denn auf lange Sicht gesehen verzichtet er damit auf Einnahmen.

Axiom 97

Das ist der Preis, den ein Land für zu hohe Steuern zahlt: Kapitalflucht, Unternehmens-Auslagerungen, in der Folge eine höhere Arbeitslosigkeit und ein genereller Niedergang der Wirtschaft.

AXIOME ZUM THEMA RELIGON

Wiederholen wir zunächst einige Axiome, die wir bereits etabliert haben:

Auch Religionen unterliegen dem Zyklus von Geburt, Veränderung und Tod.
Das ist der übliche Zyklus von Religionen:

1 Beginn/Aufstieg: Höchste Weisheit, Aufruf zu wahrer Ethik
2 Fortdauer: Abänderung der ursprünglichen Lehren
3 Ende/Verfall: Mangelnde Integrität der Priesterkaste, mentale Kontrolle durch die Priester und finsterster Aberglaube

Folgesatz

Für den Verfall einer Kultur/ Zivilisation sind Priester immer mitverantwortlich.
Kennzeichen des Verfalls sind: Geld- und Besitzgier, Machtgier, Sexgier und die Förderung des Aberglaubens.

Folgesatz

An dem moralisch-ethischen Zustand der Priesterkaste kann man ablesen, in welchem Stadium (des Aufstiegs oder Verfalls) sich eine Kultur/ Zivilisation befindet. (Axiom 27)

Der Eingott-Glaube kann zur Intoleranz erziehen, die Vielgötterei ist toleranter in Bezug auf andere Glaubensbekenntnisse.
Je furchtbarer, unversöhnlicher, zorniger, hassbereiter, rachsüchtiger, mächtiger und kriegerischer ein Gott ist, desto wahrscheinlicher sind Kriege.
(Axiom 71)

Religionen befürworten gewöhnlich den Frieden.
Eine in ihren Ursprüngen friedfertige Religion kann in ihr völliges Gegenteil verkehrt werden, sobald sich destruktive Persönlichkeiten an ihre Spitze setzen.

Folgesatz

Religion wird gerne vorgeschoben, um machtpolitische Interessen zu vertreten, sie besitzt eine Rechtfertigungs-Funktion, um in einen Krieg einzutreten. (Axiom 72)

Religiöse Toleranz verhindert Kriege.
Religiöse Intoleranz führt Kriege herbei. (Axiom 73)

Fügen wir nun einige neue Axiome hinzu! Erweitern wir zunächst den letzten Lehrsatz.

Axiom 98
Religiöse Toleranz führt zur Blüte.
Beispiele: Der Staufer Friedrich II., die Toleranz der Preußenkönige
Folgesatz:
Religiöse Intoleranz führt zu Elend, Armut und Niedergang.
Beispiele: Weite Teile der englischen Geschichte im Mittelalter, Heinrich VIII.
Aktionspostulat
Der kluge Staatenlenker lässt jeden nach seiner Fasson selig werden.

Axiom 99
Der *fanatisierte, orthodoxe Priester* missbraucht gerne Religion zu Kriegen, zu Revolutionen, Revolten oder zur Erweiterung seiner persönlichen Macht, indem er ständig auf „Gott" und die „Hölle" verweist.
Beispiele: Bernhard von Clairvaux (ca. 1090–1153), Papst Urban II. (1088–1097), alle Kreuzzugspäpste, Savonarola (1452–498), Ayatollah Khomeini (1900–1989)

Axiom 100
Wenn Priester (Bischöfe, Päpste, geistliche Oberhäupter generell) zur Legitimation der Macht des Herrschers benutzt werden, besteht gegenüber diesen Priestern seitens des Herrschers eine Verpflichtung; man muss sie füttern und eine gewisse Macht an sie delegieren. Die Gefahr besteht darin, dass genau eben diese Priester mehr und mehr Macht einfordern und eines Tages vollständig nach der Macht greifen und selbst über den Herrscher herrschen.
Beispiele: Der Brahmanismus in Indien, die Priester im alten Ägypten, die Priester im alten Griechenland, vor allem das Delphische Orakel, die Priester im alten Rom, das Christentum während des gesamten Mittelalters, das Papsttum

Axiom 101
Unterdrückt der Staat eine Religion, so blüht sie im Verborgenen und bildet eine starke Gegenbewegung/Opposition.
Folgesatz
Starke Oppositionen verweigern sich dem Staat oder bekämpfen ihn,

was den Staat schwächt und auf Dauer gesehen den Untergang der momentanen Regierung herbeiführen oder dazu beitragen kann.
Beispiel: Die Religionspolitik Echnatons im alten Ägypten

Axiom 102
Eine neue Religion kann eine alte Religion umso leichter überwinden, je toleranter sie alten Sitten, Gebräuchen und Ideen gegenübersteht.
Beispiel: Das Christentum und der Buddhismus in China

Axiom 103
Was Kunst und Kultur angeht, gilt folgendes scheinbare Paradoxon: Wenn Religionen versuchen, absolute Kontrolle und Macht über die Kunst, die Kultur und die Wissenschaft zu etablieren, scheitern sie gewöhnlich und leiten manchmal sogar ihren eigenen Niedergang ein.
Beispiele: Die absolute Kontrolle der Musik und des Dramas durch das Christentum im Mittelalter, Galileo Galilei
Wenn Religionen Kunst, Kultur und Wissenschaft inspirieren, gewinnen sie hoch.
Beispiele: Bach, die Architektur im Mittelalter und der frühen Neuzeit in Europa, die Jesuiten

Axiom 104
Eine Person/eine Gruppierung, die sich ihre Religion aussuchen kann, neigt der Religion zu, die ihre eigenen Neigungen, Vorurteile, Ziele und Emotionen am besten reflektiert.
Folgesatz
Wenn eine Person/eine Gruppierung keine Wahlmöglichkeit besitzt (aufgrund von Erziehung oder Environement), wird sie genau die Teile einer religiösen Lehre favorisieren, die ihre eigenen Neigungen, Vorurteile, Ziele und Emotionen am besten reflektiert.
Axiom 105
Wenn Religionen die Massen nicht mehr mit einer glaubhaften Utopie versorgen, wird eine irdische Utopie geboren.

LEHREN DER GESCHICHTE (2)

Damit sind wir am Ende dieses Buches angelangt.
Wir sind uns sehr wohl bewusst, dass einige Axiome verbesserungsbedürftig sind und auf ein noch höheres Niveau von Wahrheit gehoben werden können.
Weiterhin wäre man ein Narr, anzunehmen, endgültig und für alle Zeiten die „geschichtliche Wahrheit" entdeckt zu haben, denn man darf nie die Vor-Logik 1 vergessen, die da lautet:

Vor-Logik 1
„Geschichte" wird immer von unterschiedlichen Gesichtspunkten aus geschrieben – zum Beispiel von dem Gesichtspunkt einer bestimmten Führungspersönlichkeit aus oder einer bestimmten Klasse, Rasse, Partei, Nation oder Religion. Diese unterschiedlichen Gesichtspunkte sind selten oder nie auf einen gemeinsamen Nenner zu bringen.
Insofern gibt es keine objektive Wahrheit in der Geschichtsschreibung.
Es gibt bestenfalls eine Annäherung an die Wahrheit.
Folgesatz
„Geschichte" ist das, worauf sich die Gelehrten schließlich einigen.

Wir brauchen also nicht die Fehler von Machiavelli, Hegel oder Marx zu wiederholen, die glaubten, der geschichtlichen Wahrheit endgültig auf die Spur gekommen zu sein, mit verheerenden Resultaten.
Auch wir unterliegen also der Geschichte selbst, der Erziehung, einer bestimmten Weltsicht und so fort, jedes andere Statement wäre Hybris und Arroganz.
Weiter muss man zudem dies festhalten: Der (theoretische) Ehrgeiz, „Gesetze der Geschichte" mathematisch genau auszuformulieren, ist lächerlich. Es gibt einfach zu viele Unbekannte in der Gleichung Mensch und Historie, und zu viele Faktoren, die tatsächlich unendlich sind oder sich in Richtung Unendlichkeit bewegen.
Aber ein solcher Ehrgeiz ist auch ganz und gar unnötig, denn Geschichte ist keine Mathematik, und „geschichtliche Gesetze" oder „Axiome" werden nie eine 100 %-Gültigkeit besitzen, selbst wenn sie noch so vorsichtig

formuliert sind. Es handelt sich immer nur um *Wahrscheinlichkeiten*, im Idealfall um hohe Wahrscheinlichkeiten, die dennoch den Vorteil besitzen, zumindest ein gewisses Regelwerk darzustellen und Orientierungspunkte in die Geschichte einzubringen.
Immerhin ist das vorliegende Buch ein Versuch, rund 10.000 Jahre Geschichte auszuwerten sowie rund 100 Kulturen, und die Historie nicht nur als ein chaotisches Nebeneinander von Informationen zu betrachten, was sicherlich einen Fortschritt darstellt.
Dennoch müssen die vorliegenden Axiome verbessert, fortgeführt, mit weiteren Beispielen unterfüttert, widerlegt und/oder bestätigt werden.
Jeder Historiker und jeder Zeitgenosse, der bereit und fähig ist, seinen eigenen Verstand zu gebrauchen, ist also aufgefordert, weiter zu schmirgeln und zu feilen, was diese Axiome angeht.
Theoretisch fehlen 105 Bücher, die jedes einzelne Axiom noch genauer unter die Lupe nehmen, Datenmaterial hierfür zusammentragen – und es verwerfen, verbessern oder bestehen lassen.
Weiter muss *jedes Land* auf Planet Erde in Bezug auf seine Lehren und Axiome hin untersucht werden. Daraufhin kann man politische Aktions-Postulate für jedes einzelne Land auf diesem Globus aufstellen und es zu einer Höherentwicklung führen.
Mit dem vorliegenden Buch wurde nur ein bescheidener Anfang gesetzt, aber immerhin ein Unternehmen ins Leben gerufen, dessen größter Wert darin besteht, an einigen Beispielen *anwendbares* Datenmaterial zusammengetragen und Axiome sowie „Aktionspostulate“ formuliert zu haben, die in der Gegenwart von Nutzen sein können.
Ja, wir können mit unseren Axiomen auch Zukunft leichter hochrechnen, aber das wäre eine passive Zuschauerrolle; wichtiger ist es, etwas Konstruktives zu unternehmen, denn immer gilt das

Axiom 1:
Es gibt keine Automatik in der Geschichte.

Es existieren also allenfalls wahrscheinliche Entwicklungen, die jedoch durch eine tatkräftige destruktive oder konstruktive Persönlichkeit jederzeit einen anderen Verlauf nehmen können.
Wenn wir das wirklich begreifen, verstehen wir auf einmal, dass jeder einzelne von uns, wenn er nur mutig genug ist, „Geschichte“ machen

kann – und wenn er „nur“ eine destruktive Persönlich entlarvt oder eine konstruktive Gestalt unterstützt.
Der besondere Wert der etablierten Axiome besteht also darin, positive Veränderungen herbeiführen zu können.
Überall, auf Schritt und Tritt, begegnen uns in der Geschichte fabelhafte Lösungen für bestimmte Probleme, die sich nebenbei bemerkt in erstaunlicher Weise gleichen.
Stehen uns aber Lösungen für Probleme zur Verfügung, die in anderen Ländern und zu anderen Zeiten funktioniert haben, so können wir diese Lösungen adaptieren oder zumindest in Erwägung ziehen, so wie wir es ansatzweise im Falle Indiens aufgezeigt haben.
In diesem Sinne wäre es beispielsweise ein begeisterndes Unterfangen, das Problem „Arbeitslosigkeit“ anzugehen: Es ist tatsächlich nicht einzusehen, warum dieses Problem nicht wie folgt attackiert werden sollte: Man trägt systematisch rund 30 Lösungen zusammen, die in der Vergangenheit die Arbeitslosigkeit zurückführten – und untersucht daraufhin weitere 30 Lösungen in der Gegenwart.
Man nimmt nicht Zuflucht zu der faulen Ausrede der vorgeblich automatischen Konjunkturzyklen!
Schließlich gab und gibt es genügend echte Lösungen für dieses Problem!
Danach könnte man Lehrsätze oder Axiome nur aus der Sicht, aus der Perspektive des Problems der „Arbeitslosigkeit“ erstellen, die weitgehend den politischen Kampf in der Arena heute beenden oder zumindest die Diskussion in die richtige Richtung schubsen würden.
Politiker könnten auf eine solche Recherche zurückgreifen und wüssten, in welche Richtung man marschieren müsste, um dieses Problem endgültig zu lösen und ihm den Garaus zu machen.
Eine solche Recherche existiert nicht und steht noch aus.
Die gleiche Vorgehensweise könnte man jedem Problem in der politischen Arena angedeihen lassen.
Eine axiomatische Geschichtsschreibung, die nicht aus einer „linken“ oder „rechten“ Perspektive verfasst ist, könnte auf diese Weise zur Lösung von zahlreichen Gegenwarts-Problemen beitragen.
Hier fehlen also zahlreiche Bücher, die noch geschrieben werden müssen, und die alle zu einem unendlichen Aufschwung eines jeden Staates beitragen könnten.

EINE NEUE GESCHICHTS-WISSENSCHAFT

Gestatten wir uns eine Wiederholung: Es ist nicht nachzuvollziehen, warum „Geschichts-Wissenschaft“, so wie wir ihr heute begegnen, nur rein additiv Fakten aneinander reiht. Mit der Akribie eines Mönchs aus dem 9. Jahrhundert werden nur Daten und Informationen zusammengetragen, in kunterbunter Vielfalt und willkürlicher Reihenfolge – Fakten von geringer Bedeutung, Fakten von etwas größerer Bedeutung, Fakten, die keinen Menschen wirklich interessieren, Fakten, die keinen Nutzen haben – und ab und an Fakten, die wirklich wichtig sind, aber nicht als solche gekennzeichnet sind. Am Schluss sieht sich ein Student der Geschichte oder der historisch interessierte Zeitgenosse einem Wust von Informationen gegenüber, mit denen er nichts anfangen kann, weil sie seinen Horizont nicht wirklich erweitern, denn er kann keine Lehren, Grundsätze oder (lebens-)wichtige Erkenntnisse daraus ableiten. Im Bestfall ist er gut unterhalten worden. Die wirkliche Crux in den Universitäten heute, wenn man „Geschichte“ studiert, besteht darin, dass diese Berge von Fakten nicht *ausgewertet* werden. Wir verfügen heute über eine relativ hoch entwickelte „Geschichts-Wissenschaft“, was die *Menge* der Daten und Informationen angeht, aber wir befinden uns immer noch in einer vorwissenschaftlichen Phase, was eben diese *Auswertung* angeht.

Ein Meer von unausgewerteten Daten ist jedoch nutzlos, es handelt sich um nichts als einen hübschen, akademischen Zeitvertreib, wenn wir sie zusammentragen. Wer genug Fremdwörter im Mund herumkauen und bedeutungsvoll alte Autoritäten zitieren kann, in Kombination mit einem unendlichen Faktenwissen, gewinnt dieses verrückte Spiel.

Der Sieger wird gewöhnlich Professor.

Dabei würde das Fach „Geschichte“ zur Königin aller Wissenschaften aufsteigen, wenn man sich wirklich daranmachen würde, dieses Meer von Daten und Fakten vernünftig auszuwerten – in Hinblick auf Fragestellungen, die für unser unmittelbares Überleben in der Jetztzeit von Bedeutung sind.

Wir brauchen also eine axiomatische Geschichtswissenschaft, die sich drängender Probleme unserer Zeit annehmen.

Wir würden sofort zahlreichen Fehl-Entwicklungen Einhalt gebieten können, wir würden über einen festen Punkt im All verfügen, von dem aus die Welt der Politik im Handumdrehen zu beurteilen wäre, denn Politik in der Gegenwart ist nur ein paar Jährchen später nichts anderes – als eben schon wieder Geschichte.

Wir könnten Entwicklungen anschieben, die in die richtige Richtung führen und wir könnten destruktive Entwicklung stoppen. Wir würden den ewigen unfruchtbaren Diskussionen echtes, einhundert Mal getestetes Know-how entgegensetzen, nicht anders als in den Naturwissenschaften, die doch deshalb den sogenannten „Geisteswissenschaften" so unendlich überlegen sind, weil sie mit handfesten Resultaten aufwarten können.
Die Geschichtsschreibung würde sich endlich in Richtung einer wirklichen Wissenschaft entwickeln, deren Bedeutung von einem Moment auf den anderen um das Tausendfache steigen würde!
Und so lautet das Gebot der Stunde, nach weiteren Axiomen Ausschau zu halten, sowie nach brillanten Ideen und Erfolgsformeln, die in der Vergangenheit funktioniert haben und unter Umständen auf die Gegenwart übertragen und immer noch genutzt werden können.
In diesem Sinne hoffen wir, dass das vorliegende Buch zu weiteren Ideen und Aktionen Anlass geben wird.
Nutzen wir die zahlreichen Erfahrungen der Vergangenheit zu Verbesserungen! Die Vergangenheit, die Historie, ist ein riesiger Topf gefüllt mit Goldstücken, die wir nur herausklauben müssen. Sie repräsentiert den Erfahrungs-Schatz der intelligentesten, mächtigsten Frauen und Männer, die wir uns nur zunutze machen müssen. Viel kann man aus Fehlern lernen, und noch mehr aus Aktionen, die wirklich eine Wende zum Besseren einläuteten.
Krempeln wir die Ärmel auf und fangen wir an!

Literaturverzeichnis

Kapitel I. 1
[1] Will Durant, Das Vermächtnis des Ostens, Lausanne, ohne Jahresangabe, S. 163ff
[2] Vgl. T.W. Davids, Buddhist India, New York, 1903
[3] Vgl. Will Durant, a. a. O., S. 177ff

Kapitel I. 2
[1] Zum Beispiel der Ägyptologe Christian Jacq, vgl. sein Buch: Die Pharaonen, München 2000
[2] Frank Fabian, Die Kunst des Regierens, Suhl, 2009, S. 25ff
[3] Vgl. Will Durant, Das Vermächtnis des Ostens, Lausanne, ohne Zeitangabe, 2. 214ff

Kapitel I. 3.
[1] Seref Aygün, Ganz oben, Suhl, 2002, S. 32
[2] Vgl. Wikipedia, Stichwort Azteken
[3] Vgl. Wikipedia, Stichwort Azteken

Kapitel I.4
[1] Vgl. Edward Gibbon, Verfall und Untergang des Römischen Reiches, Frankfurt 2000, S. 591

Kapitel I.5
[1] Frank Fabian, Die Kunst des Regierens, Suhl, 2009

Kapitel II. 1
[1] Frank Fabian, Die Größten Lügen der Geschichte, München, 2012, S. 48ff
[2] Frank Fabian, Sehr geehrte Herr Bundeskanzler/ Sehr geehrte Frau Bundeskanzlerin, Was sich in Deutschland ändern muss, Suhl, 2011

Kapitel III. 1
[1] Helwig Schmidt-Glintzer, Kleine Geschichte Chinas, München, 2008, S. 8

[2] Zitiert wurde das Tao nach verschiedenen Quellen. Sowohl die berühmte Übersetzung Richard Wilhelms wurde zu Rate gezogen, wie die Reclam-Ausgabe und verschiedene Internet-Quellen

[3] Vgl. http://de.Wikipedia.org/wiki/China vom 14. 9. 2009

[4] Vgl. Will Durant, Der Ferne Osten und der Aufstieg Griechenlands, München, 1981

[5] Konsultiert wurden u. a. diese Quellen:
Hans O. H Stange, Die Weisheit des Konfuzius, Frankfurt 1964
Richard Wilhelm K'ungtse und der Konfuzianismus, Berlin 1928
Will Durant, Der Ferne Osten und der Aufstieg Griechenlands, Frankfurt 1981
Josh Wilker, Confucius, ohne Ortsangabe 1999
A. T. Suzuki, Brief History of Early Chinese History, London 1914
Simon Leys, transl. The Analects of Confucius, New York 1997
Liu Wu-Chi, Confucius, His Life and Time, New York 1955
H. G. Creek, Confucius; The Man and the Myth, New York, 1949

[6] http://en.wikipedia.org/wiki/Islam_in_China, vom 14. Sept. 2009

[7] Vgl. Will Durant, Der Ferne Osten …, a. a. O.

[8] Vgl. Frank Fabian, Die Kunst des Regierens, Suhl, 2009

[9] Vgl. Frank Fabian, a. a. O., sowie Denis Twitchett, John K. Fairbanks (editors), The Cambridge History of China, Vol. 3, Sui and T'ang China, 589-906, Part 1, Cambridge 1979, S. 189

[10] Vgl. Frank Fabian, a. a. O., sowie H. H. Gowen und Josef W. Hall, Outline History of China, New York 1927, S. 118

[11] Vgl. Will Durant, a. a. O., S. 76

[12] Worte des Vorsitzenden Mao Tse-Tung, Essen, ohne Jahresangabe, Vgl. auch Tilemann Grimm, Mao-Tse-tung, Reinbek Hamburg, 2001[16]

[13] Worte des Vorsitzenden Mao-Tse-Tung, a. a. O., S. 1

[14] a. a. O., S. 362

[15] a. a. O., S. 2

[16] a. a. O., S. 49

[17] a. a. O., S. 73

[18] a. a. O., S. 74

[19] a. a. O., S. 74

[20] a. a. O., S. 75

[21] a. a. O., S. 94

Kapitel III. 2
[1] Frank Fabian, Die geheim gehaltene Geschichte Deutschlands, Suhl 2011

Kapitel III. 3
[1] Petra Riechert, Frank Fabian, Die Steuer-Tyrannei, Suhl, 2012

Kapitel III. 4
[1] Frank Fabian, Die Kunst des Friedens, Suhl, 2013

Vgl. Carl J. Burckhardt, Richelieu, München, 1988, S. 103ff
[1] Will Durant, Europa im Dreißigjährigen Krieg, München, 1982, S. 67ff
[2] Vgl. Simón Bolívar, Escrítos políticos, Madrid, 1975
[3] Norbert Rehrmann, Simón Bolívar, Berlin, 2009, S. 65
[4] Zitiert nach Gerhard Maus, Simon Bolivar und die Befreiung Südamerikas, Konstanz, 1949, S. 63
[5] Zitiert nach Mario Hernández Sánchez-Barba, Simón Bolívar. Una pasión política, Barcelona, 2004, S. 111, gefunden bei N. Rehrmann

Frank Fabian studierte Germanistik, Geschichte und Philosophie in Deutschland, England und in den USA.
Der Autor, der in neun Ländern publiziert ist, wurde mit verschiedenen Preisen ausgezeichnet. Einige seiner Erfolgstitel in Deutschland:

- ♦ Sehr geehrte Frau Bundeskanzlerin
- ♦ Die Größten Lügen der Geschichte
- ♦ Die Kunst des Regierens
- ♦ Die geheim gehaltene Geschichte Deutschlands
- ♦ Die Steuer-Tyrannei (Co-Autor)
- ♦ Die Kunst des Friedens
- ♦ Ohne Maulkorb (Co-Autor)

Frank Fabian lebt heute in Florida, USA.

Im gleichen Verlag erschienen

Die brisanteste Politik-Recherche des 21. Jahrhunderts mit spektakulären und einfachen Lösungsansätzen.

"Die Kunst des Regierens"
- Auf der Suche nach politischen Erfolgsgeheimnissen -

F. Fabian / Dr. W. Maruschky
ISBN: 978-3-936652-13-0
Preis: 14,90 Euro

Lernen, wie man regiert von den erfolgreichsten Geistern der Weltgeschichte.

Bereitet Deutschland seinen Abgang vor - was sind mögliche Reformalternativen?

"Sehr geehrte Frau Bundeskanzlerin"
- Was sich in Deutschland ändern muss -

F. Fabian / L. Frischmann / J. Taudien
ISBN: 978-3-936652-12-3
Preis: 14,90 Euro

Das Buch macht denen Mut, die Reformen anpacken wollen.

Deutschland in Gefahr!
Lösung: Steuern runter!
einfacher!
gerechter

"Die Steuertyrannei"
- Skanalöse Enthüllungen über „Steuer-Deutschland“ -

Petra Riechert / Frank Fabian
ISBN: 978-3-936652-20-8
Preis: 14,80 Euro

Was Sie für Ihren Geldbeutel tun können.

u.a.
- wie Hitler hätte verhindert werden können
- Neubewertungen Luthers und Bismarcks
- die Rolle der Geheimdienste nach 1945

"Die *geheim* gehaltene Geschichte Deutschlands"
- Was bis heute von Historikern verschwiegen wird -

Frank Fabian
ISBN: 978-3-936652-17-8
Preis: 19,80 Euro

Ein Fundus für ein neues Geschichtsverständnis.

Geschichte als Quelle und Inspiration für NEUES DENKEN

Im gleichen Verlag erschienen

Was ist faul im Staate?
Der Parteien-Staat

Wie man Friedensstifter fördern und Kriegstreiber stoppen kann!

"Ohne Maulkorb"
- Eine Politikerin packt aus -

Elke Weckner-Lömm / Frank Fabian
ISBN: 978-3-936652-27-7
Preis: 14,95 Euro

Meister-Strategien der Politik.

"Die Kunst des Friedens"
- Wie Frieden aktiv herbeigeführt und aufrechterhalten werden kann -

Frank Fabian
ISBN: 978-3-936652-14-7
Preis: 19,80 Euro

Das Buch für eine neue Friedenskultur!

WirtschaftsVerlag W.V. GmbH
Lauwetter 25, 98527 Suhl
Tel. 03681 300210
Fax 03681 300209
www.wirtschaftsverlag-suhl.de
info@wirtschaftsverlag-suhl.de

Spannend und in bestem Unterhaltungsstil geschrieben!
Eine Liebeserklärung an Las Vegas - Nicht nur für Auswanderer ein Muss!

Und das sind die Spotlights:

- Die Mafia-Geschichte, sowie die Geschichte der Stadt überhaupt
- Die bizarre Umgebung und Landschaft
- Das Heirats-Paradies
- Das Einwanderungs-Paradies
- Die einzigartigen Luxushotels
- Die Show-Höhepunkte
- Die Super-Stars, mit denen die Autoren zum Teil persönlich Kontakt pflegten
- Die Stadt der Spieler
- Die Stadt der Liebe

Das Buch beschreibt Las Vegas, die Welt-Entertainment-Metropole, in allen ihren begeisternden und hoch spannenden Aspekten.
Mit über 50 Farbfotos bestens und anschaulich bebildert.

"Las VEGAS"
EXCLUSIVE
Traumurlaub am aufregendsten und unterhaltsamsten Ort der Welt
Oliver & Beatrice Preiss
ISBN: 978-3-936652-28-4
Preis: 29,80 Euro
Gebundene Ausgabe: 145 Seiten

Das Buch richtet sich an Urlauber, Fans des Entertainments, Auswanderer und Heirats-Enthusiasten zugleich. Aufgrund ihrer jahrelangen Erfahrungen vor Ort können die Autoren Insider-Tipps weitergeben und ein ganz persönliches Bild der Welt-Metropole vermitteln.